제2판

엔터테인먼트 콘텐츠 마케팅

전종우외 공저

서울경제경영

머리말

엔터테인먼트 콘텐츠에 대한 관심을 가진 학자들이 모여 엔터테인먼트 콘텐츠 마케팅이라는 책을 집필한지 5년이 넘었다. 한국엔터테인먼트학회에서 처음으로 기획한 책이었고 학회의 터전을 마련해준 촉매제였다. 열정만으로 시작한 일이었고 책이 나온 이후 아쉬움도 많았던 것이 사실이다. 하지만 짧지 않은 시간 동안 독자들의 많은 사랑을 받아 너무도 감사하게 생각한다. 이제 조금 더 나은 책으로 보답하고자 하는 마음으로 개정판을 만들게 되었다. 책을 집필하기 시작하였을 때 겪은 어려움을 다시 한 번 생각해보면서 하나하나 더 나은 방법을 찾아보았다. 초판 제작 당시 엔터테인먼트의 범위에서 대해서도 다양한 시각이 존재하였고 현재도 정리가 된 것은 아니다. 오히려 콘텐츠가 더욱 다양화되고 융합되면서 과거와 현재, 미래를 어떻게 조화롭게 다룰지에 대해서도 많은 고민이 있었다. 그러한 고민의 와중에 하나씩 정리되어 갔다.

개정판에서 가장 많이 바뀐 부분은 엔터테인먼트 콘텐츠를 새롭게 구분한 것이다. 크게 3부로 구분하여 그 아래 세부적인 콘텐츠를 담아내었다. 엔터테인먼트에 대한 전반적인 이해를 다루고 있는 1부에서 세부 콘텐츠의 변화로는 먼저, 광고 챕터를 좀 더 확장하여 마케팅에 대한 일반적인 내용을 담아 전체적인 콘텐츠 마케팅을 이해하는데 도움을 주고자 하였다는 것이다. 또한 콘텐츠와 광고의 구분이 사라지는 현실을 고려하여 브랜디드 엔터테인먼트 챕터를 1부에 추가하였다. 브랜디드 엔터테인먼트는 앞으로 새로운 장르로서 콘텐츠 비즈니스의 미래에 큰 영향을 미칠 것으로 보인다.

2부에는 세부적인 콘텐츠 장르가 포함된다. 초판과 같이 대면 콘텐츠와 비대면 콘텐츠를 따로 구분하지 않고 다양한 콘텐츠를 담아낼 수 있도록 변화를 주었다. 초판에 포함되었던 출판 챕터의 경우 전통적인 콘텐츠가 디지털 콘텐츠로 변화하고 융합되는 시장 환경을 고려하여 개정판에는 포함하지 않았다. 그에 따라 웹툰에 한정하여 집필하였던 웹툰 콘텐츠 챕터를 웹 소설과 같은 다양한 디지털 콘텐츠를 포함하기 위해 웹 콘텐츠로 확대하였다. 저널리즘 영역에서만 다루어지던 뉴스도 하나의 엔터테인먼트 콘텐츠로 보고 개정판에 포함하였다. 3부에서는 콘텐츠의 장르 구분이 불가능한 분야에 대해 따로 다루었다. 한국에서 제작된 콘텐츠를 의미하는 한류라는 주제를 독립적인 챕터로 구분하여 따로 구성하였다. 특히, 디지털 콘텐츠의 진화에 따라 융복합 콘텐츠에 대한 챕터도 추가하였다. 이는 과거 콘텐츠 구분으로는 설명이 쉽지 않은 미래의 하이브리드 콘텐츠에 대한 것이다.

개정판에서는 이러한 외형적인 변화를 수용하기 위해 내용적으로도 변화가 불가피하였다. 새로운 챕터를 담당할 전문가들을 개정판의 저자로 추가로 모셨고 기존 챕터들도 해당 콘텐츠에 더욱 전문성을 가진 저자들에게 새롭게 부탁하였다. 한국엔터테인먼트학회의 지원을 받아 책의 완성도를 높이기 위해 가능한 모든 노력을 하였다.

엔터테인먼트 콘텐츠는 미래 시장성이 무궁무진하며 그에 따라 변화도 극심한 분야라고 할 수 있다. 하지만 이러한 콘텐츠를 비즈니스 관점에서 전문적으로 다루는 서적이 많이 않은 것은 아쉬운 대목이다. 본 저서는 엔터테인먼트 콘텐츠를 단순한 제작물로만 볼 것이 아니라 마케팅적인 시각에서 바라볼 수 있는 전략적인 기회를 제공하고자 한다. 현재의 개정판에서의 부족함은 전적으로 저자들의 책임으로 다음 3판 개정에서 또 다시 적극적으로 반영할 것을 약속한다. 아무쪼록 본 저서가 엔터테인먼트 콘텐츠 수업에서 의미 있게 활용되기를 바라며 콘텐츠 실무자들에게도 조그만 도움이 되기를 바라마지 않는다.

2021. 8. 8.

대표저자

단국대학교 커뮤니케이션학부

전종우

차례

머리말 iii

CHAPTER 01 엔터테인먼트에 대한 이해 1

1. 엔터테인먼트란 무엇인가? 2
2. 엔터테인먼트 콘텐츠 4
3. 스토리텔링 14
4. 유희성 17
5. 현장성 18
6. 엔터테인먼트 콘텐츠 마케팅의 중요성 20
7. 본서의 구성 21

CHAPTER 02 엔터테인먼트 마케팅 23

1. 마케팅의 정의와 기능 25
2. 마케팅 전략 체계 28
3. 뉴노멀(New normal) 시대의 마케팅 35

CHAPTER 03 브랜디드 엔터테인먼트 콘텐츠 마케팅 43

1. 브랜디드 콘텐츠의 확장 브랜디드 엔터테인먼트 44
2. 브랜디드 엔터테인먼트 콘텐츠 등장 배경 48
3. 브랜디드 엔터테인먼트 콘텐츠 융합 전략과 인게지먼트 51

CHAPTER 04 한류 마케팅 67

1. 한류 정의 및 특징 68
2. 한류 마케팅의 과정 71
3. 한류 마케팅 전략과 사례 76

CHAPTER 05 영화 마케팅 89

1. 영화 마케팅의 특성 90
2. 영화 마케팅 전략 96

CHAPTER 06 방송콘텐츠마케팅 111

1. 방송콘텐츠마케팅의 특성 112
2. 방송콘텐츠마케팅의 과정 120
3. 방송콘텐츠마케팅의 전략 123

CHAPTER 07 음악콘텐츠 마케팅 133

1. 음악 마케팅의 특성 134
2. 음악 마케팅의 과정 137
3. 음악 마케팅 전략 140

CHAPTER 08 게임콘텐츠 마케팅 151

1. 게임콘텐츠와 게임산업, 게임산업 가치사슬 152
2. 게임콘텐츠 마케팅 전략 165

CHAPTER 09 웹콘텐츠 마케팅 187

1. 웹툰 콘텐츠의 특성 188
2. 웹소설 콘텐츠의 특성 194
3. 웹콘텐츠 마케팅 전략 198

CHAPTER 10 공연콘텐츠 마케팅 217

1. 공연마케팅의 특성 218
2. 공연마케팅의 과정 226
3. 공연마케팅 전략 229

CHAPTER 11 스포츠콘텐츠 마케팅 241

1. 스포츠 엔터테인먼트 242
2. 스포츠콘텐츠의 구성 요소 248
3. 스포츠콘텐츠 마케팅 STP 전략 254
4. 스포츠콘텐츠 마케팅을 통한 수익 창출 및 전략 259
5. 디지털 트랜스포메이션과 스포츠콘텐츠 마케팅의 미래 267

CHAPTER 12 뉴스콘텐츠 마케팅 273

1. 뉴스마케팅의 특성 274
2. 뉴스마케팅의 주요내용 276

CHAPTER 13 융복합 콘텐츠 마케팅 297

1. 융복합 콘텐츠 298
2. 실감형 융복합 콘텐츠 마케팅 310

CHAPTER 14 관광엔터테인먼트 마케팅 327

1. 관광엔터테인먼트 마케팅 특성 328
2. 관광마케팅 과정 335
3. 관광마케팅 전략 341

찾아보기 347

저자 소개 355

CHAPTER

01

엔터테인먼트에 대한 이해

01

ENTERTAINMENT CONTENTS MARKETING

엔터테인먼트란 무엇인가?

엔터테인먼트라는 것은 남녀노소와 시공을 초월하여 모든 이들에게 감동을 주는 콘텐츠이고 그것의 가장 기본적인 생리는 사람들의 기분을 즐겁게 하는 것이다. 다시 말하자면 엔터테인먼트 산업은 인간이 살아가는 데 있어 필수적인 기본 욕구로서 유희라는 감정을 일으키는 산업이다. 하지만 요즘의 대중문화 산업은 단순한 즐김거리나 놀이거리를 떠나 여러 가지 면에 영향을 미친다. 우리 민족은 예로부터 놀이를 즐기던 민족이었다. 유희라는 것이 일상생활의 중요한 부분을 담당해왔다. 이는 현대사회에서도 마찬가지로 엔터테인먼트는 현대인의 삶에 밀접하게 관련되어 있다. 특히, 일에 대한 부담을 줄이고 레저 시간이 확장되고 자기만의 시간을 즐기게 되면서 엔터테인먼트에 대한 관심이 증가하고 있는 현실이다(Vogel, 2001).

국내에서는 문화산업으로 엔터테인먼트 산업을 설명하려는 노력이 많이 있어 왔다. 사실 문화산업이라는 용어는 문화산업에 있어 자본의 부정적인 역할을 강조하는 비판적인 시각의 용어로 사용되었다. 현대는 이러한 부정적인 인식을 넘어 산업적인 가능성에 보다 중점을 두어 엔터테인먼트를 바라보고 있다. 과거에 비해 문화산업이 성장한 이유로는 과학 기술과 정보통신 기술의 발달, 소득수준 증대로 인하여 문화를 향유 하려는 욕구의 증가, 문화적인 교류에 의한 타문화와의 융합 등을 들 수 있다(유진룡, 최화열, 2010).

엔터테인먼트는 산업적으로도 국내에서 많은 성장을 이루고 있다. 엔터테인먼트 산업에서 대표적인 영화산업의 경우 연간 관객이 1억이 넘어서며 엔터테인먼트에서 중심적인 산업이다. 또한, 대형 공연 위주로 시장이 편중되어 있다는 비판을 받기도 하지만 뮤지컬도 하나의 핵심적인 엔터테인먼트 산업으로 정착하였다. 그 외에 음악 시장의 성장도 주목할만하다. 아이돌을 중심으로 하는 대중음악 시장은 팬덤을 기반으로 거대한 시장을 성장하였다. 전문적인 애호가 중심이기는 하지만 클래식도 국내 음악 산업의 한 축을 담당하고 있다. 게임도 한국을 대표하는 엔터테인먼트 산업이다. 또한, 스포츠, 관광 등 다양한 산업이 엔터테인먼트 산업에 포함된다.

02

엔터테인먼트 콘텐츠

엔터테인먼트는 주로 콘텐츠 상품들이 대상이다. 이러한 콘텐츠 상품은 일반 제품이나 서비스와 몇 가지 차이를 보인다. 한번 제작이 이루어지면 반복적으로 사용이 가능하고, 한번 생산된 후 새로운 콘텐츠로 창조된다는 점, 수명이 길다는 점, 쉽게 디지털화가 가능하다는 점, 무형자산이라는 점 등이다(토마츠, 2006). 콘텐츠의 다양한 정의를 종합하면 콘텐츠는 크게 정보의 표현 요소이고 정보의 매체물이며 정보의 틀로 요약할 수 있다(기시카와 젠코, 2012). 콘텐츠에는 다양한 분야가 존재한다. 하지만 크게 분류해보면 공연과 같은 대면 콘텐츠와 방송, 영화 등의 미디어 콘텐츠로 불리는 비대면 콘텐츠로 분류할 수 있다.

1) 미디어 콘텐츠

미디어의 수가 증가하면서 개별 미디어를 채워 줄 콘텐츠의 중요성이 높아지고 있다. 지금도 많은 콘텐츠가 제작되지만, 시청자들의 관심을 끌기는 더욱 어려워진 현실이다. 최근 들어서는 유튜브를 중심으로 개인방송이 확대되면서 제도권 미디어와 다른 또 다른 시장이 형성되었다. 미디어 콘텐츠는 소비자가 직접적으로 대면하지 않고 미디어를 통해 매개되어 소비되는 콘텐츠로 영화,

방송 프로그램, 음악, 게임, 웹콘텐츠 등이 대표적이다.

(1) 영화

현대의 콘텐츠가 대부분 시각적인 형태로 제공되어 영상으로 구현된 콘텐츠가 일반적인 콘텐츠 양식이 되어 가고 있다. 이중 영화는 현재의 미디어 시장에서 핵심적인 영상 콘텐츠이다. 영화는 개봉관뿐만 아니라 소비되는 창구가 다양한 특성을 지니며 직접 영화관에서 관람하는 소비 형태는 물론 다양한 미디어를 통해 영화 콘텐츠가 제공되고 있다. 예를 들어 영화는 드라마와 함께 케이블 채널에서도 핵심적인 콘텐츠로 소비되고 있다. 또한, 다양한 스마트 기기들이 개발되어 보급되면서 영화는 모바일과 같은 뉴미디어를 통해서도 많이 소비되고 있다. 이제는 구독을 기반으로 하는 OTT를 통한 영화 소비가 정착되어 가는 실정이다. Netflix가 전세계적으로 인기를 끌고 있고 디즈니도 디즈니플러스라는 OTT 채널을 오픈하여 시장 경쟁이 치열해는 상황이다. 국내에서도 콘텐츠 제작사와 채널 사업자들이 다양한 OTT 채널을 운영하지만, 글로벌 사업자와의 경쟁을 위해서는 더 많은 노력이 필요하다.

영화는 산업적인 특성으로 인해 극장에서 개봉 이후 다양한 창구로 확장되면서 추가적인 수익을 얻게 된다. 대표적인 것인 DVD나 블루레이 시장, PPV 시장, 유료채널 시장, 공중파 시장 등이다. 하지만 국내 영화들은 개봉관 수익에 크게 의존하여 추가적인 수익 확보가 쉽지 않아 후속 창구의 수익 창출 효과가 크지 않은 실정이다. 또한, 후속 창구들의 산업적인 역할이 지속적으로 축소되고 있어 더 큰 어려움을 겪고 있다. 국내 영화 시장이 개봉관을 중심으로 형성되어 있어서 영화 마케팅도 개봉 시기에 상당한 마케팅 프로모션을 진행하고 최대한 많은 개봉관을 잡는 등의 단순한 물량 위주의 마케팅 전략을 구사하는데 머물러 있다. 이러한 산업적인 한계를 뛰어넘기 위해 영화업계에서는 여러 가지 노력을 기울이고 있다. 후속 창구가 활성화되어야 추가적인 수익을 얻게 되고 후속 투자를 끌어낼 수 있는 근본적인 동력임을 고려할 때 영화 유통에 있어서 실무적인 전략 수립과 학문적으로도 영화 마케팅에 대한 많은 연구가 필요한 시점이다. 최근에는 극장 개봉을 하지 않고 바로 OTT로 직행하는 경우도 늘어나고 있는 등 영화 시장은 현재 많은 변화를 경험하고 있다. 영화도 하나의 상품으로 광고와 마케팅 전략이 필요하다. 영화 마케팅에서도 전통적인 매체에 광고를 집행하는 커뮤니케이션 방법을 구사할 수도 있지만, 영화는 문화 상품으로서 경험재의 속성을 지녀 일반 제품이나 서비스의 마케팅이나 광고와는 다른 마케팅이 요구된다. 직접적인 상업 메시지를 전달하는 것 외에 주요하게 사용되는 방법이 출연 배우들이 연예정보 프로그램에서 영화를 알리고 홍보하거나 예능 프로그램의 게스트로 출연하여 영화에 대해 언급하는 등의 홍보 활동이다. 또한, 영화 정보 프로그램에서 개봉 영화가 소개되는 것도 프로그램 시청자들을 영화 관객으로 만들 수 있는 중요한 마케팅 도구이다. 국내 영화 마케팅에서 또 다른 마케팅 도구는 직접적으로 통제가 쉽지는 않지만, 전문가의 평가나 관람 후기와 같은 구전 마케팅의 활용에 대한 것이다. 이러한 복합적인 영화 마케팅 현장에서 영화 마케터는 관객들이 영화 관람에 대한 의사결정 과정에 영향을 미칠 수 있는 다양한 요인을 이해하여야 하며 그러한 요인을 전략적인 측면에서 활용할 수 있어야 한다.

(2) 방송 콘텐츠

콘텐츠 상품들은 기업들이 생산하는 제품이나 서비스와는 다르다. 이러한 차이는 미디어 기업의 경영 전략이나 미디어 제품의 마케팅에 있어서 여타 제품과는 차별화된 전략이 필요하다는 것이다. 특히 방송 콘텐츠는 경험재라는 특성에 의해 생산단계부터 소비에 이르는 다양한 산업적인 단계에서 차별화된 기획과 마케팅적인 노력이 요구된다(Chan-Olmsted, 2006).

방송 콘텐츠는 미디어를 통해 소비되는 것이 일반적이다. 현재 방송 채널 시장에는 종합편성 채널을 비롯하여 다양한 채널이 진입하여 갈수록 시장 경쟁이 치열해지고 있다. 이러한 경쟁 상황에서 채널 브랜드 전략을 수립하여 채널 자체의 독특한 아이덴티티를 정립하고 시장경쟁력을 강화하기 위한 마케팅에도 많은 투자가 이루어지고 있다. 국내 방송시장은 과거 공중파가 지배적인 사업자였지만 유료방송 채널인 tvN과 종합편성 채널인 JTBC가 자사의 독자 제작 드라마와 예능 프로그램이 인기를 끌면서 상당한 시청률을 기록하고 있다. 그동안 시장 점유율이 크지 않았던 종합편성 채널인 TV조선, 채널A, MBN도 자사 프로그램이 인기를 얻으면서 유료방송 채널의 경쟁력이 확보되었다는 평도 듣고 있다. 특화된 채널 아이덴티티를 확보하고 안정적인 운영을 하고 있는 채널로는 스포츠 채널과 영화 채널들이 대표적이다. 이러한 채널들은 스포츠와 영화와 같은 핵심 콘텐츠를 활용하여 콘텐츠별로 세분화된 시청자를 타겟으로 하여 채널 운영을 하고 있다. 2021년 SPOTV는 그동안 MBC SPORTS+가 독점적으로 중계하던 스포츠 미국의 메이리그 야구(MLB)와 같은 스포츠 콘텐츠를 독점 계약하여 채널 브랜드 구축에 많은 투자를 하였다.

(3) 음악

엔터테인먼트 산업에서 가장 눈여겨볼 부분 중 하나가 대중음악이다. 음악 산업은 노래 단 한 곡으로도 사람들을 웃고 울리는 감성적 비즈니스의 성격을 띠며 경제적 효과를 높여줄 뿐만 아니라 더 나아가서는 전 세계를 아우르는 매개체가 되기도 한다. 가장 좋은 예가 한류이다. 최근의 한류, 특히 대중음악에서의 한류의 열풍은 관련 산업에도 큰 경제적 영향을 미치고 있고 최근 전 세계 대중음악에서 큰 영향력을 행사하였던 싸이가 대표적이다. 강남스타일은 유투브 조회수 신기록을 세우며 한국 아티스트 최초로 전세계 음악차트 정상에 올랐다. 강남스타일 열풍은 한국을 넘어 세계를 열광시키며 대중음악의 글로벌적인 영향력을 확인시켜 주었다. 또한, 최근에는 BTS가 글로벌 인기를 얻으면서 대중음악 한류가 우연히 형성된 것이 아니라 안정적인 산업으로 성장하였다는 것을 보여준다.

많은 사람들이 대중음악은 시대상을 가장 정확하게 반영할 수 있는 도구라고 하였다. 대중음악은 각 시대의 특성 그리고 여러 이해관계가 엮인 생각보다 복잡한 문화 매개체이다. 20세기 초 축음기와 왁스 레코드의 다량제작으로 시작된 대중음악의 인기는 라디오를 통해 급속도로 대중에게 전파되었다.

1950년대 TV의 보급으로 그 정점을 찍었으며 1980년대 초반 compact disc라는 미디어 저장체의 등장으로 디지털 시대를 맞게 되며 1990년 인터넷의 등장과 더불어 또 다른 전기를 맞이하였다. 이제는 음원을 중심으로 소비되는 또 다른 유통구조를 형성하고 있다.

단순히 듣고 즐기는 대중음악의 시대는 이미 지났다. 그와 동시에 대중음악도 단순한 엔터테인먼트 콘텐츠를 벗어나 산업화와 글로벌화가 진행 중이다. 1970년대 거물급 아티스트들이 주가 되어 음원 판매와 콘서트를 병행하여 음악계에도 cross marketing이 이루어지기 시작하였고, 24시간 음악 채널로 시작한 MTV는 대중음악 아이콘의 등용문으로 스타들을 배출하기도 한다. 유튜브의 등장은 보고 듣는 대중음악을 더욱 간편하게 만들었다. 개인이 제작한 영상으로 신인 그룹이 인기를 얻기도 하고 예전에 데뷔한 아이돌이 뒤늦게 빛을 보는 것도 유튜브와 같은 개인 미디어의 성장으로 가능한 것이다.

1990년대와 2000년대에는 인터넷이라는 특성을 십분 활용한 do it yourselfer들이 음악의 새로운 마케팅 패러다임을 만들면서 메이저 레이블의 도움 없이 대중음악계에 등장하였다. 디지털 문화는 음악의 제작 방식과 수용 방식, 그리고 산업 방식에 커다란 변화를 가져온 것이다. 이제 21세기를 맞아 대중음악은 또 다른 변화가 진행 중이다. 대중음악의 새로운 화두로 자리잡고 있는 유튜브나 서바이벌 형식 오디션을 통해 대중음악이 소비되고 온라인과 모바일 상의 음원 및 영상 소비가 대중음악 산업에 결정적인 영향을 미치고 있다. 하지만 이런 급변하고 있는 대중음악 산업에서 모든 것이 긍정적인 것은 아니다. 국내의 경우 특히 아이돌이 주류가 되어 획일화되는 것은 고민이 필요하다. 음악의 질보다는 비주얼, 춤 실력, 혹은 개인기가 중심이 되는 것은 비판의 여지가 있다. 장르의 다양성이 보장되고 관록 있는 가수들과 기존의 음악들이 공존하는 대중음악 시장환경이 필요하다.

빠르게 변해가고 있는 대중음악의 현실 속에서 앞으로 더 많은 가능성을 발휘하기 위해서는 음악을 엔터테인먼트 텍스트 그 자체로 즐기는 성숙한 문화도 뒷받침되어야 한다는 것이다. TV와 디지털 음원을 통한 음악의 소비가 아닌 음반이나 콘서트를 통한 대중음악의 수용과 소비가 필요하다. 기존 대중음악이 가지고 있던 남녀노소 모두가 즐길 수 있는 엔터테인먼트적 속성을 되찾기 위해서 음악 수용 방식 다원화가 필요한 시점이다.

(4) 게임

엔터테인먼트 콘텐츠에서 게임은 출판, 영화, 방송, 음악 등 다양한 여타 콘텐츠가 복합적으로 연계되어있는 분야이다. 각종 소설, 영화의 테마들이 게임 콘텐츠로 변환되며, 역으로 인기 있는 게임이 다른 엔터테인먼트 콘텐츠로 확장되어 생산된다. 게임은 최근 비디오 콘솔, PC 기반의 플랫폼에서 모바일 게임으로 변화하고 있으며, 플랫폼에 따라 제작환경 및 유통구조가 명확하게 구분되어지기도 한다.

게임을 이해하기 위해서는 게임 콘텐츠가 가지고 있는 기본적인 특성을 알아야 한다. 게임 콘텐츠 제작을 위하여 어떠한 과정을 거치는가에 대한 이해가 필요하고, 기본적으로 구성되는 컴퓨터 프로그래밍, 미술, 디자인, 음악, 이야기 등 게임제작 파트에 대해서 이해가 필요하다. 게임 콘텐츠의 세부 장르적 특성을 구분하는 것 또한 중요하며 이는 장르에 따라 게임 스토리 구조와 게임 진행 모드의 차이가 날 수 있기 때문이다. 게임 콘텐츠는 특히 장르와 게임 방식의 차이에 따라 세대별, 성별 선호가 달라짐으로 게임 콘텐츠의 전략적 타겟 마케팅을 위하여 소비자들을 심리적, 경제적 관점에서 계층화하여 차별적 마케팅 전략 수립이 필수적이다.

(5) 웹콘텐츠

디지털 미디어가 보편화 되면서 기존의 인쇄미디어로 즐기던 콘텐츠가 웹 기반으로 변화하고 있다. 대표적인 것이 웹툰과 웹소설이다. 웹툰은 한국에서 발생한 독자적인 장르로 만화라는 형식은 동일하지만 단행본 만화와는 다른 특성을 보인다. 좌우로 넘기면서 읽는 만화가 아니라 아래로 스크롤을 해서 이용한다는 점에서 시간의 흐름이나 공간 감각을 색다르게 표현할 수 있다. 무엇보다 웹을 기반으로 하며 유통이 자유롭고 유료화가 쉽다는 장점이 있다. 한국을 넘어 해외 시장에서도 한국의 웹툰이 전파되고 있고 웹툰 작가와의 협업으로 광고주의 광고 메시지를 구현하는 브랜디드 엔터테인먼트 형식의 브랜드 웹툰도 제작되고 있다. 소설을 웹으로 옮긴 웹소설도 시장을 지속적으로 키워가고 있다. 웹툰이나 웹소설 모두 새로운 작가들을 발굴하기 용이하며 작가들의 재능에 따라 큰 성공을 거두는 경우가 많다.

2) 대면 콘텐츠

대면 콘텐츠는 직접 현장에 참여하여 체험하는 콘텐츠를 말한다. 공연, 전시, 이벤트, 테마파크 등이 포함된다. 대면 콘텐츠는 전달되는 특성상 소비자가 직접 체험하는 과정에서 발생하는 현장성이라는 개념이 중요하게 작용한다(전종우, 2012). 공연이 대표적이고 스포츠, 관광 등이 포함된다.

(1) 공연

공연이 일반 소비자들에게 관심을 불러일으키면서 공연을 일상적으로 관람하는 소비자가 늘어가고 있다. 기존에는 공연이라는 상품이 진입장벽을 가지고 있어 특정한 계층의 전유물로 여겨지다가 현재는 일상적인 소비상품으로 변화를 이룬 것이다. 일상적으로 공연을 관람한다는 것은 일에서 벗어나 여가 시간이 증가하면서 새롭게 등장하는 소비자 문화로 볼 수 있다. 공연에는 여러 가지 분야가 포함된다. 대사로만 이루어져 있는 연극과 같은 전통적인 공연과 함께 음악을 들려주는 콘서트가 있을 수 있다. 전통적인 공연 외에 발레와 축제 이벤트와 같은 공연도 쉽게 찾아볼 수 있다. 음악공연도 장르에 따라 대중음악 콘서트와 클래식 음악공연으로 구분이 가능하고 연극과 음악 두 가지가 융합된 형태인 뮤지컬과 오페라를 융합 장르로 따로 분류할 수 있을 것이다.

다양한 형태의 공연이 인기를 끌면서 국내 공연시장은 독립적인 산업으로 인정되고 있다. 예술경영센터(2019)에 따르면 2018년 기준으로 국내 공연시장은 8,232억 원 정도이다. 이는 전년 대비 1.2% 늘어난 금액이다. 세부적으로 보면 공연단체의 작품판매와 출연료 수입이 1천334억 원(18.2% 증가), MD 상품 · 협찬 등 기타 공연사업 수입이 550억 원(23.2% 증가), 주차 및 임대수입 등 기타수입이 575억 원(4.4% 증가)으로 각각 증가하였다. 티켓판매 수입은 3천917억 원(1.4% 감소), 공연장 대관 수입이 1천96억 원(0.8% 감소), 전시 및 교육사업 등 공연 외 사업 수입이 760억 원(18% 감소)으로 감소하였다. 공연별 티켓판매 수입은 뮤지컬이 2천180억 원으로 전체 공연시장의 55.7%를 차지하였고, 연극이 743억 원(19%), 클래식이 277억 원(7.1%), 복합장르가 120억 원(3.1%), 발레가 88억 원(2.3%), 국악이 64억 원(1.6%), 오페라가 62억 원(1.6%), 무용이 37억 원(0.9%) 순으로 나타났다.

공연물은 현장에서 직접적으로 소비되는 엔터테인먼트 콘텐츠의 대표적인 상품이다. 이러한 공연물 또한 영화와 같이 소비나 마케팅에 있어 일반적인 제품이나 서비스 마케팅과는 다른 접근이 요구된다. 또한, 같은 엔터테인먼트 콘텐츠 상품인 방송 콘텐츠와도 유사점만큼이나 다른 점이 많다. 방송 콘텐츠의 경우 미디어로 매개된 콘텐츠로 간접적인 소비가 이루어지는 것이지만 공연은 현장에 직접 참여하여 관람의 형태로 소비되기 때문이다. 물론 공연상품도 DVD로 제작되거나 미디어를 통해 간접적인 소비가 이루어지기도 하지만 이는 공연상품의 2차적인 창구 소비로 주된 소비형식은 아니다. TV나 DVD를 통해 저렴한 비용으로 즐길 수 있는 공연상품을 물리적인 노력을 들여 공연장에서 관람하는 것은 현장에서 느낄 수 있는 소비 경험을 중요하게 생각하기 때문이다. 따라서 공연상품의 선택과 소비에는 현장성이라는 개념에 대한 이해가 필요하다(전종우, 2010).

공연의 경우 일반 제품이나 서비스와 같은 마케팅 전략을 구사하기는 쉽지 않다. 이는 엔터테인먼트 상품으로서의 특성과 함께 경제적인 요인만으로는 설명하기 힘든 복잡한 상품 특성 때문이다. 미국 뉴욕의 메트로폴리탄 오페라는 입장권 수입이 전체 예산에서 차지하는 비중이 크지 않다고 한다. 후원자들이 예산의 상당 부분을 충당하여 운영되는 현실이다. 우리나라도 국공립공연단체는 말할 것도 없고 민간공연단체들도 여러 기관으로부터 재정지원과 후원을 받아 운영비의 상당 부분을 충당하고 있는 실정이다. 하지만 공연 단체들이 언제까지나 외부의 지원에 의존하는 소극적인 운영을 할 수만은 없다. 수동적인 재정지원이나 기업의 후원에 기대지 말고 보다 적극적으로 경영 측면에서 자립하기 위한 노력을 해야 한다(김연수, 2008). 따라서 공연예술 분야도 브랜드를 구축하거나 마케팅을 전개하는 등 지금까지와는 다른 전략적인 노력이 필요하다.

(2) 스포츠

최근 수용자들의 엔터테인먼트 관련 매체 활용과 관련하여 빼놓을 수 없는 부분은 단연 스포츠 콘텐츠의 보편화와 확장이라고 할 수 있다. 올림픽, 월드컵, 그리고 월드베이스볼클래식(WBC) 등 국제적인 스포츠 이벤트의 방송 중계는 말할 나위 없거니와 국내 선수들의 해외 리그 진출 등으로 안방에서 메이저 리그, 유럽 축구 리그 경기 등을 관람하는 것은 이제 소비자들에게 익숙하고 필수적인 엔터테인먼트의 콘텐츠가 되어가고 있다. 특히, 스포츠는 중계를 통해 미디어 콘텐츠로서도 높은 가치를 지닌다. OTT 서비스가 아무리 보편화 된다고 하더라도 스포츠는 경기 결과와 관련하여 실시간 시청의 중요성이 크기 때문이다.

(3) 관광

경제적 발전으로 인하여 인간이 레저와 오락을 추구하면서 관광에 대한 관심이 증가하고 있다. 새로운 곳을 방문하고 이국적인 음식을 먹는 것은 하나의 즐거운 경험이다. 국내에서도 일과 일상생활의 조화를 추구하면서 여행과 관광에 대한 수요는 지속적으로 늘어날 것으로 보인다. 관광산업은 포함되는 분야가 많아 산업적으로도 큰 시장을 형성한다.

관광에 있어 중요한 콘텐츠 중의 하나가 테마파크이다. 디즈니랜드로 상징되는 테마파크는 유원지에 콘텐츠를 결합하여, 레저를 즐기는 동시에 테마파크에서 제공하는 스토리텔링을 통하여 정보, 지식을 얻고 오락, 환상을 체험할 수 있게 한다. 테마파크는 역사, 문화, 미래기술 등 다양한 테마의 스토리텔링을 제공하며, 각종 관련 캐릭터와 건축물들 자체도 콘텐츠로써 발전될 수 있고 영상과 애니메이션 콘텐츠 마케팅과 연계될 수 있다. 문화관광은 문화자원을 대상으로 관광 산업화하는 것으로 역사유적, 지역 문화 등을 엔터테인먼트 콘텐츠로 발전시켜 나가는 것이다. 유네스코 세계유산지정 문화유적 등의 관광콘텐츠 개발 또는 브라질의 카니발 같은 지역 축제의 세계화를 통하여 과거와 현재의 문화를 엔터테인먼트 콘텐츠로 상품화할 수 있다. 특히 테마파크와 문화관광콘텐츠는 일반 관광산업과의 연계를 통하여 숙박과 외식업 그리고 공연, 전시 콘텐츠와 시너지 효과를 발휘하며 지방 자치단체와 지역개발 활성화 방안이나 연관기업과의 스폰서십을 통한 마케팅 전략이 중요하다.

(4) 융복합 콘텐츠

기술 발전과 더불어 Digital Transformation이 진행되면서 사람들이 콘텐츠를 이용하는 방식에도 많은 변화가 일어났다. 콘텐츠의 디지털화로 1차적인 변화가 시작되었다면 기술의 진화는 전통적인 콘텐츠 소비도 변화시키고 있다. 가장 대표적인 것이 VR과 같은 실감 콘텐츠이다. HM 기기를 활용하여 360도 시야각을 제공하고 자신의 선택으로 콘텐츠를 이용할 수 있다. 현실과 융합된 AR기술도 콘텐츠 분야에 많이 사용된다. 2016년 포켓몬고에 대한 관심으로 시작하여 이제 AR은 여러 분야에 적용되고 있다. 증강현실(AR)과 가상현실(VR) 기술은 소비자가 콘텐츠를 사용하는 접점에서 디지털과 아날로그 경계를 융합하여 상호 작용을 통해 새로운 경험을 제공하고 있다. 더 나아가 MR과 XR 기술도 현실화되어 가고 있다.

새로운 기술이 콘텐츠 분야를 어떻게 변화시킬지는 아직 정확하게 판단하기는 쉽지 않다. 다만, 소비자들이 원하는 방향으로 지속적으로 진화할 것이라는 것은 분명하다. 인공지능 기술이 현재는 특수한 분야에 적용되고 있지만 머지않아 콘텐츠 제작에도 인공지능 기술이 활용될 것으로 전망되고 이는 콘텐츠의 제작과 소비에 혁명적인 변화를 가져올 것이다.

03

ENTERTAINMENT CONTENTS MARKETING

스토리텔링

스토리텔링(storytelling)은 현재 여러 분야에서 사용되고 있는 개념이다. 모든 콘텐츠 제작물이 스토리를 가지고 있고 스토리는 수용자가 콘텐츠를 평가하는데 있어 주요한 요인으로 고려된다. 스토리텔링은 문학이나 역사학과 같은 인문학에 뿌리는 둔 개념이지만 현재는 미디어와 콘텐츠 산업에서도 주요하게 사용되고 있다. 이는 구술 시대 이래로 일상적인 커뮤니케이션 양식이었던 스토리텔링이 그 효용성을 확장하여 문화 담론의 한 양식으로 주목받고 있는 것이다.

사실 '스토리텔링'이라는 용어는 서구에서 그대로 들여와 사용하는 일상적 용어에 불과하다. 이러한 이유로 스토리텔링의 개념에 대한 학술적인 정의나 특성에 대한 논의가 충분히 이루어지고 있지 않은 상태이다. 어휘사전들도 스토리텔링을 표제어로 다루고 있지 않는 경우가 많고 다룬다 하여도 '스토리(story)'의 파생어 범주에 국한하여 "이야기하기 (the telling of stories)"(Webster's Third New International Dictionary, 1981) 또는 "이야기하는 행위(the action of telling stories)" (The Oxford English Dictionary, 1998) 정도의 간략한 설명에 그치고 있다. 스토리텔링에 대한 학술적인 의미에 대한 정의 중 Denning(2005)의 정의가 그나마 학술적으로 의미를 제공하며 '일어난 상황을 잘 짜인 스토리로 시각, 청각, 후각 등의 감각에 호소하며 감동적으로 전달하는 고대로부터 전승되어온 인류의 담화 예술 혹은 기술'로 보고 있다. 스토리텔링과 관련된 개념으로는 커뮤니케이션 분야에서 전통적으로 많이 다루어진 내러티브 개념에서 그 연관성을 찾아볼 수 있다. 내러티브는 '이야기하다'라는 뜻의 라틴어 'narro'와 산스크리트어 'gna' 그리고 그와 흡사한 'gnarus'에서 유래한 것이라고 한다(Loewenstrin, 1991). 내러티브가 이론적으로 다루어진 것은 러시아 민담의 형태론 연구를 주로 하는 러시아 형식주의로부터라고 한다(Todorov, 1968). 그 이후에 기호학, 영화이론, 문예비평, 민속학, 언어학 등으로 확장되어 가고 있으며 영화와 TV와 같은 대중문화에까지 적용 범위가 넓어지고 있다(Chatman, 1990; Kozloff, 1992). 또한, 내러티브를 언어학적인 측면에서 보고 구조주의적 분석을 시도하기도 하는 등 다양한 학술적 연구 관심을 받고 있다(Barthes, 1997).

내러티브는 단순한 메시지 전달에 머무는 것이 아니라 사건의 원인과 결과에 대한 복합적인 이해가 필요하다(이용관, 1992). 내러티브라는 뜻이 '관계를 맺다'라는 의미를 가지고 있기도 하고 내러티브는 사건들의 결합을 통해 특정한 사실을 설명하는 것을 의미하기도 하여 내러티브는 목표지향과 어떤한 결과물을 이루어내는 것을 중요시 한다(Greimas, 1965). 내러티브가 사람들 사이에 메시지 전달에 이용되는 것은 인간이 '이야기하는 동물이기' 때문이라는 주장도 존재한다.

스토리텔링은 상위 개념으로 다양한 이야기 장르를 관통하는 것이다. 여기에는 문학, 만화, 애니메이션, 영화, 게임, 광고, 디자인, 홈쇼핑, 테마파크, 스포츠와 같이 이야기가 개입 할 수 있는 모든 형식이 망라된다(최혜실, 2007). 스토리텔링은 크게 두 가지로 구분되며 스토리를 기본으로 하는 이야기와 스토리를 전달하는 이야기꾼을 분리한다(김병희, 2012). 스토리텔링은 상업적인 역할도 중요시 되는데 지역 축제를 기획하거나 관광지를 조성할 때 지역적인 설화에 이야기를 입혀 현대적으로 재해석하여 활용되기도 한다(차유철, 정상

수, 이희복, 신명희, 2009). 또한 발렌타인데이(2월 14일), 화이트데이(3월 14일), 빼빼로 데이(11월 11일) 등과 같이 이야기를 특정일에 입혀 구전을 시도하는 마케팅 전략에서도 중요하게 이용된다(김병희, 정상수, 2010).

04

유희성

엔터테인먼트 콘텐츠가 사람들로부터 사랑받는 것은 재미있기 때문이다. 사람들은 재미있는 콘텐츠에 열광한다. 이는 사람들이 태생적으로 놀이를 좋아한다는 놀이이론(play theory)으로 설명이 가능하다. 사람들이 놀이는 부수적인 것으로 생각하는 것이 아니라 그 자체를 목적으로 한다는 호이징어의 언급이 놀이이론의 큰 틀을 이루고 있다. 놀이이론을 기반으로 유희성이라는 개념을 도출할 수 있다. 유희성은 기본적으로 콘텐츠 이용자가 느끼는 감성적인 만족을 의미한다. 학자마다 조금씩 다른 정의를 내리고 있지만, 영어 표현으로는 playfulness, enjoyment, amusement, pleasure 등으로 표현된다.

전통적으로 유희성은 예술에서 많이 사용되었다. 최근에는 디지털화되어 가는 예술 작품을 관객들에게 소구하기 위해 유희성 개념을 적용한 작품 활동이 이루어지기도 한다. 현대 기술 사회에서는 HCI 연구에서 유희적인 경험을 디지털 기술에 대한 수용성에 중요한 요인으로 고려하고 있다. 이러한 유희성은 전통적인 콘텐츠는 물론 새로운 융복합 콘텐츠의 소비를 설명하는 중요한 개념으로 사용된다.

05

현장성

대면 콘텐츠는 관객이 직접 현장에서 소비하는 특성을 지니게 된다. 이러한 콘텐츠의 특성으로 인해 추가 생산비용이 많이 들게 되지만 소비자와 직접적으로 접촉한다는 점에서 핵심적인 소비 경험을 제공할 수 있다. 현장에서 관객을 앞에 두고 실연되는 공연의 경우 생산과 소비 과정에서 공연자와 관객 사이의 상호작용이 중요한 역할을 한다(Throsby & Withers, 1979). 이는 공연장에서 직접적인 소비가 이루어지는 공연상품의 특성으로 인해 현장성이라는 개념이 공연 소비에 있어 만족감을 높이는 중요한 요인으로 작용한다는 것이다. 실증적으로 여수엑스포의 기업관을 대상으로 전시물 관람 중 느끼는 현장성 인식이 전시관에 대해 평가와 기업 브랜드 태도에 긍정적인 영향 관계에 있다는 연구결과가 보고되기도 하였다(전종우, 신창열, 2012). 전시관 관람에서는 소비자의 이성적인 측면보다 감성적인 측면이 현장성에 더욱 밀접하게 관련된 것으로 나타난다. 이론적인 측면에서 현장감과 현장성은 구분되어야 한다(전종우, 2010). 현장성은 공연과 같은 현장 콘텐츠에 참여하여 직접적으로 체험하면서 발생 되는 감정이고 현장감은 미디어를 통해 전달되는 비대면 콘텐츠를 시청하면서 느끼는 원격 체험을 말한다. 이는 뉴미디어 연구에서 자주 접하게 되는 프레즌스와 텔레프레즌스 개념과 유사한 것으로 이해할 수 있다. 콘텐츠의 소비에 초점을 두면 현장성은 광고와 마케팅에서 많이 언급되는 체험 마케팅 개념으로 설명할 수 있다.

06

ENTERTAINMENT CONTENTS MARKETING

엔터테인먼트 콘텐츠 마케팅의 중요성

엔터테인먼트는 제작도 중요하지만 그에 못지않게 마케팅이 중요한 요인이다. 하지만 일반적인 제품과는 다른 특성으로 인해 각각의 엔터테인먼트 콘텐츠별로 특화된 마케팅 전략을 수립하는 것이 중요하다. 현재 영화 마케팅에 있어서도 영화의 성공을 위하여 광고대행사의 역할이 증가하고 있고 영화에서 마케팅 비용이 늘어나고 현재 해외 시장을 목표로 하여 다국적 광고대행사와 일을 하기도 한다.

엔터테인먼트 소비에서는 돈보다 시간이 중요한 역할을 한다. 영화의 경우 한 편을 보는데 만원 정도의 비용이 소요되지만(물론 3D영화의 경우 만원이 넘기는 한다) 영화관에 가는 시간과 관람 시간 등을 합치면 4시간 정도가 소요되어 시간적으로 부담이 되는 것이 사실이다. 따라서 일반적인 제품과 같이 가격 자체가 큰 고려요인이 되기보다는 복합적인 차원에서 전체 비용에 대한 소비자 인식을 고려하는 것이 중요하다.

본서의 구성

본서의 대상은 엔터테인먼트 관련 3, 4학년 학부생과 대학원 1학기 개론 과목을 듣는 학생들이다. 관련 학과로는 신문방송학과, 광고홍보학과, 예술경영학과, 문화콘텐츠학과나 미디어콘텐츠학과를 들 수 있다. 본서는 크게 3부 14장으로 구성된다. 1부 엔터테인먼트의 이해, 마케팅 개요, 2부 미디어 콘텐츠 마케팅, 3부 대면 및 융복합콘텐츠 마케팅으로 구성된다. 1부에는 엔터테인먼트에 대한 이해, 브랜디드 엔터테인먼트, 한류 마케팅이 포함되고 2부에는 영화, 방송프로그램, 음악, 게임, 웹콘텐츠가 포함된다. 3부에서는 공연, 스포츠, 뉴스, 문화관광, 융복합, 관광엔터테인먼트가 포함된다.

참고문헌

기시카와 젠코(2010), 콘텐츠 비즈니스론, 백승혁, 김광재 옮김, 서울: 커뮤니케이션북스.

김연수(2008), 라이프스타일 유형별 오페라 관람객의 세분화 및 추구편익 연구, 음악응용연구, 1,29-55.

김평수, 윤홍근, 장규수(2007), 《문화콘텐츠 산업론》, 커뮤니케이션북스.

문혜정(2010), 올 공연시장 2천억 돌파, 뮤지컬, 콘서트가 82% 차지, 한국경제, 12/22, http://www.hankyung.com/news/app/newsview.php?aid=2010122204651

예술경영지원센터(2009). 공연예술실태조사.

유진룡, 최화열(2010), 엔터테인먼트 산업의 개념과 형성, 서비스마케팅저널, 3(1), 17-34.

전종우 (2012), 소비자 태도와 정보탐색 행동이 공연 소비에 미치는 영향: 현장성의 매개효과를 중심으로, 광고연구, 95, 226~247.

토마츠(2006), 예측가능한 경영을 위한 엔터테인먼트 매니지먼트, 서울: 커뮤니케이션북스.

Vogel, H. L. (2001), Entertainment Industry Economics, Cambridge University Press.

CHAPTER

02

엔터테인먼트 마케팅

마케팅은 어디에나 있고, 어디에나 없다.

매일 생활 속에서 상품과 서비스를 마주할 수밖에 없는 우리는 필요의 욕구를 충족시키기 위해 다양한 상품과 서비스를 선택한다. 우리 생활에 이미 깊이 들어와 있지만 자각하지 못한 채 살아가는 일부분이 된 것이 마케팅이다. 제품과 서비스는 소비를 목적으로 하여 기업에 의해 생산된다. 소비라는 목적을 달성하기 위해서는 생산과 소비의 연결이 중요한데, 이러한 활동이 유통관리이자 마케팅관리라고 할 수 있다.

마케팅은 공급자와 소비자를 연결 시켜주는 역할을 한다. 인간은 삶을 영위하기 위해 의식주는 물론 교육, 오락 등의 서비스에 대한 욕구를 갖고 있다. 예를 들어, 물을 마시고 싶으면 물과 컵이 필요하고, 취미활동을 즐기기 위해 개인의 취향에 따른 오락 생활을 즐기기도 한다. 이처럼 소비자는 개인의 필요와 욕구에 대해 결핍을 느낄 때 그 필요를 충족시키기 위해 마케팅이 만들어진다. 필요에 따른 구체적인 제품이나 서비스에 대한 바람이 욕구로 표출된다. 인간의 욕구는 문화나 사회, 개인의 환경에 따라 다르게 나타나며 변형되기도 한다. 이러한 제품과 서비스에 대한 욕구가 구매 의사로 합치되어 행위로 나타날 때 수요가 일어나는데, 수요가 많다고 해서 소비자들이 모두 그 제품이나 서비스를 선택하는 것은 아니다. 소비자가 경제적, 시간적 대가를 지불할 만큼 가치가 생성되어야 소비자들의 필요와 욕구를 충족할 수 있을 것이다. 이때 소비자는 기업의 제품이나 서비스를 통해 필요와 욕구를 충족시키고, 기업은 만족과 가치를 제공한다. 이때 기업은 재화에 대한 금전적 교환 이외에도 소비자로부터 교환의 등가성을 갖게 된다. 즉, 교환은 소비자가 가치 있다고 느끼는 제품이나 서비스의 대가를 지불하고 획득하는 행위로서 새로운 가치를 창조하는 것을 말한다.

마케팅의 정의와 기능

마케팅은 20세기 초 미국을 중심으로 시작된 학문 분야로, 소비자가 제품이나 서비스를 선택할 수 있게 하는 모든 제반 활동을 의미한다. 학자에 따라 다양하게 정의되고 있으나 오늘날 가장 일반적으로 인정되고 있는 것은 미국 마케팅학회(AMA: American Marketing Association)의 정의이다. 미국 마케팅학회는 1948년, "마케팅은 생산자로부터 소비자 또는 사용자에게로 제품 및 서비스가 흐르도록 관리하는 제반 기업 활동의 수행"이라고 정의하였다. 그러나 마케팅의 본질적인 관점에서 전략적이고 조직의 기능에서 마케팅의 역할을 더 잘 반영하고 있으며 고객과 관계를 구축하거나 유지하고 고객에게 가치를 전달하는 과정에서 마케팅의 역할을 더욱 중요하게 여기고 있다. 이에 따라 2004년 새롭게 채택한 마케팅에 대한 정의는 "마케팅이란 고객에게 가치를 창안해 커뮤니케이션하고, 전달하는 것과 조직과 그 관계자들이 편익을 얻을 수 있는 방법으로 고객 관계를 관리하기 위한 조직적 기능이자 일련의 과정이다."라고 정의했으나 2013년, 다시 개정된 정의를 채택했다.

> "마케팅은 고객들(costomers and clients), 협력자들(partners), 그리고 더 나아가 사회 전반(society at large)에 가치 있는 것을 만들고, 알리고, 전달하고, 교환하기 위한 활동과 일련의 제도 및 과정이다."

한편, 한국 마케팅학회는 "마케팅은 조직이나 개인이 자신의 목적을 달성시키는 교환을 창출하고 유지할 수 있도록 시장을 정의하고 관리하는 과정이다"라고 정의하였다.

미국과 한국의 마케팅 관점은 교환이라는 과정에 주목하고 있으며, 상품 및 서비스 제공자와 소비자 간 상호작용을 통해 시장이 유지되는 공통점이 있다. 또한, 소비자 개개인의 필요와 욕구에 따라 가치 기준의 다양성을 담보로 하여 시장 교환이 가능하다는 점을 밝히고 있다. 반면, 미국과 한국의 마케팅에 대한 관점의 차이는 교환 창출의 대상이 상이하다는 점이다. 미국의 마케팅 관점은 사회전반에 가치 있는 것을 만들고 알리며 교환하는 과정에서의 주체가 소비자와 고객, 협력사와 사회 구성원 전체로 보았다면, 한국의 마케팅 관점은 수익 창출의 목적이 근간에 있으며, 이에 따라 교환을 창출하고 시장 경제 체제 하에서 유지할 수 있는 관리자, 즉 교환 창출의 대상이 개인과 기업(조직)으로 제한하고 있다.

이 밖에도 마케팅에 대한 정의는 다양한 학자들의 관점에서 개념화되었는데, Phillip Kotler는 판매하는 것만 포함되는 것이 아니라 "기업이 고객을 위해 가치를 창출하고 강한 고객 관계를 구축함으로써 그 대가로 고객들로부터 상응한 가치를 얻는 과정이며 교환과정을 통해 필요와 욕구를 충족시키려는 인간 활동이다"라고 정의한 바 있다. Peter Drucker는 "마케팅의 목적은 판매 노력을 불필요하게 만드는 것"이라고 정의한 바 있으며, Russell Winer는 "선택에 영향을 미치는 모든 활동"이라고 정의하였다.

전통적인 마케팅의 정의에 더해, 사회 흐름의 변화와 기술의 발전은 마케팅의 정의도 조금씩 달라지고 있다. 현대적 관점에서 마케팅에도 다양한 변화가 일어나고 있는데, 정보통신기술의 발달은 디지털 혁명을 불러왔다. 개인의

PC 및 스마트폰 보유가 증가하면서 개인화된 제품과 서비스 생산은 세분화 된 개인 커뮤니케이션과 차별화된 가격 결정을 가능하게 한다. 소비자는 물론 잠재적 소비자에 대한 정보는 빅데이터로 수집되고, 이러한 기술과 사회변화는 기업의 변화를 도모하며 마케팅믹스와 마케팅 전략 등에도 변화를 불러온다.

02

ENTERTAINMENT CONTENTS MARKETING

마케팅 전략 체계

정보통신기술의 발달과 사회, 문화적 흐름에 따라 개인화, 맞춤형 서비스 도입으로 마케팅 전략도 변화하고 있다. 소비자 니즈에 따른 마케팅 전략은 전통적 거시 마케팅의 STP 전략으로 요약될 수 있다.

마케팅은 기업의 구체적인 목표가 설정되면 시장에서의 전략적 위치를 결정한다. 마케팅에서의 전략은 시장 포지셔닝 전략 중 가장 중요한 부분을 차지하고 있다. 즉 시장 세분화-목표시장 선정-제품 포지셔닝으로 구성되는 마케팅 전략은 내적 환경과 외적 환경에 대한 분석에서 시작된다. 분석 요소 중 고객(consumers), 기업(company), 경쟁자(competitors)의 3C는 기업의 마케팅 활동에 있어 직접적인 영향을 미치는 요인으로 이에 대한 이해와 분석이 선행되어야 한다.

마케팅에 따른 효과는 조사(Research)로부터 시작된다. Phillip Kotler는 효과적인 마케팅 관리 과정을 5단계로 구분하였는데, 1단계는 마케팅 환경 분석 (Research), 2단계 STP (Segmentation, Targeting, positioning), 3단계 마케팅믹스 (Marketing Mix), 4단계 실행 (Implementation), 5단계 통제 (Control)이다.

그림 2.1 효과적인 마케팅 관리 5단계

마케팅 환경 분석은 마케팅 리서치와 시장조사를 의미하며 STP 단계에서는 기업이 개별 소비자 선호에 따른 제품이나 서비스를 통해 타사와의 차별성과 경쟁력을 확보하는 마케팅 전략으로, 전체 시장을 구분하고 특정 시장을 타겟으로 하여 고객에게 타사와 다른 자사 제품의 이미지를 각인시킨다. 마케팅믹스의 단계에서는 제품, 가격, 유통, 프로모션을 혼합한 마케팅 자원 분배 및 실행을 위한 전단계라고 할 수 있다. 실행과 통제 단계에서는 마케팅 계획에 따른 집행과 실행 결과에 대한 피드백과 결과를 평가하는 과정이 포함된다.

1) STP 전략

STP는 기업의 전략적 마케팅 행위로서, 세부적으로 시장 세분화(segmentation), 목표시장 설정(targeting), 포지셔닝(positioning)의 세 단계로 이루어진다.

① 시장 세분화(segmentation): 특정 시장 공략을 위한 선행작업으로 고객의 성별, 소득수준, 연령, 지역, 소비성향, 가치관 등 다양한 기준으로 시장을 세분화한다.

② 목표시장 설정(targeting): 제품 이미지나 특징에 가장 적합한 시장을 설정한다. 이때 마케팅 비용이나 수익 증대 폭, 시장의 성장 가능성 등을 고려해야 한다.

③ 포지셔닝(positioning): 고객에게 타사와 다른 자사 제품의 차별성을 각인시킬 수 있도록 광고 등을 통해 커뮤니케이션을 한다.

시장 세분화 – 시장을 상이한 제품 또는 서비스를 요구하는 소비자 집단으로 분할하는 단계이다. 시장 세분화는 각 시장에 대한 특성을 파악하는 것으로, 인구통계학적 요소나 구매에 따른 특징, 행동, 니즈에 따라 기존 소비자 집

는 애자일 마케팅이다. 대량생산 시대는 저물었고, 개인화, 맞춤화 시대로 진입했다. 이에 소량 생산, 제품수명의 단축 등이 새로운 산업의 흐름이 되고 있다. 제품 수익 창출 기회가 제한적이기 때문에 신제품의 개발 속도는 빨라졌고 고객의 선호도 역시 유효기간이 짧아졌다는 점을 간과할 수 없다. 애자일 마케팅을 위해서는 신속한 대응 메커니즘을 기반으로 고객 데이터를 모니터링 할 수 있는 능력이 요구된다. 소셜미디어 플랫폼을 통해 확산되는 키워드, 트렌드, 양극화된 의견, 브랜드에 대한 감정 및 제품의 수용성 등이 고객 정보로 데이터화 되고, 기업이 지역과 위치별 정보를 추적할 수 있는 빅데이터를 양산한다. 이와 함께 제품 플랫폼의 개발도 요구된다. 플랫폼을 통해 소비자의 반응과 태도 등의 피드백을 받고, 신속한 제품 개발과 상호작용이 가능하며 고객은 다양한 종류의 제품에서 자신이 원하는 제품을 구성할 수 있고 기업은 개별적이고도 대량화된 맞춤화가 가능해진다.

2) 온라인 마케팅 강화

코로나19 펜데믹 이후 산업 패러다임은 비대면 비즈니스와 온라인 서비스의 가속화로 디지털 경제가 촉진되었는데, 특히 개인주의 성향과 IT 기술을 활용한 디지털 트렌드가 뉴노멀로 자리잡고 있다. 디지털 기술의 발전은 O2O 비즈니스의 활성화를 이루었고, 장기간 지속되는 코로나19 감염병 확산에 따라 2030 MZ 세대의 취향에 따른 구독경제 즉 온라인 동영상 서비스(OTT) 시장도 성장세를 보이고 있다.

2020년 2월 오프라인 매출은 감소한 반면, 온라인 유통 매출은 급성장하였고, 대면 접촉을 회피하는 소비자의 증가로 O2O(Online-to-Online)를 기반으로 하는 배달 비즈니스는 가속화 되었다. O2O 비즈니스는 특히 신선식품, 가정간편식(HMR) 분야에서 큰 변화를 보였는데, 온라인 쇼핑은 2020년 3월 기준 2019년 동일 기간보다 약 30% 높은 성장률을 보였고, 식품 구매는 50% 성장하였으며 HMR 시장의 성장률은 전년동기대비 22% 증가하였다.

또한, 코로나19 펜데믹으로 인해 확산된 온라인 동영상 서비스(OTT)는 미디어 콘텐츠 및 광고 분야에서도 적용되고 있는데, 2020년 2월 OTT 기업의 인터넷 사용량은 1월 대비 44.4% 증가했으며 이와 함께 온라인 광고시장도 급성장했다. 불특정 다수가 모이는 영화관이나 공연장을 기피하고 독립되고 안전한 개인 공간에서 영화나 드라마, 콘서트 등을 즐길 수 있는 온라인 스트리밍 플랫폼을 선호하는 경향이 나타나면서 상품에만 머물렀던 마케팅은 콘텐츠 분야까지 확장할 수 있게 되었다.

온라인 마케팅은 고객과 기업의 상호작용으로 기술과 인간이 만나는 접점이다. 이에 따라 비대면 마케팅은 온라인을 통해 소비자와 소통하며 광고 · 홍보하는 양방향 마케팅 방식을 통한 '온라인 소통'이라는 점에서 일반적인 마케팅과 차별화된다. 이처럼 온라인을 기반으로 한 비대면 마케팅은 스마트폰 사용률 증가에 따라 시공간의 한계를 초월하여 이용 가능한 소셜미디어 시대로 발전하였고, 불특정 다수를 대상이 아닌 개인 맞춤화 네트워킹이 가능한 시대로 발전하였다. 다양한 디지털 미디어를 통해 대중은 정보교류와 관계를 맺는 데에 있어 지역적, 시간적 제약이 사라지게 되었고 이미지, 동영상 등의 콘텐츠 유통도 활발하게 되었다. 이러한 기술 발전에 따른 미디어의 발전은 언택트 마케팅이 확산하는 데에 큰 영향을 주었는데, 향후에도 디지털 미디어 플랫폼을 통해 공유되는 고객의 소비와 만족, 지속적 이용 의도를 높이기 위해 기업은 상호작용성을 중심으로 고객을 유치하고 재화와 서비스를 제공해야 하는 필요성에는 이견이 없을 것이다.

요약

마케팅이란 고객과 협력자들, 나아가 사회전반에 가치 있는 것을 만들고, 알리고, 전달하고, 교환하기 위한 활동과 일련의 제도 및 과정으로 정의할 수 있다. 마케팅은 교환이라는 관점에서 상품 및 서비스 제공자와 소비자 간 상호작용을 통해 시장 교환을 가능하게 한다. 현대에 와서는 정보통신기술의 발달로 전통적인 마케팅전략부터 개인화, 맞춤화 된 새로운 마케팅전략이 수립되었고 세계 경제 및 사회 흐름에 따른 뉴노멀 시대의 온라인 마케팅 전략이 가속화되었다. 고객과 기업의 상호작용을 기반한 양방향 마케팅 방식은 시공간의 한계를 극복하는 것으로서 디지털 미디어 플랫폼의 언택트 마케팅의 변화에 주목해야 할 것이다.

생각해 볼 문제

1. 디지털 시대, 마케팅의 정의는 무엇인가?
2. 효과적인 마케팅 관리를 위한 STP 전략, 마케팅 믹스의 역할은 무엇인가?
3. 마케팅 믹스 전략의 세부 절차를 이해하고 수립할 수 있는가?
4. 디지털 시대로의 전환점에서 마케팅은 어떠한 변화가 필요한가?

참고문헌

강희석, 이윤옥(2020). 코로나 시대 환대산업 서비스의 언택트 마케팅에 관한 고찰, 한국엔터테인먼트산업학회논문지, 14(7), 161-173.

김군수, 성영조, 한영숙(2020). 포스트 코로나19, 뉴노멀 시대의 산업 전략, 이슈&진단, 411, 1-25.

서동현, 이정문, 김지현, 박준형, 구상준, 김석훈(2020). 코로나19로 인한 디지털커머스 마케팅 변화에 대한 분석, 한국컴퓨터정보학회 하계학술대회 논문집.

안광효, 하영원, 유시진, 박흥수(2020). 〈마케팅원론 7th〉, 파주:학현사

안종배(2012). 스마트시대 콘텐츠 마케팅론, 서울: 박영사

안종배(2020). 포스트 코로나 사회 변화와 마케팅의 미래 변화 연구, 한국방송학회 학술대회 논문집.

오수연(2020). 위기가 일상화되는 뉴노멀이 온다, 마케팅, 54(5), 55-61.

이학식, 임지훈, 박종철(2019). 〈마케팅 5th〉. 서울: 집현재

최순화(2016) 〈뉴노멀 시대의 마케팅〉. 서울: 세종서적

최종화(2020). 포스트 코로나 시대의 디지털 전환과 언택트 혁신, Future horizon, 52-55.

Belch. george e. and Michael a. belch. (2017). 〈Advertising & promotion : an integrated marketing communications perspective 11th〉. Mcgraw-hill.

Schultz, Don E., Stanley I. Tannenbaum, Robert F. Lauterborn. 공저(1993). 문영숙, 이혜갑, 김광수 공역 〈통합적 마케팅 커뮤니케이션〉 서울: 범우사

Philip Kotler & Kevin L. Keller. (2005). 〈Marketing Management 12th〉, Pearson.

Drucker, P. F. (1958). Marketing and economic development. Journal of Marketing, 22(3), 252-259.

Drucker, P. F. (1995). People and performance: The best of Peter Drucker on management. Routledge.

제이슨 솅커(2020). 〈코로나 이후의 세계〉, 박성현 역, 서울: 미디어숲

CHAPTER

03

브랜디드 엔터테인먼트 콘텐츠 마케팅

01

브랜디드 콘텐츠의 확장 브랜디드 엔터테인먼트

1) 브랜디드 콘텐츠 정의와 특성

기업과 사회의 태도가 소비자 중심으로 변화됨에 따라 기업은 소비자들 간의 긴밀한 관계성을 구축하는 것이 중요하게 되었다. 기업의 브랜드와 상품이 가지고 있는 장점을 소비자들과 '공감'하고 '소통'하며 친밀한 관계를 만들어 나가는 것이 마케팅의 중요한 이슈라고 볼 수 있다. 그런 의미에서 기업의 스토리와 특성을 표현하는 콘텐츠는 브랜드의 스토리를 알리고 소비자에게 독특한 경험을 제공하여 브랜드의 인지도 상승뿐 아니라 이미지 쇄신, 소비자의 신뢰를 얻기 위한 중요한 수단이 되고 있다. 유투브(Youtube)가 없던 시절 BMW가 자사의 bmwflim.com 사이트를 통해서 공개한 5편의 단편영화 '더 하이어(The Hire)'광고시리즈를 제작하여 성공한 이래 브랜디드 콘텐츠(BRANDED CONTENT)는 다양한 아이디어, 형식 그리고 플랫폼에서 진화하였다. 다만, 점점 심화되어가는 광고회피와 천편일률 같은 광고들 사이에서 앞으로의 광고는 지금까지와는 다른 '무엇'을 고객에게 전달해야 살아남을 수 있는 위기에 봉착하였고, 브랜디드 콘텐츠는 그 난관을 극복할 수 있는 하나의 방법으로 주목받고 있다[1].

광고 메시지의 일방적이 유통만이 유일한 브랜드 가치 증진의 수단이었던 과거에 비해 소비자 주권의 성장과 더불어 엔터테인먼트 콘텐츠를 활용한 커뮤니케이션 방법이 주목을 받고 있다. 이는 엔터테인먼트 콘텐츠에 광고를 통합시키는 것으로, 브랜드 메시지가 콘텐츠의 스토리라인에 녹아들어 소비자에게 전달되는 것을 말하는 것으로 실무적으로는 브랜디드 콘텐츠, 브랜디드 엔터테인먼트로 사용되지만 브랜드 메시지를 중심으로 엔터테인먼트 콘텐츠가 제작된다는 점에서 같은 개념으로 볼 수 있다[2].

〈그림 3.1〉에서와 같이 디지털 매체의 보편화로 인한 브랜드와 소비자의 상호적인 커뮤니케이션 가능해지고 소비자가 브랜디드 콘텐츠 안에서 자연스럽게 브랜드의 장점을 이해하는 브랜디드 콘텐츠가 각광을 받은 것에는 소비자가 웹 3.0에서의 권력의 이동과 콘텐츠 자체의 경쟁력으로 소비자들의 유희적 놀이에 활용되거나 매개가 됨으로서 더 많은 고객 오디언스에게 도달하는

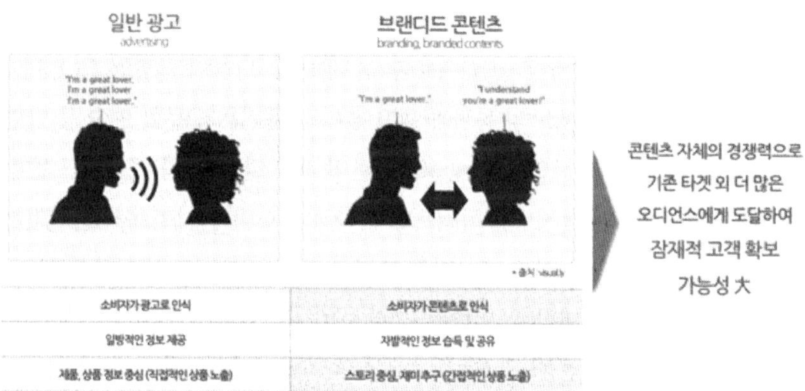

그림 3.1 왜 브랜디드콘텐츠 인가?
출처: 메조미디어 주목할말한 브랜디드콘텐츠 사례 2018

---

[1] 남고은 광고의 브랜디드 콘텐츠 사례분석 연구. 커뮤니케이션 디자인학연구. Vol. 70 (2020) pg. 38, 13 p.
[2] 전종우 (2016) 브랜디드 엔터테인먼트의 이용과 충족이 콘텐츠 유희성과 가치에 미치는 영향, 홍보학연구, 20:5, 1-21

브랜드를 홍보하는 것부터 새로운 콘텐츠를 제작하는 등의 다양한 제작을 이루고 있다.

그러나 단순히 브랜드를 위해 특별히 제작된 콘텐츠의 개념을 넘어서서 최근에는 PPL의 단순 제품을 배치하는 수준을 넘어서서 프로그램의 주요 스토리 전개 구성요소로 제품이나 브랜드를 활용하는 적극적인 전략이 시행되고 있다. 미국의 TV프로그램 'Mad Man'의 경우 하이네켄 맥주를 전개에 배치를 넘어서 광고전문가인 주인공이 광고대행으로 하이네켄 맥주 캠페인을 수행하는 에피소드를 주요 스토리를 구성하는 주요 요소로 활용하는 등 일련의 흐름을 볼 수 있다.

브랜디드 엔터테인먼트가장 넓은 의미의 영역은 방송이나 오락 같은 엔터네인먼트 콘텐츠와의 결합을 넘어 문화, 예술, 스포츠 등 다양한 콘텐츠와의 결합으로 확대된 스폰서쉽 개념으로 기업이 기획단계에서부터 적극적으로 개입하여 문화, 예술, 스포츠와 공동으로 프로젝트나 이벤트를 진행시켜 나가는 것을 생각해 볼 수 있다. 즉, 문화와 콘텐츠 각 분야의 브랜드에 스토리를 넣어 사람들의 관심과 흥미를 유발시키고 판매 촉진으로 연결시키는 스토리텔링을 의미하는 것이다. 그 중 한 예로 예술과 브랜드의 컬라버레이션인 '아트마케팅'을

그림 3.5 Mad Man

들어볼 수 있다. 이는 예술의 아우라 효과를 이용하여 기업의 제품이나 브랜드를 친근하게 접근시키는 마케팅 방식이다. 기업의 입장에서는 유명한 예술가나 그들의 작품을 활용하여 브랜드이미지를 고급화하는 감동마케팅 전략이고, 소비자 입장에서는 유명예술가의 작품을 접하는 가치체험 기회이기도 하다[4]. 다시 말해 예술을 활용한 광고가 소비자의 문화적 욕구를 만족시키는 동시에 일련의 감성마케팅으로 활용되며 현대인의 문화적 감성을 충족시켜줄 뿐만 아니라 고급문화를 누림으로서 차별화된 문화를 즐긴다는 만족감을 느끼게 해주는 등 소비자들의 심리를 그대로 반영하는 것이라고 할 수 있다.

이러한 전략은 결국 최근 마케팅 커뮤니케이션에서 화두가 되고 있는 브랜드 인게이지먼트[5]를 상승시켜 자발적이고 역동적인 SOM(Share of Mind)을 확보하는 효과가 있는 것으로 기대되고 있다. 이는 소비자의 오락성 욕구

그림 3.6 유튜버 '대도서관'(좌)/'씬님'(우)

4 김정재, 아트인퓨전 광고효과에 관한 연구. 동아대학교 대학원 경영학과 박사학위논문, p 37, 2009

5 IAG(Intermedia Advertising Group)리서치의 바바라잭(Barbara Zack)은 인게이지먼트를 미디어 인게이지먼트(미디어 특성 자체에 소비자가 가지고 있는 관여도), 토픽(Topic) 인게이지먼트(광고의 적절한 타겟팅), 광고제작물 자체의 크리에이티브 임팩트의 3가지 구성되어졌다고 보고 있다.

그림 3.7 유튜버 '양띵'

그림 3.8 유튜버 '헤이지니'

를 자극하고 새로움 추구 동기를 충족할만한 참신성을 가진 광고의 형태라고 볼 수 있다. 즉, 광고를 통해 주목을 이끌고 매스미디어와 달리 공감을 획득하는 형태이다.

소비자들은 브랜디드 엔터테인먼트 콘텐츠를 통해 개인적인 차원에서 브랜드 스토리를 접하고 다양한 감각적 경험에 노출하게 되며, 이는 궁극적으로 몰입시키고 적극적인 참여지향으로 움직인다. 이러한 참여는 궁극적으로 몰입과 블로그, 카카오톡, 라인, 트위터, 페이스북 등 1인 미디어를 통해 확산함으로 소비자들과의 관계를 강화하게 된다.

과거 노출 중심의 반복적인 광고는 점차 본연의 효과를 기대하기 어려워지는 것이 현실이다. 결국 이러한 방향 속에서 소비자들이 원하는 욕망의 결과물인 콘텐츠화를 통해 소비자들이 관심과 브랜드에 대한 관여가 높아질 수 있도록 하는 것이 최대의 과제로 떠오를 것이다.

1) 브랜디드 콘텐츠의 광고모델속성

브랜디드 엔터테인먼트의 가장 큰 영향을 주는 것은 광고 안에서 메시지를 전달하는 사람이다. TV뉴스에서는 앵커나 아나운서, TV 홈쇼핑에서는 쇼 호스트가 그 역할을 하는 것이다. 브랜디드 콘텐츠 안에서 광고모델은 잠재적인 소비자의 브랜드, 제품태도 그리고 구매의도를 높이기 위한 메시지를 전달하는 정보원이다. 이들은 정보원으로서 '전문성'이란 메시지를 전달하는 특정 메시지의 주제에 대하여 올바른 해결방안이나 정확한 판단을 제시할 수 있다고 수용자가 지각하고 있는 정도를 의미한다. 광고와 같은 설득 메시지나 주제나 이슈에 대해 정보원이 올바른 해답이나 정확한 판단을 제시할 수 있다고 소비자들이 인지하는 것이다.

그리고 이들은 신뢰성을 가지고 있어야 한다. '신뢰성'이란 정보를 제공하는 정보원이 특정 이슈와 관련된 지식이나 기술, 경험을 가졌고 편견 없는 의견과 객관적인 정보를 제공해줄 것이라고 믿는 소비자의 인식 정도이다(Blech & Blech, 1994)

마지막으로 매력성을 가진 모델을 이용하여야 한다. '매력성'이란, 소비자들이 정보원에 대해 신체적인 매력과 심리적인 매력을 지각하는 정도를 말한다. 매력성에서 소비자가 느끼는 신체적 매력은 소비자가 지각하는 모델의 매

그림 3.9 인플루언서 '이사배'와 아모레퍼시픽의 협업

른가?

2. 브랜디드 엔터테인먼트를 통해 소비자에게 접근하는 방식을 기존의 방식과 어떻게 다른가?
3. 브랜디드 언테테인먼트가 과거의 PPL 방식의 형태와 기획 및 마케팅커뮤니케이션 방식에 있어 차별적인 방식은 무엇인가?
4. 스토리(story:이야기)와 텔링(telling:말하기)을 통한 브랜디드엔터테인먼트가 소비자를 설득하는 방식이 가지는 차별점은 무엇인가?
5. 소비자 인게이지먼트를 높이는데 있어서 브랜디드 엔터테인먼트가 가지고 있는 차별화된 접근법은 어떻게 나타나는가?

참고문헌

김유정, 강경호(2019). 제품유형과 콘텐츠장르의 소비자 반응에 대한 상호작용 효과: 유튜

브 브랜디드 콘텐츠를 중심으로. 한국혁신학회지, 14(4), 97-117.

김평수, 윤홍근, 장규수(2007), 문화콘텐츠 산업론, 커뮤니케이션북스.

김정재, 아트인퓨전 광고효과에 관한 연구. 동아대학교 대학원 경영학과 박사학위논문, p 37, 2009

남고은(2020) 광고의 브랜디드 콘텐츠 사례분석 연구. 커뮤니케이션 디자인학연구. Vol. 70 pg. 38, 13 p.

류유희(2020). SNS 브랜드웹툰의 특성에 관한 연구 : 인스타그램 브랜드웹툰을 중

심으로. 만화애니메이션 연구, 483-510。

전종우(2016) 브랜디드 엔터테인먼트의 이용과 충족이 콘텐츠 유희성과 가치에 미치는 영향, 홍보학연구,20:5, 1-21。

신일기(2019) Consumer party :참여할 것인가? 밀려날 것인가? 서울 :서울경제경영, 2019.

신일기(2014). 마케팅 커뮤니케이션의 새로운 방향 브랜디드 콘텐츠(Branded

Contents). 마케팅, 48(5), 39-41。

신일기(2011), IMC의 시작 크로스미디어 마케팅 커뮤니케이션 전략, 한국마케팅연구원

양윤직(2017), 인게이지먼트: 소비자 관심의 정성적 측정, 월간 광고정보, 12월호, 101-113.

최모세, 조창환(2019) MCN 브랜디드 콘텐츠 유형과 상호 작용성에 따른 소비자 반응 연구: 지각된 실재감과 지각된 진정성의 매개효과를 중심으로, 광고학연구, 30:3, 107-139.

홍다현, 전종우(2018) MCN 브랜디드 콘텐츠의 소비자 심리, 크리에이터, 콘텐츠 효과, 광고학연구, 29:7, 55-74.

홍다현, 전종우(2017) MCN 내 브랜디드 엔터테인먼트가 소비자 평가에 미치는 영향: 콘텐츠 노블티와 크리에이터 매력성을 중심으로, 홍보학연구, 21:4, 30-55.

메조미디어(2018) 주목할말한 브랜디드콘텐츠 사례

매일신문(2012). '겟잇뷰티' 간접광고, 공중파 드라마보다 6배 비싸. URL: http://www.imaeil.com/sub_news/sub_news_view.php?news_id=25362&yy=2012

CHAPTER

04

한류 마케팅

01

ENTERTAINMENT CONTENTS MARKETING

한류 정의 및 특징

1) 한류의 정의

한류는 한국의 문화 상품이 해외에서 인기를 얻는 사회적 현상을 의미한다. 1980년대 후반부터 영화와 대중음악분야 중심의 일본 진출이 활발했다. 1992년 한 · 중 수교로 인해 중국과의 교류가 본격화 되었고, 1993년 드라마 〈질투〉의 중국내 공식 방영을 시작으로 한국의 영화와 TV드라마의 중국, 대만, 홍콩 등 중화권 진출이 활발했다. 1997년 중국에서 방영된 〈사랑이 뭐길래〉가 큰 인기를 얻게 되면서 한류를 형성하게 되었다.

한류 초기, 문화콘텐츠를 수출한다는 인식 자체가 많지 않던 한국 국민들에게 한국 콘텐츠가 해외에서 인기를 얻었다는 언론 보도는 마치 국제 스포츠 행사에서 한국 선수가 우승을 한 것과도 같은 자부심과 희열을 제공했다. 20년 이상 지속된 한류의 기대효과는 비단 자부심을 넘어 산업 및 경제적 가치로 이어지고, 한류를 마케팅적 요소로 활용하기 위한 시도가 전 산업 분야에서 늘어나고 있다.

한류가 부여하는 경제적 가치는 유무형적으로 존재한다. 무형적 가치로는 한국에 대한 긍정적 이미지와 태도 형성, 한국 상품에 대한 긍정적 인식, 한국

문화 및 브랜드에 대한 관심, 우호적 국제관계 형성 등이 해당된다. 유형적 가치로는 콘텐츠 수출 증가, 콘텐츠 연관 산업 매출 증가, 유학생 증가, 한국어 교육생 증가, 관광객 증가 등이 해당된다. 한류가 국가이미지에 직접적인 영향을 미치다 보니, 그 긍정적 효과를 받는 산업군의 범위는 광범위하다. 대중문화 콘텐츠 외 연관산업들이 한류를 마케팅 도구로 활용하는 이유이며, 진출 대상국에서 인기 있는 한류스타를 광고 모델로 기용하는 것이 가장 일반적인 활용 방식이다.

2) 한류 패러다임 변화

기존의 논의들은 한류 패러다임을 대략적으로 3단계 또는 4단계로 구분하고 있다. 본지에서는 정부가 2020년 발표한 신한류 진흥 정책을 기반으로 한류 패러다임 변화를 한류 1.0에서 3.0까지 3단계로 구분해 그 특징을 설명한다.

각 패러다임의 변화는 시기적으로 보면 약 10년의 주기성을 가진다. 한류 1.0 시기는 1990년 후반부터 2000년 중반까지로 한류 태동기에 해당한다. 한류 시작점이 된 드라마 〈사랑이 뭐길래(1997)〉, 중국을 비롯해 전 세계 50여 개국에 수출한 〈대장금(2003)〉, 일본 욘사마 열풍을 불러온 〈겨울연가(2002)〉 등 드라마 콘텐츠가 중심이 되었다. 대만, 중국, 일본 등 인접 동아시아 국가에서 마니아들이 한국 콘텐츠를 주로 소비했다.

한류 2.0 시기는 2000년대 중반부터 2010년 초반까지 한류의 외연이 크게 넓어진 시기로 그 중심에는 K-Pop과 온라인 SNS 플랫폼이 있었다. 보아, 동방신기, 빅뱅, 원더걸스 등 K-Pop 아티스트들은 일본에서의 성공을 기반으로 동남아시아와 전 세계로의 진출을 시도했다. 특히 가수 싸이의 '강남스타일(2012)'은 당시 세계 최초로 유튜브 조회 수 10억 건을 달성하며, 주류 시장으로만 인식하던 미국 빌보드 차트 〈핫100〉에서 7주 연속 2위를 기록했다. K-Pop의 글로벌 성공과 함께 대중문화 전반에 걸쳐 해외 수요가 확산되었다. 소비자층도 기존 소수마니아 중심에서 젊은 층을 중심으로 확대되고 체험에 대한 요구도 늘어났다.

한류3.0 시대는 2010년 초반부터 현재까지로 한류 관심과 체험을 넘어 공감과 재생산이 이뤄지는 한류 심화기다. 무엇보다 드라마 〈별에서 온 그대(2013)〉, 〈태양의 후예(2016)〉, 예능 포맷수출 및 제작자 해외 진출, 방탄소년단 빌보드 1위 수상(2018), 〈기생충(2020)〉 및 〈미나리(2021)〉의 한국 영화 아카데미 수상 등 글로벌 주류 시장에서 흥행한 스타와 상품이 많아지고 그 주기도 짧아졌다. 패션, 뷰티, 식문화 등의 상품 수출과 관광객 증가에도 영향을 발휘한다. 한류의 영향력 확대로 그 인기를 활용한 마케팅 범위도 확장되었다. 광고 방식의 마케팅을 넘어서 상품의 기획 및 유통 전 단계에서 한류 IP를 연계하여 브랜드 전이 효과를 기대하는 마케팅 전략이 활발해졌다. 이 덕분에 한류 3.0 시대에서는 한류와 연관산업 간의 융합이 핵심 키워드가 되었다. 실감형 기술, 빅데이터, 5G 등 디지털 기술의 발전은 이러한 융합을 가속하고 있다. 소비 측면에서도 해외 주요 한류콘텐츠 소비 플랫폼이 레거시 미디어에서 온라인 및 모바일 플랫폼으로 이동했으며, 단순 관심과 소비보다는 한류 콘텐츠를 재생산하여 공급하는 프로슈머형 향유자들이 많아졌다.

〈한류의 발전〉

구분	한류 1.0	한류 2.0	한류 3.0
시기	1990년 후반 ~2000년대 중반	2000년대 중반 ~2010년대 초반	2010년대 초반 ~2020년대 초반
핵심장르	드라마	대중문화	대중문화+연관산업
소비권역	동아시아 일본, 중국, 대만, 홍콩	아시아, 중남미, 중동, 구미주 일부 등	전 세계
소비자	흥미형 소비자 (소수마니아)	체험형 소비자 (10~20대)	프로슈머형 향유자 (전연령대)
특징	한류 태동기(호기심) 드라마 스타 중심 캐릭터 강조	한류 확산기(관심) 아이돌 그룹 중심 모방과 체험	한류 심화기(소비, 공감) K-style의 다양화 장르간 연계 강화 세계적 스타상품 등장
주매체	TV,유선TV	온라인(YouTube, SNS)	온 · 모바일

* 문화체육관광부(2020). 신한류 진흥 정책 참고하여 수정

02

한류 마케팅의 과정

한류 마케팅의 핵심 타겟은 주로 해외 소비자로 한국과의 문화적 차이를 줄이는 것이 중요하며, 그 과정을 STP(Segmentation, Targeting, Positioning) 전략 접근방법을 이용해 살펴보자. STP전략 수립을 위해서는 사실 시장과 상품의 구획을 정하는 것이 필요하나, 한류는 산업의 형태가 아닌 사회적 현상이므로, 임의로 한류산업의 범위를 규정하였다. 한류산업은 한국의 문화적 양식을 포함하고, 동시에 해외에서 인기를 구가하며 소비되는 상품 및 서비스를 생산하는 산업으로 정의한다. 이러한 산업으로는 방송(드라마, 예능), 영화, 음악, 출판, 게임 등 대중문화 콘텐츠를 비롯해 한식, 패션, 뷰티를 포함한다.

부연하면 한류는 해외 수요가 큰 산업이라는 점을 강조하는 형용사로 주로 쓰인다. 예를 들어 방송한류, 음악한류 등 특정 산업의 이름 뒤에 한류를 붙이거나, K-방역, K-뷰티 등 한국을 의미하는 "K"를 앞에 붙여서 표현한다. 한류라는 용어를 쓰는 것 자체가 어찌 보면 하나의 마케팅 전략일 수 있다. 한류산업 또한 기본적으로 대중문화 콘텐츠를 기반으로 하지만, 시대적 발전과 변화 가운데 해외에서 인기를 얻는 산업군이 생겨날 경우, 산업의 범위가 유동적으로 변화할 수 있을 것이다.

1) 시장 세분화(Segmentation)

한류는 해외 소비를 기반으로 하고 있는 만큼 해외 소비자의 문화콘텐츠 소비 특성을 파악하는 것이 매우 중요하다. 그러나 국가마다 가지고 있는 문화적 취향이 다양하고, 보유하고 있는 미디어 기술 및 통신 수준, 언어와 지리적 차이 등 고려해야 하는 요인들이 다양하다. 시장 세분화는 핵심 흥행 요인에 대해서 공통적 수요를 가지고 있는 세부집단을 파악하여 차별화 마케팅 전략을 수립하는 방법이다.

시장 세분화에 가장 일반적으로 사용되는 기준은 인종, 성별, 연령 등 인구통계학 특성이다. 한류콘텐츠의 경우 문화적 특성을 포함하고 있기 때문에 기본적으로 한국과 인구통계학적 특성이 유사할수록 수용성이 높은 경향을 보인다. 한류가 중국, 일본, 동남아시아 국가에서 확산 수준이 높은 것도 그 이유다. 성별과 연령 또한 한류 시장의 세분화에 매우 중요한 요소다. 한류 스타에 대한 선호와 팬십에 기반해 콘텐츠를 소비하는 경향이 많기 때문에 한류 소비자는 상대적으로 여성이 많으며, 이들의 활동 방식과 소비 수준도 차이를 보인다. 실제로 엔터테인먼트 기업의 수익 비중은 걸그룹보다 보이그룹이 더 많은 편이며, 마케팅 전략 또한 그룹의 성별에 따라 다르게 이뤄진다.

한류 콘텐츠 소비에 대한 심리적, 행위적 요인에 따라서도 시장 세분화가 가능하다. 한국 문화에 대한 인지, 태도, 행위는 상호 간 정적 연관성을 가지고 있기 때문에, 소비자조사를 통해 해당 요인들을 분석하여 시장을 구획할 수 있다. 한국국제문화교류진흥원에서 매년 실시하는 〈한류 파급효과 연구〉에서는 한국 대중문화 콘텐츠에 대한 외국인들의 인식과 소비행위를 기반으로 국가를 세분화 한다. 예를 들어, 한류의 인기수준(한류현황지수)에 따라 한류소수관심단계, 한류확산단계, 한류대중화단계로, 한류 성장에 대한 기대수준(한류심리지수)에 따라 한류쇠퇴그룹, 한류중간성장그룹, 한류고성장그룹으로 국가를 구분한다. 또한 한류콘텐츠 이용 행위 요인을 기준으로, 이용다양성과 이용집중도에 따라 소비자를 '열성적 이용자', '실험적 이용자', '집중적 이용자', '저이용자'로 구분한다.

용어	정의	측정/추정방법	해석
한류 현황지수	한류의 현재 인기와 대중화 정도를 나타내는 지수	한국 드라마, 예능, 영화, 음악, 패션, 뷰티, 음식 등에 대해 현지 국가에서 인기 정도를 1~5점으로 평가	1) 0~2.5미만: 한류 소수관심단계 2) 2.5~3.5미만: 한류확산단계 3) 3.5이상: 한류대중화단계
한류 심리지수	한류의 성장 또는 쇠퇴 정도를 나타내는 지수	한국 대중문화 상품에 대해 응답자의 개인적 · 사회적 관점에서 1년 전 대비, 1년 후 전망으로 구분하여 평가 후 관련 지출액 추이를 측정하여 100점 기준의 지수로 환산	1) 0~99: 한류쇠퇴그룹 2) 100~129: 한류 중간성장그룹 3) 130 이상: 한류고성장그룹
이용다양성	응답자가 한국 대중문화콘텐츠를 다양하게 소비하는 정도	10개 한류콘텐츠에 대해 최근 1년 이내 이용 경험 "있음"으로 응답한 것을 개인별로 합산	1) 6 미만: 이용다양성 낮음 2) 6 이상: 이용다양성 높음
이용집중도	특정 한류콘텐츠를 집중적으로 소비하는 정도	10개 콘텐츠별로 한국산 소비 비중을 질문하여 개인별로 가장 큰 값 선택	1) 50 미만: 이용집중도 낮음 2) 50 이상: 이용집중도 높음

이용행위에 대한 분석결과를 보면, 인도네시아, 베트남, 태국, 말레이시아 등 동남아시아 국가와 중국, 대만, 인도, UAE는 이용다양성과 집중도가 모두 높은 수준인 열성적 이용자 그룹에 포함되어 있고, 중남미, 미주, 유럽국가 대부분은 다양성과 집중도가 모두 낮은 저이용자 그룹에 포함되어 있다.

그 외에도 미디어 보급률, 통신네트워크 수준, 콘텐츠 소비 플랫폼(레거

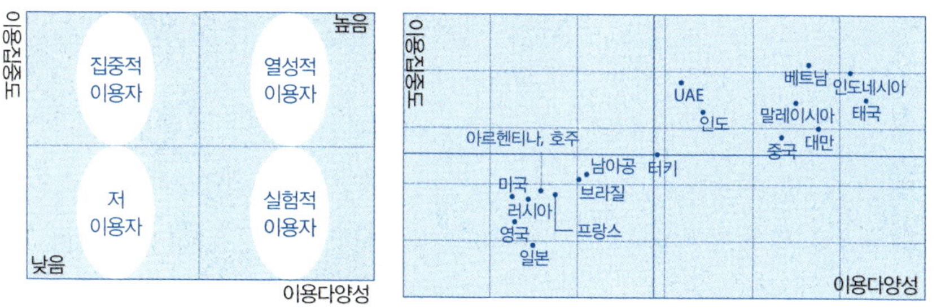

그림 4.1 한류이용에 따른 집단 분류(좌)와 국가별 분포(우)
출처: 2020 한류파급효과연구, 한국국제문화교류진흥원

시, OTT, SNS 등) 한류콘텐츠 소비와 연관되는 다양한 환경적 요인에 따라서 시장을 구분할 수 있다. 2010년 초반까지 한국 대중문화 콘텐츠는 여전히 레거시 미디어 중심으로 유통되었다. 하지만 가수 싸이의 〈강남스타일〉, 드라마 〈별에서 온 그대〉와 〈태양의 후예〉 등이 유튜브나 OTT플랫폼을 통해 흥행하면서 한류 콘텐츠 유통방식은 급변했다. 레거시 미디어보다 온라인 플랫폼에서 먼저 콘텐츠를 방영하고, 다양한 온라인 마케팅을 병행하는 방식이다. 특히 SNS를 통한 해외 팬들과의 실시간 소통은 엔터테인먼트 기업들의 기본 마케팅 전략이 되었다. 이와 함께 한류콘텐츠의 주이용자는 SNS 이용에 능한 젊은 층으로 확대되었다. 한류의 수용성과 기술환경의 격차가 국가마다 큰 만큼 해당 요인들을 기반으로 한 시장세분화를 통해 틈새시장이나 향후 잠재성 있는 시장을 발굴할 수 있다.

2) 표적시장 선정(Targeting)

표적시장 선정 단계에서는 세분화된 시장 중 마케팅 역량을 집중할 시장을 결정한다. 표적시장 선정에서 중요하게 고려되는 사항은 시장의 잠재성과 경쟁 수준이다. 잠재시장 규모, 성장 가능성, 진출 용이성, 시장집중도 등이 이를 판단하는 지표로 활용될 수 있다. 예를 들어, 동남아시아 국가 중 인도네시아는 세계 4위 수준의 인구를 보유하고 있는 동시에 한류 콘텐츠의 대중성과 성장 기대 수준이 가장 높게 형성되어 있어서 잠재시장 규모가 크다고 평가할 수 있다. 이러한 이유로 정부와 많은 기업이 동남아시아 진출을 위해 인도네시아를 전략적 거점으로 삼는다.

하지만 한류 마케팅에 있어 문화적 차이, 국가간 관계 등은 간혹 시장의 매력도를 뛰어넘는 장애 요인이 되는 경우가 많다. 한류 콘텐츠 수출의 약 30%를 차지하는 중국의 경우 시장의 높은 시장 잠재력을 보유하고 있지만 국가 차원의 정치역사적 관계 이슈에 따라 시장 접근성에 부정적 영향을 받는다. 반대로 과거로 돌아가 드라마 '대장금'이 중동 지역에서 90%이상의 시청률을 기록할 정도로 흥행한 이유는 시장의 잠재성보다는 드라마에서 보여주는 문화적 요소에 대한 동질감이 긍정적인 효과로 작용했기 때문이다. 한류는 한국 대중문화 콘텐츠의 해외 소비를 기본 전제로 하는 만큼 문화적 할인, 종교적 관습, 정치역사적 관계 등 대상 국가와 소비자에 대한 깊숙한 이해가 중요하다. 이처럼 해외 진출 장벽으로 작용하는 문화, 종교, 언어, 정치역사적 관계, 시장 규제 등이 표적시장을 선정하는데 신중하게 고려되어야 한다.

3) 포지셔닝(Positioning)

포지셔닝 전략은 세분시장에서 제품의 속성, 소비자들의 편익, 소비 방식 등을 고려해 경쟁제품에 대해 자사의 제품을 인식시키는 행위다. 한류 기업들이 기본적으로 채택하는 방법은 코리아 프리미엄의 활용으로, 한류 선호도가 높은 지역에서 한국 콘텐츠임을 부각하는 것이다. 소비자들의 한류 콘텐츠 소비 수요가 존재하고, 한류브랜딩을 통해 타사 상품보다 경쟁 우위를 확보하는 방식으로, 소비자 포지셔닝 전략과 경쟁적 포지셔닝 전략 모두 측면에서 유리하다. 한류스타를 광고모델로 기용하거나, 브랜딩 차원에서 K라는 용어를 활용하는 방식이 가장 일반적이다. 관광 분야에서 한류 콘텐츠 촬영지, 테마파크, 공연 등과 연계해 한류 관광지라는 브랜딩으로 관광객을 유치하는 것도 하나의 예다. 반면 현지화가 기업의 핵심 전략인 경우에는 코리아 프리미엄 효과를 오히려 축소하기도 한다. 예를 들어 캐릭터 상품이나 게임 등의 콘텐츠는 한국적인 색체를 줄이고 글로벌 보편성을 강조한다.

한류 산업이 가지고 있는 특성 혹은 이미지가 포지셔닝 전략의 요소가 되기도 한다. 예를 들어, 음악의 경우 트레이닝 및 토탈매니지먼트 시스템이 아티스트의 완성도를 보장하는 이미지로 작용할 수 있으며, 다국적 아티스트 구성을 통해 현지 아티스트로서의 포지셔닝 전략(현지화 전략)을 채택하기도 한다. 한식의 건강식 이미지, 한국 화장품의 가성비 이미지 등도 한류 기업들이 포지셔닝을 위해 활용하는 요소들이다.

03

ENTERTAINMENT CONTENTS MARKETING

한류 마케팅 전략과 사례

한류 마케팅은 한국의 문화자원에 대한 마케팅 활동과 해당 문화자원을 기업의 이미지와 수익창출에 활용하는 활동으로 설명할 수 있다. 이러한 측면에서 한류 마케팅은 콘텐츠 창작자 및 제작사가 수행하는 마케팅 활동(marketing for culture)과 기업이 해당 콘텐츠가 가지고 있는 브랜드 자산(문화자원)을 활용해 그들의 조직, 제품, 브랜드의 이미지를 강화하는 마케팅 활동(culture for marketing)을 모두 포괄한다(김상묵 외 2017). 문화자원을 활용한 마케팅이 기업이미지, 매출증대, 고객용이성, 가격프리미엄 획득 등 기업 유무형 자산에 긍정적 효과를 준다는 것은 많은 연구들을 통해 검증되고 있다.

한류 마케팅 효과를 검증한 연구들을 보면, 일반적으로 한류 콘텐츠, 한류 스타, 한류현상에 대한 경험과 신뢰도가 기업 이미지, 신뢰, 브랜드에 긍정적인 영향을 주고, 간접적으로 기업 상품에 대한 태도 및 구매와 연결됨을 확인하고 있다. 이러한 연구 결과들은 한류 선호가 높은 국가일수록 혹은 한류를 많이 경험한 집단일수록 한류를 활용한 문화마케팅 효과가 높다는 것을 의미한다. 실제로 한국국제문화교류진흥원이 연간 해외 18개국의 한국문화콘텐츠 소비경험자를 대상으로 실시한 해외한류실태조사를 보면, 한류콘텐츠의 소비

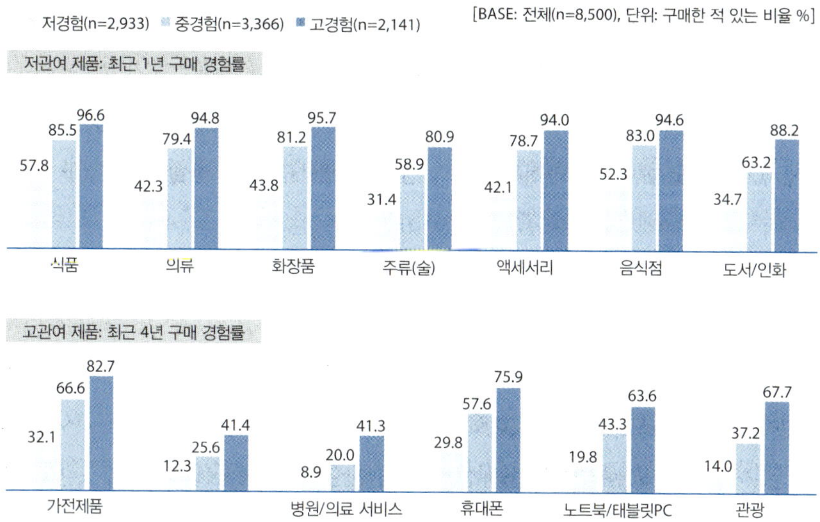

그림 4.2 한국문화콘텐츠 경험도에 따른 한국산 제품/서비스 구매 경험률

출처: 2021 해외한류실태조사, 한국국제문화교류진흥원

가 높은 집단일수록 한국산 상품의 소비량이 높게 형성됨을 확인할 수 있다.

한류의 효과는 콘텐츠 장르, 마케팅 대상 상품과의 적합성, 마케팅 소통채널, 체험요소의 활용 등 마케팅에 활용하는 자원의 종류, 유형, 방식에 따라 달라질 수 있다. 이러한 요인들을 고려한 기업들의 한류마케팅 전략을 한류스타 활용전략, 한류체험전략, 미디어활용 전략, 한류와 상품의 융복합 전략, 팬덤 활용 전략 등 5개 유형을 구분해 살펴보았다.

1) 한류스타 활용 전략

한류스타가 가지고 있는 브랜드 파워는 한류 산업에서 활용도가 높다. 마케팅 표적이 선호하는 한류스타를 광고모델로 기용하는 방식이 가장 일반적이다. 해외 소비자들이 한류 콘텐츠를 선호하는 가장 큰 이유는 드라마에 출연하는 배우나 K-Pop 아티스트의 매력적 외모 때문이다(한국국제문화교류진흥원, 2021). 한류스타에 대한 선망과 동경, 그리고 모방 심리가 자연스럽게 그들과 연관된 상품의 소비로 이어지는 것이다. 한류스타 광고 효과가 큰 분야는 뷰티와 패션 분야다. 예를 들어 드라마 〈별에서 온 그대(2013)〉와 〈태양의 후예(2016)〉가 중화권에서 큰 인기를 구가했을 때 화장품 업계는 드라마 주인공인 전지현과 송혜교를 화장품 브랜드의 모델로 기용했고, 이를 통해 해외 매출 급증 효과를 얻을 수 있었다. 실제로 관세청의 화장품 수출입 통계를 보면, 한국 화장품 수출액 규모가 2013년 12억 달러 수준에서 2017년에는 약 49억 달러로 약 4배가량 급성장했고, 최대 수출국은 중국이었다.

이처럼 한류스타 마케팅의 핵심은 타겟 시장 내 한류콘텐츠와 스타의 브랜드 파워다. 2000년 초 삼성전자가 중국 시장 모니터 점유율 확대를 위해 〈별은 내 가슴에〉의 주인공 안재욱을 모델로 기용해 2배 이상의 매출을 기록했고, LG생활건강은 베트남에서 인기가 높았던 드라마 〈모델〉의 주인공 김남주를 모델로 기용해 베트남 화장품 시장 점유율 1위를 기록했다(고정민, 2016). 또한 북미 시장 확보를 목표로 하던 CJ푸드빌의 '비비고(bibigo)'는 월드스타로 부상한 싸이를 광고모델로 선택했다. 한류의 영향 범위가 지리적으로 아시아권에서 전 세계로 확장하면서 한류스타 마케팅은 비단 국내기업들만의 전략이 아니라 글로벌 기업의 전략으로도 활용된다. 크리니크(가수 청하), 랑콤(가수 수지), 아베다(레드벨벳 조이), 지방시 뷰티(강다니엘), 올림푸스(전지현), 맥도날드(방탄소년단) 등 글로벌 기업들은 한류의 영향력이 높은 국가에서의 매출 확대를 위해 한류스타를 광고모델로 선택하는 사례가 늘어나고 있다.

광고 외에도 한류 스타 화보 내 상품 노출, 해외 팬미팅 연계 판촉행사, 스타가 출연하는 콘텐츠 내 PPL 광고 등의 마케팅 전략이 있다. 드라마나 예능 등 방송콘텐츠에서 주로 사용되는 PPL 광고는 드라마 〈별에서 온 그대〉를 통해 관심이 급증했다. 극 중 주인공인 천송이(배우 전지현)가 좋아하는 '치맥(치킨과 맥주)'은 예상치 못한 경제적 효과를 발생시켰다. 중국에서는 '치맥'이 새로운 음식 문화가 될 정도로 인기를 끌었고, 한국에 방문한 중국 관광객 5천여 명이 한강에서 치맥파티를 열기도 했다. 이후 드라마 〈태양의 후예〉에 활용된 자동차, 건강제품 등의 PPL을 통해 해당 제품들의 해외 판매량 급증 효과가 나타났다. 그러나 과도한 PPL로 인해서 극 중 흐름이 끊어지고 몰입도를 저해하기도 하는데, 해외 시장에서는 자칫 상업적 콘텐츠라는 부정적 인식을 양산할 수 있다. 해외 소비자들이 한류콘텐츠에 대한 호감을 저해하는 요인으로 항상 제기되는 것이 바로 지나친 상업성이라는 점은 유의해야 할 점이다.

2) 현지화 전략

글로벌 마케팅의 관점에서 기업은 모국에서 습득한 경쟁우위를 이전시장에 표준화하거나, 해당 시장의 여건에 맞춰 마케팅 활동을 적응시키는 등의 현지화 전략이 필요하다. 진출 대상국의 여건에 따라 채택하는 전략의 방법이 달라지겠는데, 한류 콘텐츠가 현지에서 경쟁우위에 있을 때는 표준화를, 경쟁적으로 열세일 경우에는 현지화 전략을 우세하게 적용하는 것이 유리하다.

예를 들어 게임은 한국의 문화적 정체성이 콘텐츠에 드러나지 않는 경우가 대부분이다. 이 경우 개발적 측면에서는 국가와 관계없이 적용 가능한 표준화를 지향하고, 유통, 서비스, 홍보 측면에서는 현지의 사정을 고려해 적응시키는 현지화 전략이 적절할 수 있다. 게임 콘텐츠는 유지하되, 현지스타의 광고모델 기용, 아이템 과금방식의 변용, 현지 문화에 맞는 이벤트 등의 마케팅 전략을 채택한다.

네이버 라인과 웹툰 서비스의 해외진출 방식을 보면 플랫폼의 형태는 표준화를 기하지만 웹툰 서비스에 현지 작가들이 적극적으로 참여하게 하는 등 서비스와 운영방식에서의 현지화를 추진한다. 방송 분야에서 포맷 수출에 집중하는 것 또한 동일한 맥락이다. 앞서 소개했지만 음악 분야에서 다국적 아이돌 그룹을 구성하는 것도 현지화 전략의 일환이다. 물론 제작적인 측면에서의 현지화로 볼 수 있으나, 마케팅 차원에서의 활용도 이뤄지고 있다. 예를 들어, 전체 그룹 중 특정 국가의 멤버로만 유닛을 구성해 해당 국가에서 활동을 하기도 한다.

현지화 전략에서 현지 배급사와의 협력은 매우 중요한 전제 조건이다. 현지 소비자의 문화적 취향과 니즈를 세밀하게 분석해 차별화된 전략을 수립하고 경쟁력 있는 유통망을 확보하는데 유리하기 때문이다. 또한, 현지 배급사를 활용해 현지 아티스트나 기업과 공동 프로모션을 진행하는 것 또한 현지 소비자의 거부감을 줄일 수 있는 효과적인 전략이다.

3) 한류 융복합 전략

문화콘텐츠는 그 자체로 다양한 내용적 요소와 가치를 포함하고 있기 때문에, 다른 상품 및 서비스와의 융합을 통해 새로운 부가가치를 창출하는데 매우 유리하다. 특히 디지털 기술의 발전과 융합 전략의 고도화는 한류와 타산업과의 융합을 가속화하고 있다. 한류와 타산업과의 융합 방식은 크게 한류IP 결합, 한류공연 활용형, 한류 CSR 활용형 등으로 구분할 수 있다(이태식, 2015).

한류IP 결합형은 한류IP를 제품에 직접 접목하여 신제품의 기획, 개발, 런칭, 홍보 및 마케팅 등 상품 전 주기에서 한류 브랜드를 활용하는 방식이다. 가장 일반적인 형태는 한류 굿즈(goods)다. 한류 굿즈는 해당 한류IP(스타 또는 캐릭터)의 정체성을 나타내는 것이 핵심이다. 이 때문에 과거 한류 굿즈는 응원도구 중심으로 제작되어 다른 스타의 팬들과 차별성을 보여주고, 팬활동에 이용하면서 소속감을 부여하는 수단으로 활용되었다(정민우, 이나영, 2009). 팬들의 수요는 비단 응원 도구가 아닌 일상에서 함께 존재한다는 느낌을 줄 수 있는 상품으로 이어졌고, 이에 더해 엔터테인먼트 기업들이 한류 굿즈를 수익 다각화 방안으로 인식하면서 하나의 시장을 형성하게 되었다. K-Pop 굿즈 시장 규모는 2020년 기준 1,500억원 수준으로 확대했고(디지털데일리, 2021), 융합되는 상품의 분야는 패션, 뷰티, 생활용품, 식품까지 거의 전분야에 걸쳐 확장하고 있다.

게임이나 웹툰 분야에서도 한류IP를 활용한 제작 및 마케팅 전략이 활발하다. 한류스타를 광고모델로 기용하는 방식에서, 캐릭터로 만들어 게임에 삽입하고, 스토리텔링을 적용하는 방식으로 진화하고 있다. 스마일게이트 메가포트의 게임인 〈테일즈런너〉는 걸그룹 걸스데이를, 와이디온라인의 게임 〈이카루스〉는 걸그룹 여자친구를 게임 속 캐릭터로 등장시킨다. 넥슨의 〈서든어택〉도 트와이스 멤버 캐릭터를 등장시키고 실제 목소리를 녹음해 현실성을 높였다.

특히 빅히트엔터테인먼트는 아이돌 세계관이란 개념을 엔터테인먼트 콘텐츠와의 융복합에 적극 활용한다. 방탄소년단의 세계관을 다룬 네이버 웹툰 화양연화, 멤버들의 성장 서사를 다룬 드라마 〈유스〉, 모바일 게임 〈BTS 월드〉, 다큐멘터리 〈BTS: BURN THE STAGE〉 등 이들이 구축한 세계관이 하나의 IP가 되어 다양한 파생콘텐츠로 이어진다.

한류 공연 활용형은 해외에서 진행하는 각종 공연(콘서트, 패션쇼, 시상식, 축제 등)의 브랜드 자산과 홍보자산을 활용해 제품과 브랜드를 노출하는 방식이다(이태식, 2015). 이러한 방식의 활성화는 CJ ENM이 정부와 함께 실시하는 MAMA나 KCON등의 행사를 통해 활발하게 이뤄지고 있다. 행사들의 주요 특징은 한류 공연과 박람회가 융합되어 있다는 점이다. 해외 소비자들이 한국의 일반 소비재 상품을 접할 기회는 부족하고, 시간과 노력을 해가며 해당 상품들에 대한 정보를 탐색하려는 의도도 높지 않다. 이 때문에 기업은 한류 공연을 통해 유입된 해외 잠재 고객층을 자연스럽게 박람회로 연계하고 상품 노출의 기회를 확보하는 데 유리하다.

한류 공연과 관광 분야와의 연계도 활발하다. 한류 공연에 대한 직접 관람 수요와 한류를 통해 높아진 관광지로서의 매력이 시너지를 만든다. 특히 한류에 관심이 높은 방한 관광객은 다양한 체험에 대한 수요가 높다는 점이 공연과 관광 연계를 활성화시킨다. 관광 업계에서는 K-Pop 콘서트나 이벤트를 관광 상품과 결합하는 전략을 주로 구사한다. 대표적으로 롯대면세점의 패밀리 콘서트, 모두투어의 한류드림콘서트, 알펜시아리조트의 다함께 함성 콘서트는 K-Pop 공연과 유적지 관람, 호텔숙박, F1행사 등을 연계한 관광상품을 개발해 관광객을 유치한다(고정민, 2016).

한류 CSR 활용형은 기업의 해외 사회공헌활동에 한류스타가 참여하여 '사회환원'기업으로서의 이미지를 배가시키는 방법이다. 반한류와 같은 부정적 인식을 낮추는 동시에 참여하는 스타와 기업의 이미지를 긍정적으로 높이는 부가효과를 기대하는 것이다. 이러한 방식은 국가적 차원에서 주로 추진하는

핀다. 이를 통해 프로모션 방식을 정정하기도 하고, 기대감을 형성시켜 공식 공개 시점에서의 관심을 극대화시키는 등의 방식으로 흥행의 불확실성을 감소시킨다.

SNS는 기존의 흥행 공식과 다른 다양한 장르와 방식을 시도할 수 있는 공간이기도 하다. 단지 시도의 수준을 넘어 흥행을 기록할 수 있는 가능성이 열려있기도 하다. 국악그룹 이날치 밴드가 국악이라는 비주류 음악 또한 SNS를 통해 유통된 한국관광 홍보영상을 통해서 글로벌 흥행을 기록한 것이 대표적 사례이다.

5) 스토리텔링 전략

스토리텔링은 주로 관광 분야에서 주로 활용되는 전략이다. 한류 콘텐츠가 내포하는 이야기와 관광 주체(관광객, 관광지)가 발생시키는 체험 정보를 결합해 공동 스토리를 만드는 것이다. 한류 관광에서 가장 일반적으로 사용되는 방법은 촬영지를 관광상품화 하는 것이다.

드라마 겨울연가를 촬영한 남이섬은 드라마가 인기있었던 일본의 관광객에게 필수 관광코스였지만, 드라마 속에서 주인공들이 만들었던 눈사람을 만드는 체험을 상품화하면서 동남아시아 관광객들에게도 의미있는 관광코스가 되었다. 드라마 〈별에서 온 그대〉 촬영지는 두 주인공의 로맨스와 아름다운 배경을 웨딩이라는 상품과 연결시켜 외국인들이 웨딩 촬영지로 찾는 대표 명소가 되었다.

드라마나 영화 촬영지와 그 지역의 역사적 배경을 스토리로 만들거나, 한류스타의 출신 지역과 성장 과정을 연결해 스토리를 만들기도 한다. SM엔터테인먼트가 운영하는 코엑스 SM타운은 실제 소속 아티스트들이 안무를 연습하고 음악을 녹음하고 메이크업을 받는 장소를 구현하고, 방문객들이 그 일련의 과정을 체험하는 상품을 판매하고 있다. 장소 곳곳에 소속 아티스트들의 스토리가 담긴 사진과 정보, 그리고 실제 입었던 의상이나 소품들을 전시한다.

6) 팬덤 활용 전략

전 세계 한류 동호회원의 규모는 2020년을 기준으로 1억명을 넘어섰다(한국국제교류재단, 2021). 대중문화, 전통문화, 음식, 화장품 등 동호회의 성격은 매우 다양하다. 중요한 점은 한류 동호회의 증가 속도가 매우 빠르고, 한류 콘텐츠에 대한 정보의 전달과 재공유가 실시간으로 이뤄진다는 점이다. 이들 대부분이 온라인을 기반으로 소통하고 있기 때문이며, 또한 한국의 팬덤 문화를 답습해 자발적이고 집단적인 홍보 활동을 한다는 점이다.

한류 팬덤의 규모가 글로벌 수준으로 확장하고 그 영향력이 강해지면서 기업의 팬덤 활용 전략의 중요성도 높아졌다. 기업들은 팬덤의 영향력을 구전마케팅(얼리어답터), 제품평가, 타기업과의 컬래버레이션을 위해 주로 활용한다. 전술한 소셜미디어 마케팅의 구전효과는 한류 팬덤을 통해 극대화된다. 한류 콘텐츠와 스타의 정보를 팬덤에게 미리 제공하고, 팬덤은 이 정보를 자발적으로 전세계 팬덤과 공유하면서 소셜미디어를 통한 바이럴이 자연스럽게 일어난다. 기업은 소셜미디어 바이럴에서 중요한 역할을 하는 오피니언 리더를 파악하고 이들에게 남들보다 먼저 독점적 정보와 자원을 제공한다(고정민, 2016). 이를 통해 오피니언 리더는 소속감과 우월감을 가지고 다시 바이럴을 주도하게 된다.

또한 기업은 한류 팬덤을 콘텐츠의 평가를 위해 활용한다. 예고편을 미리 노출하거나, 뮤직비디오를 팬들에게 공개해 그 반응을 수집하는 것이다. 한류 팬덤은 일반 소비자보다 콘텐츠에 대한 높은 이해도와 동시에 기업에 대한 충성도를 동시에 보유하고 있어서, 분석적인 의견과 개선방향을 제안할 수 있다. 이러한 의견을 기획, 개발, 마케팅에 활용할 수 있다. 그 외에도 한류 기업은 타기업과의 공동 이벤트나 공동 프로모션 등 컬래버레이션 과정에서 한류 팬덤을 활용한다. 이를 통해 새롭게 출시하는 제품이나 연관된 아티스트의 데뷔 시 안정적 수요층을 형성할 수 있다.

요약

한류 마케팅은 글로벌 관점에서 상대 문화에 대한 이해와 분석에 기초한다. 한류에 대한 선호 수준과 소비방식, 문화적 취향, 국가 간의 관계, 인구통계학적 요인 등 다양한 요소를 복합적으로 판단하여 시장을 구획하고 표적을 선정하는 것이 필요하다. 마케팅 전략은 한류스타 활용전략, 현지화 전략, 융복합 전략, 소셜미디어 활용전략, 스토리텔링 전략, 팬덤 활용전략을 포함한다. 대부분의 한류 마케팅 전략은 한류 현상이 부여하는 프리미엄 효과의 활용을 전제한다. 이러한 프리미엄이 일부 국가에서는 오히려 부정적 효과로 작용할 수 있다. 표적 시장의 경쟁 및 위험 요인들에 대한 정밀한 분석이 마케팅 전략 수립에 종합적으로 고려되어야 할 것이다.

생각해 볼 문제

1. 한류 발전 과정에서 해외 소비자의 변화 특징은 무엇인가?
2. 한류 시장을 세분화하는데 고려해야 하는 요인은 무엇인가?
3. 한류 마케팅의 표적시장 선정 시 고려해야 하는 요인은 무엇인가?
4. 한류 프리미엄을 활용한 마케팅 전략은 무엇인가?
5. 디지털 기술의 발전에 따라 한류 마케팅의 형태는 어떻게 변화할 것인가?

참고문헌

고정민(2016). 한류와 경영. 푸른길: 서울.

간형식 외(2012). 문화지원 시 새로움 문화 마케팅 브랜딩이 기업 이미지에 미치는 영향, 『상품학연구』. 30(2), 9-18

고정민(2014). 한류현상을 접근하는 연구영역에 관한 연구. 『한류비즈니스연구』, 1(1), 5-30.

김상묵 외(2017) 중소기업의 글로벌 시장 진출을 위한 한류기반 문화마케팅 전략: ㈜잇츠한불을 중심으로, 『중소기업연구』, 39(4). 135-168.

문화체육관광부(2020). 『신한류 진흥 정책』

박현형(2021). NFT, 케이팝과 만나면 어떤 시너지 낼까, 디지털데일리(2021.5.29일자).

왕정 · 김한나(2020). 연예인 휴먼브랜드와 굿즈 특성이 패션 및 비패션 굿즈 구매의도에 미치는 영향. 『Korean Journal of Human Ecology』, 29(6), 905-916.

이문행(2014). 엔터테인먼트의 글로벌 시장 진출 특성. 『한국IT서비스학회지』, 13(3), 77-92.

이태식(2015). 융합한류 플랫폼을 활용한 중소기업의 해외마케팅 지원방안. 『문화콘텐츠연구』, 6호, 71-122.

정민우 · 이나영(2009). 스타를 관리하는 팬덤, 팬덤을 관리하는 산업: '2세대' 아이돌 팬덤의 문화실천의 특징 및 함의. 『미디어, 젠더 & 문화』, 12호, 191-240.

조은미(2018). 『한류문화 콘텐츠 영향 및 한류콘텐츠 산업 마케팅 방안 연구. 『대한경영교육학회』, 29(1). 27-53.

최장우(2012). 한류 활용 문화마케팅 사례분석의 시사점 및 활성화 방안. 『무역연구』, 9(7), 673-695.

한국국제교류재단(2021). 『2020 지구촌한류현황』.

한국국제문화교류진흥원(2020). 『한류 파급효과 연구』.

한국국제문화교류진흥원(2021). 『해외한류실태조사』.

CHAPTER

05

영화 마케팅

제5장에서는 우선 영화상품의 특성을 정리하고 영화산업의 특성을 제시한다. 다음으로 영화마케팅 분야에서 사용하는 전략들을 4P를 기준으로 정리하여 제시한다. 상품전략으로는 제작비, 스타, 장르, 관람연령등급, 속편, 하이 컨셉트가, 유통전략으로는 배급타이밍, 창구화, 개봉관 수, 해외 시장이, 프로모션 전략으로는 시사회, 광고, 홍보, 타이인, 영화제 수상, 비평이 세부 고려사항이 된다. 가격전략 역시 영화 마케팅에서 고려할 필요가 있다.

01

ENTERTAINMENT CONTENTS MARKETING

영화 마케팅의 특성

1) 영화 상품의 특성

유사한 형태인 TV 드라마와 비교할 때 영화의 경우 예술적 속성이 강조되는 것은 사실이다. 영화의 예술적 특성을 학문적으로 분석하는 다양한 서적과 논문을 발견할 수 있으며, 영화제 등을 통해 수상작을 선정할 경우에도 예술적 완성도에 높은 점수를 주는 경향이 강하다. 하지만 일반적으로 볼 때 영화는 일반 대중을 대상으로 하는 상업적 문화콘텐츠라고 간주할 수 있다. 최근 들어 연간 예술적 성격이 강한 많은 독립영화들이 제작되고 있지만, 관객의 대부분을 차지하는 것은 상업영화다. 그리고 소셜미디어나 일반적 대화 소재로 사용되는 영화 역시 대부분 상업영화다. 따라서, 영화 제작, 배급, 상영 과정에 직간접적으로 참여하는 사업자들의 목표는 이윤 극대화이며, 이러한 이윤 극대화의 일환으로 관객 극대화를 추구한다고 가정하는 것은 무리가 되지 않을 것이다.

영화가 지닌 대표적인 상품적 특성으로 소비의 비경합성을 가지고 있다. 영화는 물리적으로 소모되지 않으며, 이에 따라 한 명의 영화소비자가 영화를 소비(시청)하더라도 해당 영화를 다른 사람이 소비하는데 아무런 문제가 없다. 일견 당연히 보이는 특성이지만, 이러한 특성으로 인해 영화산업에서는 창구화 시스템이 활발하게 적용될 수 있었다. 소비의 비경합성으로 인해 한계비용은 0에 가깝게 된다. 극장에서 한 명의 관객이 관람하는 경우와 백 명이 관람하는 경우에 비용이 동일하는 점을 생각하면 된다. 이에 따라 영화 사업자는 지불의사가 있을 경우에는 누구에게나 영화를 제공하는 것이 이득이 된다. 영화의 판매와 소비가 한 번에 종료되지 않고 여러 단계를 거쳐 진행되는 것이 이 때문이다. 영화가 연속적으로 상이한 시장에 배급된다는 점은 영화 마케팅의 측면에서는 새로운 도전과제이다. 극장 창구의 소비자와 VOD 창구의 소비자는 인구사회학적 구성이나 영화 관람 동기가 상이하고 따라서 영화마케팅의 방식도 달리 적용해야 하기 때문이다.

영화는 또한 경험재로서의 특성을 가지고 있다. 경험재란 일반적인 소비재와 달리 실제 소비를 통해서만 정확한 효용을 알 수 있는 상품을 말한다. 영화를 보기 전까지 소비자들이 어느 정도의 만족을 얻을 수 있을지 예측하기가 쉽지 않기 때문이다. 따라서 소비자들은 합리적인 판단을 위해 영화의 소비 이전에 다양하고 정확한 정보를 얻기 위해 노력한다. 브랜딩은 이러한 정보를 제공하는 마케팅 전략이다. 스타 배우와 감독이 영화에 참여했다고 주장하는 것은 성분브랜딩(ingredient branding)이며, 전편의 성공에 기반하여 속편임을 강조하는 것은 브랜드 확장(brand extension) 전략이다. 또 다른 정보원으로 이미 영화를 경험한 전문가와 소비자를 들 수 있다. 영화 마케팅에서는 전통적으로 전문가의 평점이 중요하게 작용하였으며, 소셜미디어의 확산으로 인해 최근 들어서는 일반인들의 평가 역시 중요해지고 있다.

소비의 비경합성과 경험재적 특성으로 인해 영화산업은 고위험 고수익의 비즈니스 구조를 가지고 있다. 영화산업의 고위험성은 경험재로서 영화가 시장에서 본격적으로 소비되기 전에 소비자들에게 어느 정도의 효용을 줄지 알 수 없고 따라서 시장의 수요도 예측할 수 없기 때문에 발생한다. 반면 고수익은 일단 초기 단계에서 성공을 거두게 되면 한계비용이 0에 가깝기 때문에 추가적인 판매를 통해 이윤의 크기가 상당히 크기 때문에 발생한다. 영화마케팅에서 개봉 직전 사전 마케팅이 중요한 이유가 위험을 회피하기 위함이다. 또한 개봉 초기 많은 수의 스크린을 확보하는 것 역시 위험 회피 전략이다.

영화는 일반 소비재와 비교할 때 상품 주기가 상당히 짧은 편이다. 장르에 따라 차이는 있지만 대체로 한 번의 소비를 통해 상당 수준의 효용을 얻게 되며, 따라서 재구매 혹은 반복소비의 비중은 높지 않은 편이다. 그리고 사회적 관심도 개봉 초기에 크게 발생하기 편이다. 한국의 경우 일반적으로 개봉관을 확보할 수 있는 기간이 2주 정도에 불과한 실정이다. 이처럼 짧은 상품 주기로 인해 마케팅 자원은 개봉 직전에 대부분 투입되는 것이 일반적이며, 배급 전략으로도 와이드 릴리스(wide release)를 선호한다.

2) 영화 시장의 특성

영화 마케팅은 영화의 상품적 특성 뿐 아니라 산업의 구조에 의해서도 영향을 받는다. 국내 영화산업의 두드러진 특징으로 우선 극장 부문의 비중이 높다는 점을 들 수 있다. 〈표 5.1〉에서 볼 수 있듯이 코로나19의 영향으로 산업 매출 구조의 변동이 있었던 2020년을 제외하고 영화산업의 매출에서 극장 부문이 차지하고 있는 비중이 70%를 넘는 실정이다. 코로나19 이전에는 정책적인 지원에도 불구하고 VOD를 비롯한 부가창구 및 해외시장에서의 매출 비중이 30% 미만에 머물러 있었다. 미국의 경우에는 이러한 관계가 역전되어 국내 극장에서의 매출 비중이 20%도 되지 않는다. 미국이 전세계적으로 영화산업을 주도하고 있는 것은 부가창구 및 해외시장의 비중을 높여 자국 영화시장의 규모를 극대화시킬 수 있었기 때문이다. 극장 부문에서 대부분의 매출이 발생하기 때문에 국내의 경우 영화 마케팅 자원의 대부분이 극장 창구에 집중되어 후속 창구에서의 마케팅은 거의 고려하지 못하고 있는 실정이다. 또한, 개봉 초기 와이드 릴리스를 위해 스크린 수를 확보하기 위한 경쟁이 과도하게 발생하는 과정에서 독과점으로 인한 폐해 등 사회적 비용도 발생하고 있다.

한국 영화시장의 주요 특성으로는 극장부문의 과점구조와 수직적 계열화를 들 수 있다. 극장 부문의 경우 CGV, 롯데시네마, 메가박스 등 3사가 시장 점유율의 대부분을 차지하고 있는 실정이다. 특히, CGV와 롯데시네마의 경

표 5.1 2011~2020년 한국 영화산업 주요 매출

(단위: 억 원)

<table>
<tr><th colspan="2">구분</th><th>2011</th><th>2012</th><th>2013</th><th>2014</th><th>2015</th><th colspan="2">2016</th><th>2017</th><th>2018</th><th>2019</th><th>2020</th></tr>
<tr><td colspan="2">극장 매출</td><td>12,358</td><td>14,551</td><td>15,513</td><td>16,641</td><td>17,154</td><td colspan="2">17,432</td><td>17,566</td><td>18,140</td><td>19,140</td><td>5,104</td></tr>
<tr><td colspan="2">비중</td><td>85.5%</td><td>85.0%</td><td>82.3%</td><td>82.1%</td><td>81.2%</td><td colspan="2">76.7%</td><td>75.5%</td><td>76.3%</td><td>76.3%</td><td>48.4%</td></tr>
<tr><td colspan="2">전년 대비 증감률</td><td>5.8%</td><td>17.7%</td><td>6.6%</td><td>7.3%</td><td>3.1%</td><td colspan="2">1.6%</td><td>0.8%</td><td>3.3%</td><td>5.5%</td><td>−73.3%</td></tr>
<tr><td colspan="2">극장 외 시장 매출</td><td>1,709</td><td>2,158</td><td>2,676</td><td>2,971</td><td>3,349</td><td colspan="2">4,125</td><td>4,362</td><td>4,739</td><td>5,093</td><td>4,514</td></tr>
<tr><td colspan="2">비중</td><td>11.8%</td><td>12.6%</td><td>14.2%</td><td>14.7%</td><td>15.8%</td><td colspan="2">18.1%</td><td>18.7%</td><td>19.9%</td><td>20.3%</td><td>42.9%</td></tr>
<tr><td colspan="2">전년 대비 증감률</td><td>54.1%</td><td>26.3%</td><td>24.0%</td><td>11.0</td><td>12.7%</td><td colspan="2">23.2%</td><td>5.7%</td><td>8.6%</td><td>7.5%</td><td>−11.4%</td></tr>
<tr><td rowspan="6">해외 매출</td><td rowspan="3">억 원</td><td rowspan="3">382</td><td rowspan="3">414</td><td rowspan="3">651</td><td rowspan="3">664</td><td rowspan="3">628</td><td>완성작</td><td>509</td><td>460</td><td>458</td><td>442</td><td>595</td></tr>
<tr><td>서비스</td><td>664</td><td>883</td><td>427</td><td>418</td><td>324</td></tr>
<tr><td>소계</td><td>1,173</td><td>1,343</td><td>885</td><td>860</td><td>919</td></tr>
<tr><td rowspan="3">만 달러</td><td rowspan="3">3,487</td><td rowspan="3">3,782</td><td rowspan="3">5,946</td><td rowspan="3">6,308</td><td rowspan="3">5,550</td><td>완성작</td><td>4,389</td><td>4,073</td><td>4,160</td><td>3,788</td><td>5,416</td></tr>
<tr><td>서비스</td><td>5,720</td><td>7,806</td><td>3,876</td><td>3,590</td><td>2,945</td></tr>
<tr><td>소계</td><td>10,109</td><td>11,879</td><td>8,036</td><td>7,378</td><td>8,361</td></tr>
<tr><td colspan="2">비중</td><td>2.6%</td><td>2.4%</td><td>3.5%</td><td>3.3%</td><td>3.0%</td><td colspan="2">5.2%</td><td>5.8%</td><td>3.7%</td><td>3.4%</td><td>8.7%</td></tr>
<tr><td colspan="2">전년 대비 증감률</td><td>−17.3%</td><td>8.4%</td><td>57.2%</td><td>2.0%</td><td>−5.4%</td><td colspan="2">86.8%</td><td>14.5%</td><td>−34.1%</td><td>−2.8%</td><td>6.9%</td></tr>
<tr><td colspan="2">합계</td><td>14,449</td><td>17,123</td><td>18,840</td><td>20,276</td><td>21,131</td><td colspan="2">22,730</td><td>23,271</td><td>23,264</td><td>25,093</td><td>10,537</td></tr>
<tr><td colspan="2">비중</td><td>100%</td><td>100%</td><td>100%</td><td>100%</td><td>100%</td><td colspan="2">100%</td><td>100%</td><td>100%</td><td>100%</td><td>100%</td></tr>
<tr><td colspan="2">전년 대비 증감률</td><td>9.0%</td><td>18.5%</td><td>10.0%</td><td>7.6%</td><td>4.2%</td><td colspan="2">7.6%</td><td>2.4%</td><td>2.1%</td><td>5.6%</td><td>−58.0%</td></tr>
</table>

*출처: 영화진흥위원회(2021).

우 자체적으로 투자와 배급도 실시하고 있어서 영화의 가치가 발생하는 가치사슬 단계를 수직적으로 통제하고 있다. 이에 따라 한국 영화시장의 경우 CJ와 롯데의 독과점구조가 상당히 견고하게 형성된 상태이다. 영화마케팅은 많은 관련 사업자 간의 다양한 협상과정을 통해 전략적 다양성도 기대할 수 있는데, 이러한 독과점 구조로 인해 배급 전략을 포함하여 영화 마케팅 역시 제약을 받고 있다. 하지만 코로나19의 이후에는 영화산업의 매출에서 극장 외 시장 매출 비중이 50%를 넘는 등 변화가 급속히 진행되고 있다. 특히 동영상 OTT의 성장에 따라 영화산업의 구조가 근본적으로 변화될 가능성이 있다. 포스트 코로나 시대에 관찰하게 될 외부 환경 변화에 따른 극장 외 OTT 등 부가창구 및 해외시장의 비중 증가는 영화시장의 구조 변화와 함께 영화 마케팅 전략에도 변화를 초래할 것이다.

영화시장의 변화를 구체적으로 살펴보면, 〈표 5.2〉에서 볼 수 있듯이 코로나19 영향으로 극장 매출이 급감한 2020년을 제외하고 극장부문의 스크린수와 관객수(1인당 관람횟수)에서 성숙 단계에 접어들었다는 평가를 받고 있다. 새롭게 영화산업의 매출이 증대할 수 있는 통로는 미국의 경우처럼 부가시장이 활성화되는 수밖에 없다. 초고속인터넷의 확산은 초기에는 불법복제로 인해 비디오 및 DVD 시장을 몰락시키는 악영향을 초래하였다. 하지만 IPTV와 디지털케이블TV의 가입자가 증대하면서 VOD 시장이 상당한 성장세를 보이고 있다. 특히 최근에는 코로나19의 영향으로 실내에 머무는 시간이 늘어나면

표 5.2 2011~2020년 한국 영화산업 주요 통계지표

구분		2011	2012	2013	2014	2015	2016	2017	2018	2019	2020
관객 수 (만 명)	총 관객 수	15,972	19,489	21,335	21,506	21,729	21,702	21,987	21,639	22,668	5,952
	전년대비 증감률	7.1%	22.0%	9.5%	0.8%	1.0%	−0.1%	1.3%	−1.6%	4.8%	−73.7%
	한국영화	8,287	11,461	12,729	10,770	11,293	11,655	11,390	11,015	11,562	4,046
	전년대비 증감률	19.4%	38.3%	11.1%	−15.4%	4.9%	3.2%	−2.3%	−3.3%	5.0%	−65.0%
	점유율	51.9%	58.8%	59.7%	50.1%	52.0%	53.7%	51.8%	50.9%	51.0%	68.0%
	외국영화	7,685	8,028	8,606	10,736	10,436	10,047	10,597	10,624	11,106	1,906
	전년대비 증감률	−3.7%	4.5%	7.2%	24.8%	−2.8%	−3.7%	5.5%	0.3%	4.5%	−82.8%
	점유율	48.1%	41.2%	40.3%	49.9%	48.0%	46.3%	48.2%	49.1%	49.0%	32.0%
개봉 편수 (편)	한국영화 (실질개봉)	150	175	183	217	232	302 (167)	376 (164)	454 (194)	502 (199)	615 (165)
	외국영화 (실질개봉)	289	456	722	878	944	1,218 (411)	1,245 (456)	1,192 (534)	1,238 (448)	1,078 (413)
전국 스크린 수(개)		1,974	2,081	2,184	2,281	2,424	2,575	2,766	2,937	3,079	3,015
전국 극장 수(개)		292	314	333	356	388	417	452	483	513	474
1인당 관람횟수(회)		3.15	3.83	4.17	4.19	4.22	4.20	4.25	4.18	4.37	1.15
한국영화 수익률		−16.5%	15.9%	16.8%	7.6%	4.0%	29.8%	18.0%	−4.8%	10.9%	−34.1%

*출처: 영화진흥위원회(2021).

서 Netflix, wavve, TIVING, WATCHA PLAY 등 OTT 서비스의 이용이 빠르게 증가하고 있다.

VOD 시장은 일반 상업영화의 경우 부가수입을 얻을 수 있는 창구로서 기능할 뿐 아니라 독과점 구조로 인해 상영관을 확보하기 어려운 저예산 혹은 독립영화의 경우에는 시장에 진입할 수 있는 새로운 창구가 된다. 영화 마케팅의 측면에서도 VOD 시장의 성장은 새로운 과제를 던져 준다. 극장동시상영 등 기존 창구화의 질서가 와해되면서 배급 전략에서 있어 새로운 질서가 필요한 상황이며 이와 연결하여 가격 전략에서도 변화가 발생하고 있기 때문이다.

02

ENTERTAINMENT CONTENTS MARKETING

영화 마케팅 전략

영화는 대중적인 문화콘텐츠 상품으로서 오랜 역사를 거치는 과정에서 다양한 마케팅 수단들이 개발되었다. 특히, 성과지표로서 극장부문에서의 매출액과 관객수가 공개되었기 때문에 학술적 연구를 통해 제시된 마케팅 수단들이 영화의 성과(흥행)에 영향을 유효하게 미치는지에 대한 결과가 축적될 수 있었다. 여기에서는 선행 연구를 통해 실증적으로 검증되었거나 혹은 이론적인 근거를 가지고 있는 요인들을 4P 전략에 맞추어 제시하여 서술할 것이다.

1) 상품 전략

영화의 상품 전략은 관객의 효용과 수요를 증대시키기 위해 영화를 어떠한 내용과 구성요소를 활용하여 제작할 것인지와 관련된 전략이다.

(1) 제작비 전략

제작비는 작품의 완성도에 직접 연결된다. 할리우드에서 제작한 블록버스터 영화들이 전 세계적으로 높은 인기를 끄는 것은 많은 제작비를 투입하여 영화의 기술적 완성도를 높였기 때문이다. 영화 〈승리호〉는 우주를 배경으로 하는

SF 장르 특성상 많은 부분을 컴퓨터 그래픽으로 처리하여 기술적 완성도를 높였다. 영화 〈기생충〉은 드라마 장르임에도 세트장 건물의 2층과 하늘 등을 컴퓨터 그래픽으로 처리하여 완성도를 높였다. 미국 영화가 세계적으로 높은 시장점유율을 보이는 것도 이러한 맥락에서 설명할 수 있다. 미국이 보유한 큰 자국 시장은 높은 성과로 이어질 가능성이 높다. 이에 따라 많은 제작비를 투입하여 영화를 제작할 수 있다. 이렇게 투입된 제작비는 특히 범세계적으로 시장규모가 큰 장르인 액션/어드벤처 장르에서 높은 기술적 완성도로 연결되어 미국 영화의 시장지배력을 강화하는 결과를 초래한다. 예술적 완성도 측면에서도 제작비가 많을 경우 연기력 혹은 연출력이 검증된 배우와 감독을 고용할 수 있으며, 이 결과 흥행에도 긍정적인 효과를 미칠 수 있다.

하지만 제작비는 충분하지 않은 경우가 대부분이기 때문에 문제가 발생한다. 제작비 제약에 대응하는 마케팅 전략은 세 가지 정도 있다. 하나는 제작비 투입 대비 성과가 최적이 되는 지점을 추정하여 적정 제작비를 결정하는 것이다. 이러한 추정을 위해서는 정확한 흥행모형이 필요하여 또한 의사결정 분야의 이론적 도움도 필요하다. 둘째, 제작비가 성과에 미치는 영향이 상대적으로 크지 않은 장르에 집중하는 전략도 있다. SF와 액션 등 기술적 완성도가 중요한 장르를 피해 로맨틱 코미디, 스릴러 등의 장르에 초점을 맞출 경우 제작비 제약의 문제를 회피할 수 있다. 셋째, 위험을 공유하는 대신 성과도 공유하는 전략을 통해 제작비 자체의 규모를 줄일 수 있다. 대표적인 방식으로 잠재적 성과를 기반으로 인센티브 계약을 출연배우와 맺는 것을 들 수 있다. 출연료를 적게 받는 대신 일정 수준의 관객을 넘을 경우 이윤의 일정 비율을 받는 방식으로 제작사는 초기 제작비의 부담을 덜 수 있다.

(2) 스타 전략

제작비와 함께 영화의 성공에 영향을 미치는 대표적인 요인으로 스타의 출연을 들 수 있다. 할리우드가 영화산업 초기 스튜디오시스템을 활용하여 흥행방정식을 적용할 때에도 가장 공을 들인 분야가 스타의 활용이었다. 한국 영화사에서도 스타 배우들의 영향력을 무시할 수 없다. 지금도 잠재적 관객들이 영화를 선택할 때 고려하는 주요 요인에서 스타의 출연은 빠지지 않는다. 이러한 스타 파워는 두 가지 이론을 통해 설명할 수 있다. 하나는 광고에서 흔히 활용하는 승인효과(endorsement effect)이다. 사회심리학 분야의 균형이론(balance theory)에 기반을 둔 이 효과는 잠재관객이 특정 스타를 선호할 경우 이러한 스타가 선호하는 영화(*영화 출연 자체를 선호로 본다면)도 선호하게 된다는 것이다. 상당한 규모의 팬덤을 가진 아이돌 스타를 출연시키는 전략이 이러한 효과에 기반을 두고 있다. 또 다른 이론적 기반으로 성분브랜딩(ingredient branding)을 들 수 있다. 인텔이 제조한 CPU를 컴퓨터에 장착했음을 강조했던 "Intel Inside" 광고 캠페인이 대표적인 사례로서, 특정한 배우 혹은 감독이 참여했다는 정보를 통해 해당 영화의 재미 혹은 품질에 대해 높은 신뢰성을 가지게 되는 경우가 여기에 해당한다. 배우 송강호가 출연했다는 정보를 통해 해당 영화의 완성도가 높을 것으로 예상하거나 봉준호 감독의 연출이 영화의 재미를 담보할 것으로 예상하는 것을 주위에서 흔히 발견할 수 있다.

(3) 장르 전략

장르 역시 영화의 마케팅에 있어 중요한 고려 요인이다. 장르의 영향력은 경제학의 수요이론에 근거를 두고 있다. 장르별로 잠재관객의 규모가 상이하다는 것이다. 일반적으로 액션 장르의 영화에 대한 수요가 스릴러 혹은 다큐멘터리 장르의 영화에 비해 크다는 것은 상식에 속한다. 따라서 영화의 제작 단계에서 어떠한 장르의 영화를 선택하는가는 해당 영화의 잠재관객의 총 규모를 결정한다고도 할 수 있다. 하지만 장르의 선정은 추가적인 고려사항으로 더욱 복잡해진다. 대표적으로, 장르별 선호의 정도가 시간적으로 일정하지 않다는 점을 감안할 필요가 있다. 공포 장르의 영화는 여름 이외에 개봉할 경우 대부분 실패하며, 반대로 드라마 장르의 영화는 여름 개봉을 피하는 것이 일반적이다. 따라서 제작 시점에서 개봉전략까지 고려하여 장르를 결정할 필요가 있다. 또한, 장르는 문화적 할인(cultural discount)이 상이하게 적용된다는 점을 고려할 필요가 있다. 프랑스에서 대성공을 거둔 코미디 영화가 한국에서 별다른 흥행 성과를 거두지 못하는 것은 코미디 장르의 경우 해독에 있어 문화적 코드가 상당한 영향을 미치기 때문이다. 할리우드의 세계시장 우위는 문화적 할인에 대해 효과적으로 대응했기 때문이다. 미국 특히 LA가 인종적으로 문화적으로 혼합되어 있기 때문에 이곳에서 제작하는 영화에도 이러한 문화적 혼합성이 반영되었으며, 장르 전략 측면에서 문화적 해독 코드의 적용이 상대적으로 낮은 액션과 SF 장르에 초점을 맞추었기 때문이다.

(4) 관람연령등급 전략

한국을 비롯한 대부분의 국가에서는 영화의 주제와 표현방식 등을 고려하여 관람연령을 제한하는 법적 시스템을 가지고 있다. 영화 마케팅과 관련해서 이러한 제도가 중요한 것은 잠재적 관객의 규모가 영향을 받기 때문이다. 전 연령대가 모두 관람할 수 있는 영화에 비해 19세 이상만 관람할 수 있는 영화의 잠재관객수는 급감하게 된다. 황인호 감독의 영화 〈몬스터〉의 경우처럼 일부 영화의 경우 기대와 달리 19세 이상 관람가 판정을 받아 흥행에 악영향을 받는 경우가 발생하기도 한다. 따라서 영화 마케터의 입장에서는 최대한 낮은 연령등급을 받아 잠재관객의 수를 극대화시키는 전략을 사용하고자 한다. 기대에 비해 높은 연령등급을 받을 경우 편집을 통해 재심사를 신청하는 것도 이 때문이다. 하지만, 낮은 연령등급을 추구할 경우 표현에 있어 사실성이 감소할 수 있다는 단점이 있다. 격렬한 전투신 등이 중심이 되는 영화의 경우 연령등급을 낮추기 위해 편집을 할 경우 영화에 대한 매력도도 함께 감소할 수 있다. 따라서 연령등급에 대한 전략을 구상할 경우 등급하락으로 인한 표현수준의 감소도 함께 고려하여 최적의 지점을 찾는 작업이 필요하다.

(5) 속편 전략

〈아이언맨〉, 〈쥬라기공원〉과 같이 흥행에서 대성공을 거둔 영화의 경우 속편이 제작되는 것은 상식에 속한다. 속편전략은 마케팅 이론 중 브랜드 확장

(brand extension)으로 설명가능하다. 브랜드 확장 이론은 기존의 브랜드(모브랜드)를 바탕으로 새로운 브랜드(자브랜드)가 출시될 경우 모브랜드에 대해 소비자가 가지고 있던 이미지와 평가가 자브랜드에 전이된다고 주장한다. 〈아이언맨〉에 대해 우호적인 태도를 가지고 있는 잠재적 영화관객은 〈아이언맨2〉에 대해서도 우호적인 태도를 보일 가능성이 높아진다. 이러한 브랜드 확장 전략은 특히 영화와 같은 경험재에 있어 중요하다. 새로운 영화의 소비에서 얻을 수 있는 효용에 대해 불확실한 상태에서 해당 영화가 속편이라면 선행영화에서 얻었던 효용을 적용할 수 있기 때문이다.

하지만 속편 전략이 항상 성공적이지는 않다. 브랜드 확장과 관련된 많은 연구에 따르면 확장 된 브랜드의 성공에 영향을 미치는 주요 요인으로 모브랜드의 브랜드 자산과 모브랜드와 자브랜드 간 적합성(fit)을 들 수 있다. 만약 선행 영화가 크게 히트하지 않았는데도 불구하고 속편을 제작한다면 성공의 가능성은 상당히 줄어들게 된다. 또한 선행 영화와 속편 간 차이가 과도할 경우에도 속편 성공의 가능성이 감소한다. 〈엽기적인 그녀2〉의 경우 앞선 1편과 다른 주연배우를 기용한 점을 실패의 원인으로 제시할 수 있다. 전편과 속편 간에 변화가 너무 없을 경우에도 문제가 발생할 수 있다. 소비자들은 속편을 통해 추가로 얻을 수 있는 효용이 크지 않다고 생각할 것이기 때문이다. 〈색즉시공2〉는 전체적인 구성과 에피소드에 있어 전편과 유사했기 때문에 흥행에 실패했다고 판단된다.

영화에서 브랜드 확장 전략은 전통적인 속편 전략을 넘어 다양한 방식으로 적용되고 있다. 이후 이야기를 의미하는 속편에 대비되는 이전 이야기를 의미하는 전편(prequel)이 종종 활용되고 있으며, 캐릭터와 같이 기존 영화의 특정 요소를 중심으로 영화를 제작하는 스핀오프(spin-off)도 어렵지 않게 발견할 수 있다. 또한 코믹스 혹은 웹툰 등을 영화로 옮기는 원소스멀티유스(one source multi use) 역시 빈번하게 사용되고 있다. 최근에는 속편, 전편, 스핀오프, 원소스멀티유스를 포함하면서 스토리의 자유로운 변이 및 확장까지 포함하여 세계관을 구성하는 트랜스미디어가 각광을 받고 있다.

(6) 하이 컨셉트 전략

영화의 제작단계에서 할리우드 스튜디오가 사용하는 대표적인 흥행공식으로 하이컨셉트가 있다. 하이 컨셉트 전략의 경우 상당한 마케팅 비용이 필요하기 때문에 스튜디오에서 주력 상품으로 결정한 영화를 대상으로 적용한다. 하이 컨셉트 전략은 앞서 제시한 제작 단계 전략들을 종합적으로 사용한다. 우선, 유명 배우와 감독을 사용한다. 이러한 성분브랜딩을 통해 영화의 품질에 대한 신뢰감을 제공하고 해당 배우 및 감독의 열렬 팬층을 초기 채택자로 끌어들 수 있다. 명확한 스토리라인 역시 하이컨셉트 전략의 주요 요소이다. 일반적으로 스토리가 복잡할 경우 관객들의 만족도가 낮아지는데, 스토리가 단순한 액션 및 SF 장르가 가장 큰 잠재관객층을 가지는 것도 이 때문이다. 하이컨셉트 전략에서는 소비자에게 하나로 통일된 이미지를 제공하는데 초점을 맞춘다. 그리고 전작이나 히트한 음악들과 연결하는 작업을 통해 브랜드 확장 전략도 활용한다.

2) 가격 전략

극장 창구에 한정하여 설명할 경우, 영화는 동일한 가격이 적용된다는 독특한 특징을 가지고 있다. 영화에 투입된 제작비나 관객의 규모에 관계없이 모든 영화에는 동일한 가격이 적용된다. 경제학의 기본적인 이론인 생산비이론과 수요이론이 영화의 경우에는 적용되지 않고 있다. 이러한 현상에 대해 명확한 설명은 아직 없지만 오랜 영화산업의 역사를 통해 관행으로 굳어졌으며 영화의 경우 사전에 효용을 예측하기 어렵다는 점 등을 원인으로 제시할 수 있다. 따라서 영화의 경우 개별 상품별 가격 전략은 존재하지 않으며, 모든 영화에 일괄적으로 적용할 수 있는 전략인 요일제 전략과 시간제 전략 등을 주로 활용한다.

요일제 전략은 경제학에서 제시하는 3급가격차별화로 볼 수 있다. 3급가격차별화는 개인별로 가격을 차별화하는 1급가격차별화와 달리 집단을 구분하여 상이한 가격을 적용하는 것이다. 한국을 비롯하여 많은 국가에서 주말에 더 높은 가격을 책정하는 것을 쉽게 관찰할 수 있다. 이것은 주말 관객이 평일

관객에 비해 가격탄력성이 낮기 때문이다. 가격이 높게 책정되더라도 주말에 극장에 오는 관객은 감수하기 때문에 높은 금액을 책정할 수 있다. 시간제 전략도 동일한 맥락에서 설명할 수 있다. 일반적인 시간대에 비해 오전 시간대에 영화관을 찾는 관객에게는 낮은 가격을 적용하는데, 이것은 가격에 대한 민감도가 높은 집단을 민감도가 낮은 집단과 구분하는 전략이다.

3) 유통 전략

(1) 창구화 전략

영화의 유통과 관련해서 대표적인 특징으로 창구화 전략(windowing)을 들 수 있다. 오랜 시간을 거치면서 영화계의 관행이 된 창구화 전략은 영화를 우선 극장 창구에서 독점적으로 상영한 후 일정한 휴지기를 거친 후 DVD, 유료케이블채널, 지상파채널, 무료케이블채널 등의 순서의 상영하는 방식을 의미한다. 창구화 전략은 가격차별화, 배포시점차별화, 매체차별화로 설명할 수 있다. 극장 이후 지속적으로 가격이 감소하는 것이 가격차별화다. 이렇게 가격을 차별화할 수 있는 것은 영화에 대한 소비자들의 유보가격(reservation price)이 상이하기 때문이다. 따라서 모든 사람들에게 동일한 금액을 요구하기보다는 각 유보가격에 맞추어 높은 유보가격을 가진 잠재소비자 순서로 영화를 제공하는 것이 이윤을 극대화할 수 있다. 제공 순서에 있어서 차별화를 적용하는 것이 배포시점차별화이다. 이때 중요한 것은 각 창구 간에 존재하는 휴지기인 홀드백(holdback) 기간이다. 만약 홀드백이 없다면 선행 창구에서 막을 내리면 바로 다음 창구에서 싼 가격에 영화를 보고자 하는 잠재관객으로 인해 더 높은 가격을 받을 수 있는 선행창구에서의 성과가 감수하게 된다. 매체차별화는 창구가 바뀌면서 영화를 관람할 수 있는 매체가 극장 스크린, TV, 휴대폰 등으로 바뀌는 것을 의미한다.

일반적으로 개별 창구에서의 가격은 해당 사업자가 설정하며 또한 가격대가 거의 고정되어 있어서 제작사나 마케터가 개입할 수 있는 여지가 많지 않다. 하지만, 창구의 순서를 어떻게 구성할지, 홀드백을 얼마나 줄지, 매체별로 마케팅 전략을 다르게 적용할지 등에 있어서는 마케터가 적극적으로 참여할 수 있다.

OTT의 성장은 창구화 전략에서도 급격한 변화를 초래하고 있다. OTT 사업자들이 자체 콘텐츠 전략을 추구하던 초기에는 영화관 사업자들의 강한 견제를 받았지만 코로나19로 인해 1차 배급창구로서 영화관의 위상이 떨어지면 OTT가 그 자리를 차지하고 있다. 〈사냥의 시간〉과 〈승리호〉 등 일반적이었다면 영화관 상영이 당연시되었던 작품들 역시 개봉 창구를 OTT로 바꾸었다. OTT 개봉에 영화 이용자들이 익숙해지고 OTT 구독자의 규모가 세계적으로 증대하면서, 코로나19 이후 영화관은 예전의 위상을 회복하지 못할 것으로 예상된다.

(2) 배포타이밍 전략

배포타이밍 전략은 어떤 주(week)에 개봉할 지를 결정하는 전략이다. 미국의 경우는 금요일 개봉이 일반적이고, 한국의 경우는 목요일 개봉이 일반적인 관행이기 때문에 배포타이밍은 요일을 결정하는 것은 아니며 영화를 개봉하는 주를 결정하는 것이다. 이러한 배포타이밍의 결정 과정에서는 두 가지를 고려할 필요가 있다. 첫째, 각 주차별 혹은 시기별로 총영화수요량에 있어서 상당한 차이를 보인다는 점이다. 예를 들어 방학기간에는 총수요량이 증가하게 된다. 따라서 다른 조건들이 동일하다면 이처럼 총수요량이 많은 주차에 영화를 개봉하는 것이 수익극대화에 유리하다. 둘째, 경쟁하게될 다른 영화들을 검토할 필요가 있다. 주차별 총수요량이 고정된 상태에서 〈기생충〉과 같이 특정한 한 영화가 빅히트를 하고 있을 경우에는 경쟁이 피하는 것이 적절한 전략이다. 빅히트 영화 관객을 제외하고 남은 잠재관객의 수가 작을뿐아니라 스크린을 배정받기도 어렵기 때문이다. 특히 빅히트한 영화가 동일한 장르의 영화라면 더욱 피할 필요가 있다.

(3) 개봉관 수

개봉관의 수는 관객과의 접촉 지점의 규모라는 점에서 영화의 흥행에 직접적으로 연결된다. 아무리 잘 만든 영화라도 관객들이 관람할 수 있는 스크린을 찾기가 어렵다면 흥행에 실패하게 된다. 스크린 점유율을 둘러싸고 극장체인을 소유한 배급사와 그렇지 않은 배급사 간에 격한 논쟁이 발생하는 것도 이 때문이다. 일반적으로 영화마케터는 개봉관의 수를 최대한 많이 잡기 위해 노력한다. 아날로그 제작방식일 경우에는 필름의 인화 및 현상에 비용이 상당히 발생했기 때문에 개봉관 수에 제약조건으로 작용하였지만 디지털 방식으로 제작되면서 복제와 공급에 비용이 거의 들지 않게 되면서 최대화의 원칙은 더욱 강화되고 있다. 영화마케터는 개봉관의 수를 확보하기 위해 하향식 방식과 상향식 방식을 모두 사용한다. 하향식 방식의 경우 극장체인과 협의를 하는 방식이다. 극장체인은 배급사에 스크린을 단순히 대여하는 것이 아니라 관객의 수에 따라 수익을 사전에 정한 비율(부율)에 따라 나누는 비즈니스 모델을 따르기 때문에 관객수를 극대화하려는 동기를 가지고 있다. 더욱이, 관객수가 많아질수록 극장에서 운영하는 식음료의 수입도 증가하기 때문에 극대화 동기는 더욱 강화된다. 따라서 마케터는 자신들이 배급하는 영화가 흥행할 가능성이 높다는 점과 흥행을 견인하기 위한 체계적인 마케팅 전략을 극장체인에 제시할 필요가 있다. 반면 상향식 방식은 잠재관객을 대상으로 적극적으로 마케팅 전략을 실행하여 수요를 발생시키는 방식이다. 이처럼 수요가 증가하면 자연스럽게 극장체인 역시 스크린 수를 증대시킬 것이기 때문이다.

(4) 해외시장 전략

복제비용이 거의 발생하지 않는 영화상품의 특성으로 인해 해외시장은 영화사업자의 중요한 수입원이 된다. 영화사업자들은 최소한의 수익이 보장될 경우 최대한 많은 국가에 자신들의 영화를 배급하는 것을 목적으로 삼는다. 마케터는 해외시장 공략을 위해 두 가지의 업무를 수행한다. 우선은 자신들의 담당한 영화에 적합한 국가를 선정하는 작업이며, 다른 하나는 각 국가에 적합한 마케팅 전략을 수립하는 것이다. 적합한 수출대상국가를 선정할 때 중요한 고려사항은 자국과 해당 국가의 소비자들이 영화취향에 있어 얼마만큼 유사한지 여부이다. 만약 영화를 선택할 때 두 국가의 국민이 상이한 기준들을 적용한다면 한 국가의 영화가 다른 국가에서 소비되는 과정에서 발생하는 문화적 할인의 폭이 클 것이다. 〈괴물〉과 같이 국내에서 큰 성공을 거둔 영화가 미국과 같은 해외에서도 큰 성과를 거둘 것으로 기대했지만 그렇지 못한 것은 영화취향의 차이에 따른 문화적 할인의 규모를 간과했기 때문으로 풀이된다. 일단 수출대상국이 결정되면 다음 단계로 해당 영화를 대상으로 마케팅 전략을 수립해야 하는데 이 과정에서는 해당 국가 소비자의 문화적 취향을 면밀히 검토해야 한다. 예를 들어, 스타 파워에 입각한 마케팅 전략은 해당 스타에 대한 인지도가 낮은 국가에서는 적용할 수 없다. 또한 제작 및 편집 과정에서 문화적 할인율을 감소시키는 작업을 실시할 수 있다. 예를 들어, 엔딩 버전을 복수로 준비해서 해피엔딩에 대한 기대가 강한 국가의 경우에는 해피엔딩 버전의 영화를 배급하는 방식을 고려할 수 있다.

4) 프로모션 전략

영화는 경험재의 일종으로 소비 이전에 효용을 예측하기 어렵다. 소비자는 이러한 한계를 극복하기 위해 소비 여부 결정에 앞서 별도로 정보를 확보하려는 노력을 시도하게 된다. 영화의 프로모션에 있어 핵심은 이러한 소비자들에게 설득력있는 메시지는 효율적으로 제공하는 것이다.

(1) 시사회 전략

영화 개봉 전에 영화상품을 선보이는 시사회는 마케터가 가장 많이 사용하는 프로모션 전략 중 하나다. 시사회는 대상에 따라 기자 및 평론가들을 대상으로 하는 전문가시사회와 잠재 고객 전반을 대상으로 하는 일반인시사회로 구분할 수 있다. 전문가시사회의 경우 영화를 관람한 후 기자와 평론가들이 우호적인 평가를 기사와 평론을 통해 제공하는 것을 목적으로 한다. 일반인시사회의 경우에는 영화를 관람한 소비자들이 오피니언 리더의 역할을 수행하여 영화에 대한 우호적인 평가가 사회 전반으로 확산되는 것을 목적으로 한다. 대상은 상이하지만 두 시사회 모두 영화에 대한 우호적인 평가의 확산을 공통적인 목적으로 삼고 있다. 이러한 목적을 달성하기 위해 일반적으로는 최대한 많은 전문가와 일반인들을 대상으로 시사회를 실시하고자 노력한다. 하지만, 최종본에 대한 자체적인 검토 과정을 통해 해당 영화에 대해 우호적인 평가를 받기가 어렵다고 판단될 경우에는 시사회 전략을 사용하지 않을 수도 있다. 가끔 대규모의 제작비를 투입한 영화에 대해 신비주의 전략이라는 명목 하에 개봉에 앞서 시사회를 자제하는 경우를 볼 수 있는데 이 중 일부는 부정적인 평가를 우려했기 때문이다. 개봉 첫 주 주말 흥행이 전체 흥행에서 큰 비중을 차지하기 때문에 부정적인 평가가 본격적으로 확산되기 전에 첫 주 주말에 와이드 릴리스를 통해 수익을 극대화할 수 있다.

(2) 광고 전략

영화 역시 다른 소비자 대상 상품과 같이 광고를 통해 브랜드 인지도와 선호를 높이는 전략을 구사한다. 다만 매체에 따라 메시지 전략에서 차이를 보인다. 잡지와 같은 인쇄 매체의 경우에는 실제 영화의 장면을 보여주기 어렵기 때문에 스타 파워 전략과 승인(endorsement) 전략에 주로 의존한다. 주연배우들의 모습을 보여주는데 초점을 맞춘 포스터 형식의 인쇄 매체 광고를 쉽게 발견할 수 있으며, 시사회에 참여했던 전문가 혹은 일반인들의 우호적인 감상평도 흔히 볼 수 있다. 반면 TV와 같은 영상 매체의 경우에는 영화의 장면을 보여줄 수 있다는 점을 최대한 활용한다. 가장 많이 활용하는 방식이 가장 극적인 부분만을 모아서 보여주는 하이라이트 방식이다. 최근 들어 광고 전략에서도 상당한 변화를 발견할 수 있는데, 가장 핵심적인 변화는 온라인 광고의 비중이 대폭 증가하였다는 것이다. 인터넷이 본격화되기 전에는 국내의 경우 영화가 개봉되는 주말 직전 일간지 등의 신문을 통해 광고를 게시하는 것이 가장 일반적인 모습이었지만, 현재는 일간지 영화 광고를 찾아보기 어려운 실정이다. 이것은 포털 등의 온라인 매체를 통해 영화를 광고하는 것이 일반적인 영화 소비자 타겟에 부합하기 때문이다.

(3) 홍보 전략

광고가 지면 혹은 시간을 구매해서 영화와 관련된 설득적 메시지를 소비자들에게 직접적으로 제공하는 것이라면, 홍보는 대언론활동을 통해 영화 관련 메시지를 소비자들에게 간접적으로 전달하는 것이다. 일반적으로 광고에 비해 홍보는 노출범위에 있어 제한적이라는 지적을 받지만, 최근 들어 소셜미디어를 통해 기사의 공유와 확산이 활발해지면서 이러한 한계가 완화되었다. 특히 홍보 전략은 정보의 신뢰성에 있어 광고 전략에 비해 우월하다. 광고의 경우 상당히 강한 설득적 메시지를 제공하더라도 소비자들이 그 의도를 알기 때문에 필터리링을 해서 받아들이게 된다. 그렇지만 퍼블리시티(publicity)와 같은 홍보의 경우 기사라는 객관적 형식을 취하기 때문에 오히려 설득력이 더 높아질 수 있다.

(4) 예고편 전략

예고편 역시 일반적으로 사용되는 프로모션 전략이다. 가장 전통적인 방식이 극장에서의 예고편 전략이다. 이 방식은 두 가지 면에서 장점이 있는데, 우선 타겟팅 면에서 상당히 효율성이 높다. 즉, 이미 극장에 온 관객들만 대상으로 하기에 신문과 방송과 같은 대중매체를 통해 극장에 올 가능성이 거의 없는 잠재적 소비자를 대상으로 메시지를 전달하는 과정에서 발생하는 비효율을 방지할 수 있다. 또한 착석해서 다른 활동을 하기 어려운 상태에서 예고편이 제공되기 때문에 관객의 집중도가 높은 편이며 따라서 설득의 가능성 역시 높아진다. 15~30초 TV 광고의 형식으로 제공되는 예고편에 비해 많은 시간을 투입할 수 있다는 점 역시 극장 예고편이 지닌 장점이다. 인터넷이 활성화되면서 예고편의 활용 역시 다양해 졌다. 자체적으로 준비한 웹사이트를 통한 예고편 전략이 초기의 방식이었다면 최근에는 유튜브와 같은 소셜미디어를 활용하는 방식이 확산가능성 면에서 높은 평가를 받고 있다.

(5) 타이-인 전략

타이-인(tie-in) 전략은 패스트푸드, 장난감 혹은 의류와 같은 소비자상품을 취급하는 기업들과 제휴해서 영화에 대한 인지도를 증대시키는 전략이다. 패스트푸드 프랜차이즈에서 음식을 구매하면 영화의 캐릭터를 기반으로 한 장난감 등을 선물로 제공하는 것이 한 예이다. 이 전략은 참여하는 영화 및 소비자 기업에 모두 유리하다는 장점이 있다. 영화사의 경우 큰 비용을 들이지 않고 제휴를 맺은 소비자 기업의 유통망과 캠페인을 활용하여 영화의 인지도를 높일 수 있다. 소비자 기업의 경우에도 해당 영화가 전작 등을 통해 이미 상당한 팬층을 확보하고 있을 경우 제휴를 통해 자사 상품의 판매가 증대될 수 있으며 간접적으로는 자사 브랜드 역시 인지도와 이미지 면에서 좋은 평가를 받을 수 있다.

(6) 영화제 수상 전략

아카데미상과 같은 유명 영화제는 작품성을 인정받는 무대이기도 하지만 해당 영화의 성과를 높일 수 있는 프로모션 수단이기도 하다. 유명 영화제는 일반적으로 TV를 통해 생중계되며 해외에 방송되기도 한다. 따라서 수상작은 상당히 넓은 범위로 브랜드 인지도를 얻을 수 있으며, 작품의 완성도 면에서도 우호적으로 시청자에게 각인될 수 있다. 실제로 국내 영화 〈미나리〉의 경우 아카데미 시상식에서 배우 윤여정이 여우조연상을 수상하면서 수상 소식 발표 당일 이후로 박스오피스 순위 상승의 성과를 보여주기도 했다. 기본적으로 영화제는 대부분 해당 영화의 극장 개봉이 완료된 후에 열리기에 극장 창구에서의 성과에 영향을 주기는 어렵다. 하지만 DVD와 VOD와 같은 후속 창구의 경우에는 영화에 대한 사회적 관심도를 바탕으로 소비자의 증대를 기대할 수 있으며, 또한 극장 창구에서의 기관람자들의 재관람도 기대할 수 있다.

(7) 비평 전략

영화상품이 지닌 경험재적 속성으로 인해 소비자들은 이미 해당 영화를 소비한 다른 사람들의 평가를 중요한 정보로 간주한다. 기자와 평론가들을 대상으로 별도로 시사회를 개최하거는 것도 이들의 평가가 지니는 영향력을 고려했기 때문이다. 혁신확산이론(theory of diffusion of innovation)의 개념을 가져온다면 이들 전문가들은 혁신자(innovator) 혹은 초기채택자(early adopter)에 해당되며 이들로부터 혁신(즉, 영화)에 대한 정보 및 평가가 초기다수자(early majority)와 후기다수자(late majority)에게 전달된다. 비평 전략의 원조라고 할 수 있는 브로드웨이 뮤지컬의 경우에는 비평의 영향력이 여전하지만 영화의 경우에는 그 영향력이 감소하고 있다. 소셜미디어를 통해 일반 관객들의 평가를 신속히 접할 수 있게 되면서 전문가 비평과 경쟁관계를 형성하게 되었기 때문이다. 특히, 대중적인 흥미를 중요시하는 관객의 경우에는 영화의 예술적 속성을 강조하는 전문가 비평에 비해 일반 관객들의 평가를 더욱 중요하게 고려하기 때문이다.

요약

영화는 경험재로서 이전에 미리 만족도를 예측하기 어렵기 때문에 마케팅 과정을 통해 잠재적 관객이 필요로 하는 정보를 설득적인 방식으로 제공하는 것이 중요하다. 제작비는 작품의 완성도를 의미하는 정보가 될 수 있으며, 홍보 전략은 다른 프로모션 수단에 비해 설득력이 높다. 배포시점을 달리하면서 가격을 인하하는 창구화전략은 영화수입을 극대화시킬 수 있는 효과적인 수단이다. 동영상 OTT의 성장은 영화콘텐츠마케팅에 변화를 초래하고 있다.

생각해 볼 문제

1. 영화가 경험재로서 가지는 속성은 무엇인가?
2. 경험재로서 영화와 관련이 있는 마케팅 전략은 무엇인가?
3. 영화가 공공재로서 가지는 속성은 무엇인가?

4. 공공재로서 영화와 관련이 있는 마케팅 전략은 무엇인가?
5. 동영상 OTT의 성장에 따라 영화마케팅에서 어떠한 변화가 초래될 것인가?

CHAPTER

06

방송콘텐츠마케팅

6장에서는 먼저 방송콘텐츠 마케팅의 특성을 살펴보고 방송 콘텐츠 마케팅의 과정을 설명한다. 다음으로 방송콘텐츠 마케팅 분야에서 사용되는 전략들을 4P를 이용하여 제시한다. 상품전략은 방송콘텐츠의 기획, 제작, 편성 및 확보, 콘텐츠 패키지의 구성, 채널 브랜드 등에 관한 전략 및 포맷 변화 등이, 가격전략으로는 묶음판매전략 및 침투가격설정전략 등이, 유통전략으로는 창구화전략 등이, 프로모션전략으로는 광고, 홍보, 프리미엄서비스, 제휴서비스, 스폰서쉽 및 기부전략 등이 이용될 수 있다.

01

ENTERTAINMENT CONTENTS MARKETING

방송콘텐츠마케팅의 특성

최근 〈사랑의 불시착〉과 같은 한류 드라마의 성공 및 확산과 함께 방송콘텐츠 마케팅의 중요성은 점점 증대되고 있다. 방송콘텐츠는 일반적으로 "방송 미디어와 결합한 콘텐츠" 또는 "방송 플랫폼을 위해 만들어진 콘텐츠"로 정의될 수 있다. 방송법 제1장 제2조는 방송을 "방송 프로그램을 기획 · 편성 · 제작하여 이를 공중에게 전기통신설비에 의하여 송신하는 것"으로 정의하고 있으며 여기서 방송은 텔레비전방송, 라디오방송, 데이터방송, 이동멀티미디어방송(DMB), 인터넷멀티미디어방송(IPTV) 등을 의미한다 (법제처 국가법령정보센터, 2015). 방송콘텐츠의 범위를 넓게 보면, 방송콘텐츠는 방송법에서 제시된 방송 이외의 목적으로 제작되었지만 방송 미디어를 통해서 방송될 수 있는 영화나 공연과 같은 콘텐츠를 포함할 수 있다. 이러한 방송콘텐츠는 다음과 같은 몇 가지 특성을 가지고 있다.

1) 방송콘텐츠의 특성

첫째, 방송콘텐츠는 소비자가 상품의 질과 가격을 실제로 소비하기 전에는 미리 알기 어려운 경험재(experience goods)적 속성을 가지고 있다(Nelson,

1970). 방송드라마와 같은 방송콘텐츠는 소비자가 직접 콘텐츠를 사용하기 전에는 콘텐츠의 질을 알기 어렵고, 상품에 대한 객관적인 평가를 내리기 어렵기 때문에 그 시장가치가 불확실한 경향이 있으며(문종대, 2000), 이러한 경험재적 속성 때문에 시장에서의 수요 예측이 어려운 경향이 있다(Caves, 2000). 방송콘텐츠는 초기 투입비용이 비교적 큰 상품이지만 수요자의 가치평가가 불확실하다는 점에서 고위험-고수익(high risk, high return) 상품이라고도 볼 수 있다 (유세경 외, 2014).

둘째, 방송콘텐츠는 공공재(public goods)적 성격을 가지고 있다. 공공재는 지상파 TV 방송콘텐츠와 같이 콘텐츠 생산이 이루어지면 구성원 모두가 소비혜택을 누릴 수 있는 재화 또는 서비스를 말하며 소비의 비경합성(non-rivalry)과 비배제성(non-excludability)을 그 특징으로 한다. 비경합성은 다른 개인의 소비로 인해 한 개인의 소비가 영향을 받거나 소비에 있어서 효용이 감소되지 않은 것을 의미한다(김지운 외, 2005). 예를 들면, 한 개인이 지상파 TV 방송콘텐츠를 이용한다고 해서 다른 개인이 지상파 TV를 시청하는 것에 지장을 주지는 않는다. 비배제성은 어떤 재화나 서비스의 소비자가 비용을 지불하지 않더라도 이 재화나 서비스의 소비로부터 배제되지 않는 것을 의미한다. 지상파 방송콘텐츠의 경우 지상파 TV 서비스의 공공성으로 인해 시청료를 지불하지 않아도 지상파 방송콘텐츠를 이용할 수 있는 무임승차가 가능하다. 그러나 이러한 방송콘텐츠의 공공재적 성격은 최근의 뉴미디어 발달과 함께 변화하고 있다(유세경 외, 2014). 예를 들면, 생산된 방송콘텐츠가 지상파 TV에서 방영될 때는 소비의 비경합성과 비배제성이 있어 공공재에 가깝다고 볼 수 있으나, 같은 방송콘텐츠가 가입비를 지불하는 유료방송인 케이블 방송이나 위성방송에서 방영될 경우에는 소비에 있어서 배제성이 있어서 오히려 클럽재(club goods)에 가깝다고 볼 수 있다.

셋째, 방송콘텐츠는 재능상품(talent goods)의 성격을 가지고 있다. 방송콘텐츠와 같은 미디어 관련 상품은 개인의 재능에 의존하는 경우가 많다(Reca, 2006). 케이브(Caves, 2000)가 지적하였듯이 콘텐츠 상품은 예술적 또는 창의적 재능의 요소가 중요한 상품이라고 할 수 있다. 따라서 개인이나 집단의 창의성(creativity)이 방송콘텐츠 산업에서는 경쟁력의 핵심적인 요소가 되며, 이러한 창의적인 방송콘텐츠를 생산하기 위해서는 다양한 기술을 지닌 인력의 투입이 필요하게 된다(유세경 외, 2014). 넷째, 방송콘텐츠는 미디어 산업과 관련하여 이중상품(dual goods)적 성격과 관련된다. 방송콘텐츠 상품은 두 개의 서로 다른 시장에서 두 개의 서로 다른 상품으로 존재한다(Reca, 2006). 예를 들면, TV나 라디오에서 방송콘텐츠는 수용자를 위한 콘텐츠 상품이지만 동시에 방송사들은 광고주에게 이용자에의 접근권을 광고시장을 통해 판매한다(문종대, 2000). 이러한 방송콘텐츠 상품의 이중적 성격은 방송 산업에서의 이원적 시장구조(방송콘텐츠 시장과 광고시장)와 관련되며 특정 방송콘텐츠에 대한 이용자 규모가 커지면 이용자 접근권을 판매하는 방송산업의 광고수익은 증대하게 된다.

다섯째, 방송콘텐츠는 문화상품(cultural goods)적 성격을 가지고 있다. 방송콘텐츠는 상상력, 감성, 예술, 가치관 및 관습 등 한 나라의 문화적인 요소와 결합하여 방송을 통해 전달된다. 예를 들면, 한류 드라마와 같은 방송콘텐츠는 한국 문화를 외국에 전달한다고 볼 수 있다. 한편으로는 이러한 방송콘텐츠의 문화상품으로서의 성격은 문화적 할인(cultural discount)과 관련될 수 있다. 문화적 할인은 특정 문화콘텐츠가 환경이 다른 문화시장에 진입했을 때 어느 정도 그 가치가 떨어지는 현상을 말한다(김평수 외, 2012). 문화콘텐츠 상품은 언어, 역사, 관습, 가치관 및 선호 장르 등의 나라별 차이로 인한 문화적 장벽으로 인해 다른 문화권에 진입하기 어려운 경향이 있다 (김평수 외, 2012). 특히 드라마와 같은 방송콘텐츠의 경우 문화적 차이로 인한 문화적 장벽이 비교적 높아 문화적 할인이 높다고 볼 수 있다.

여섯째, 방송콘텐츠는 규모의 경제(economies of scale)와 관련된다. 규모의 경제는 산출량이 증가함에 따라 단위당 평균비용(average cost)이 감소하는 현상을 말한다. 방송콘텐츠는 생산 초기에 방송설비, 기술 및 인력 등 많은 투자비용이 필요하지만 방송콘텐츠 소비자가 늘어날 때 추가되는 비용이 거의 없어, 생산량이 늘어남에 따라 단위당 평균생산비용은 하락하게 된다(유세경 외, 2014). 예를 들면, 드라마와 같은 방송콘텐츠 상품은 초기 투자비용이 큰 편이지만 일단 방송콘텐츠가 생산되면 추가로 복사하는 데 필요한 한계비용(marginal cost)은 거의 0에 가깝다. 이러한 규모의 경제가 발생하는 산업에서는 비용적인 측면에서의 경쟁우위로 인한 자연독점적인 산업구조가 초래되는 경향이 있다(유세경 외, 2014).

일곱째, 방송콘텐츠는 범위의 경제(economies of scope)와 관련된다. 범위의 경제는 하나의 기업이 2가지 이상의 제품을 함께 생산할 경우, 2가지를 각각 따로 다른 기업에서 생산하는 것보다 생산비용이 적게 드는 현상이다. 콘텐츠 상품을 생산할 경우, 기본적으로 필요한 물적 · 인적 · 기술적 자원을 이용하여 하나의 상품을 생산하고, 기존의 자원을 활용하여 다른 다양한 상품을 생산하면 경제적 효율성이 증대될 수 있다. 예를 들어, 2003년 11월 EBS에서 첫 방송을 시작한 TV애니메이션 〈뽀롱뽀롱 뽀로로〉는 인기를 기반으로 TV 애니메이션뿐 아니라 영화, 테마파크, 캐릭터 상품 등 다양한 상품으로 판매되어 성공적으로 수익을 창출하였다(채지영, 2013; 그림 6.1 참조).

여덟째, 방송콘텐츠는 네트워크 효과(network effects)와 관련된다. 네트워크 효과란 특정 재화나 서비스의 사용으로부터 개별소비자가 얻는 효용의 크기가 그 재화나 서비스를 사용하는 고객이 많을수록 더 커지는 것을 의미한

그림 6.1 뽀롱뽀롱 뽀로로와 다양한 캐릭터 상품

다(Church & Gandal, 2005; Clements, 2004). 디지털 공간에서는 사용자들의 참여가 많아질수록 다양한 정보 생산이 이루어지고 사용자들이 느끼는 정보의 가치가 커지기 때문에 네트워크 효과 발생한다 (Katz & Shapiro, 1994). 이러한 네트워크 효과는 선순환구조를 만들어낸다는 특징이 있다. 예를 들어 페이스북과 같은 다수의 소셜 네트워크 서비스 사용자를 확보하고 있는 소셜 네트워크 서비스는 가치가 상승하여 다른 사람들에게도 효용이 높은 서비스로 인식될 가능성이 높기 때문에 더 많은 사용자를 유인하는 효과가 발생하고, 이에 따라 사용자의 수는 더 증가하게 된다. 네트워크 효과와 관련하여 방송콘텐츠는 동일한 네트워크에 속한 사람의 숫자가 많을수록 보완적 제품이나 서비스를 통한 부가적인 혜택이 증가하는 현상인 간접 네트워크 효과(indirect network effects)와 관련될 수 있다. 간접 네트워크 효과는 서로 다른 재화나 서비스가 하나의 묶음 형식으로 제공될 때 발생하는데 하나의 재화나 서비스에 묶여 있는 이들 서로 다른 서비스들은 서로 보완재(complementary goods) 관계를 구성한다(Church & Gandal, 2005). 이러한 간접 네트워크 효과의 대표적인 사례들은 게임 플랫폼과 보완적인 게임 프로그램의 관계, DVD 프로그램과 DVD 플레이어의 관계, IC 카드와 전자화폐의 관계 등을 들 수 있다(Clements, 2004; 김이영, 2001). 예를 들어 DVD 프로그램 수의 증가는 DVD 플레이어에 대한 수요를 증가시키게 된다(Clements, 2004). 마찬가지로 TV, PC, DMB, 스마트폰 등 특정 매체에 대한 수요가 증가 될수록 이러한 매체에서 유통되는 방송콘텐츠에 대한 수요도 증대될 수 있다(유세경 외, 2014).

2) 방송산업 현황

방송은 창의적 콘텐츠를 생산 · 유통하는 미디어산업의 핵심 플랫폼 역할을 수행하고 있다. 2019년 지상파방송, 지상파 DMB, 종합유선방송, 중계유선방송, 위성방송, IPTV, 방송채널사용사업 등 방송사업자들의 방송사업매출액은 총 17조 6,717억 원에 도달하였다(과학기술정보통신부 · 방송통신위원회, 2020). 방송채널사용사업자와 IPTV사업자의 성장에 힘입어 종사자와 방송사업매출

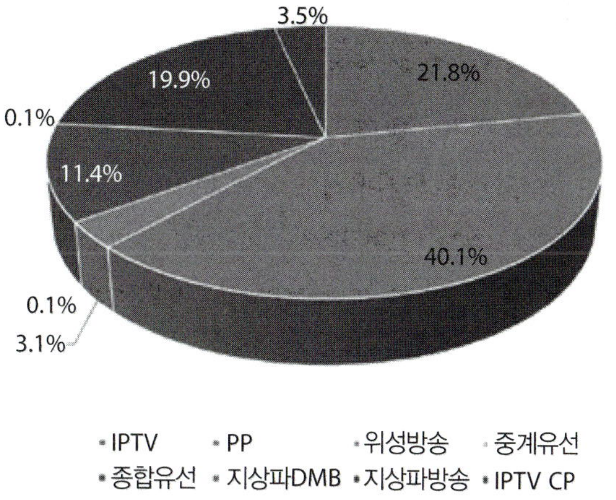

그림 6.2 2019년 방송매체별 방송사업 매출점유율 (방송통신위원회, 2020).

이 최근 4년 연속 증가하였으며, 유료방송 가입자도 2018년 대비 3.2% 증가하였다(과학기술정보통신부 · 방송통신위원회, 2020). 방송산업 분야 종사자수는 2019년에 3만 7,553명으로 집계되었으며, 수출액은 3억 6,714만 달러로 추정되고 있다. 2019년 방송산업 분야별 방송사업매출 점유율을 살펴보면, 지상파방송의 방송사업 매출 점유율은 19.9%를 차지하였으며, 종합유선방송사업은 11.4%, 중계유선방송사업은 0.01%, 위성방송은 3.1%를 차지하였다. IPTV는 21.8%, 방송채널사용사업은 40.1%로 최근 방송산업의 성장은 IPTV와 방송채널사용이 견인해왔다고 볼 수 있다(과학기술정보통신부 · 방송통신위원회, 2020).

3) 동영상 OTT산업의 변화와 성장

유튜브(YouTube)나 넷플릭스(Netflix)와 같은 글로벌 동영상 OTT(Over-the-Top)가 최근 빠르게 성장하면서 기존 방송 플랫폼 및 콘텐츠 제작시장에도 영향을 미치고 있다. 동영상 OTT 산업은 낮은 연령의 높은 스마트 기기 의존도, 5G 네트워크 인프라 확산, COVID-19으로 인한 인터넷 미디어 사용 증가, 넷플릭스와 같은 대형 글로벌 OTT의 대형 국내 콘텐츠 제작 등의 다양한 요인의 영향을 받아 2019년 이후 국내에서 매우 빠르게 성장 중이다. 국내 동영상 OTT 서비스 이용률은 2017년 36.1%, 2018년 42.7%, 2019년 52%, 2020년 66.3%로 최근 매우 빠르게 확산 되고 있다(방송통신위원회, 2020). 이와 같은 OTT 서비스 이용자 수 증가는 2016년부터 2019년까지 국내 모바일 동영상 트래픽 성장률(CAGR)이 평균 약 23%로 매우 높은 수준인 점에서 확인될 수 있다. 〈그림 6.3〉은 연령별 OTT 이용률을 보여준다. 2018년부터 2020년까지 최근 3년 동안 모든 연령대에서 빠르게 성장했음을 확인할 수 있다.

2020년 기준 유튜브의 이용률은 62.3%, 넷플릭스의 이용률은 16.3%로 나타났다. 국내에서 SVOD 서비스의 경우 웨이브의 이용률이 3.2%, 티빙은 3%로 타 국내 SVOD 서비스보다 높은 수준이었고, 국내 AVOD 서비스 중에서는 네이버 TV가 4.8%로 가장 높은 수준이었다. 넷플릭스는 2016년 1월 국내 동영상 OTT 시장에 진출한 이후 케이블 서비스 사업자인 딜라이브 및 CJ 헬로비전과 전략적 제휴를 맺었고, 2018년에는 국내 통신사업자인 LGU+, 2020에는 KT와 전략적 제휴를 맺으면서 PIP(Platform in platform) 방식을 통해서도 서비스를 제공하면서 성장하고 있다. 넷플릭스는 2021년에 국내 콘텐츠 제작에 5,500억 원을 투자 하는 계획을 발표하였다. 가입형 동영상 OTT 플랫폼 서비스 시장의 시장점유율 측면에서 보았을 때 2020년 8월 기준 넷플릭스

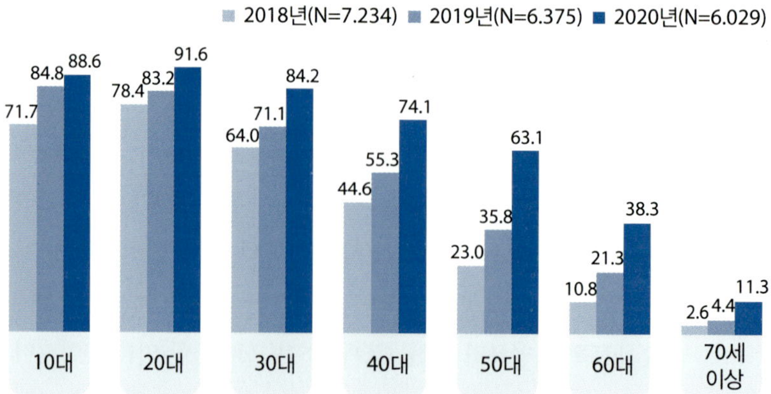

그림 6.3 연령별 OTT 이용률 (단위:%) (방송통신위원회, 2020).

의 시장점유율은 40%, 웨이브 21%, 티빙 14%로 나타났고, 유료 동영상 OTT 서비스 이용률은 2020년 기준 넷플릭스 11.6%, 유튜브 8.2%, 웨이브 2.3%, 티빙 1.5% 순으로 나타났다(방송통신위원회, 2020).

4) 방송콘텐츠 마케팅

방송콘텐츠산업의 가파른 성장과 및 뉴미디어의 확산과 함께 방송 플랫폼간의 경쟁이 심화되면서 방송콘텐츠 마케팅의 중요성이 점차로 강조되고 있다. 마케팅은 일반적으로 "고객, 협력자, 더 나아가 사회전반에게 가치를 창출하고, 알리며, 전달하고 교환하기 위한 일련의 활동, 제도 및 과정"으로 정의될 수 있다(미국마케팅학회, 2013). 이러한 마케팅의 정의에서 같이 여러 방송사간의 심화된 경쟁환경하에서 방송콘텐츠 고객을 위하여 가치를 창조하고 전달하며 교환하는 일련의 활동 및 과정인 방송콘텐츠 마케팅 활동이 점점 부각되고 있다. 일반적으로 방송콘텐츠 마케팅은 명확하게 정의된 방송콘텐츠 목표고객을 대상으로 고객들이 매력을 느끼고 구매할 수 있는 가치 있는 방송콘텐츠를 생산하고 유통 · 판매하는 일련의 과정을 포함한다고 볼 수 있다(유세경 외, 2014). 치열한 방송 플랫폼간의 경쟁하에서 방송콘텐츠 제작기획 · 생산 · 유통 · 판매 등의 방송콘텐츠 사업의 전 과정에서 마케팅의 역할은 매우 중요해졌으며, 적절한 콘텐츠마케팅 전략의 수립이 방송콘텐츠 사업의 핵심적인 요소가 되었다. 따라서 방송콘텐츠 마케팅전략 수립의 과정에 대한 이해뿐만 아니라 상품, 가격, 유통 및 프로모션 등의 방송콘텐츠 마케팅 믹스에 대한 이해가 필요하다.

02

ENTERTAINMENT CONTENTS MARKETING

방송콘텐츠마케팅의 과정

심화하는 방송콘텐츠 시장에서의 경쟁과 변화하는 소비자의 욕구에 능동적으로 대응하기 위한 마케팅의 하나의 과정으로서 STP(Segmentation, Targeting & Positioning) 전략은 유용한 접근방법이다. STP 전략은 방송콘텐츠 시장을 몇 가지 기준을 이용하여 분류한 후 세분된 시장에서 표적시장을 선택하고, 마케팅을 통해 제품이나 서비스를 소비자에게 인식시켜주는 과정이라고 볼 수 있다. 방송콘텐츠 마케팅의 과정을 방송콘텐츠 시장의 세분화 (Segmen-tation), 표적시장 선정 (Targeting) 및 포지셔닝(Positioning) 분석을 이용하여 설명한다.

1) 시장 세분화(Segmentation)

방송콘텐츠 소비자의 만족 극대화, 잠재된 소비자의 욕구 발견 및 새로운 방송콘텐츠 시장기회를 포착하기 위해서는 방송콘텐츠 소비자 시장을 세분화(segmentation)하여 분석할 필요성이 점점 증대되고 있다. 시장 세분화는 유사한 수요와 구매행동을 가진 소비자들을 하나의 그룹으로 묶어 세분화된 그룹의 욕구와 필요에 맞추는 전략이라고 볼 수 있다. 방송콘텐츠시장에서 시장

세분화의 기준이 될 수 있는 변수는 연령, 성별, 지역, 직업, 학력 등의 인구통계적 변수, 사회계층, 라이프스타일, 개성 등과 같은 심리분석적 변수, 사용기회, 사용경험, 사용량 등의 구매행동 변수, 제품이나 서비스에 따라 상이한 사용상황 변수 등을 포함한다. 예를 들어, 방송시장의 경우 국내 유료방송 가입비율은 2011년 이후로 매년 성장하고 있지만, OTT(Over-The-Top)서비스의 성장으로 인해 가구주 연령이 25세 미만인 경우에는 유료방송 서비스에 가입하지 않고 있는 인구수가 급격히 늘어나고 있는 추세이다(정보통신정책연구원, 2014). 따라서 방송콘텐츠 사업자는 이러한 방송시장의 환경변화를 고려하여, 새로운 방송콘텐츠 서비스를 기획할 때 연령에 따라 시장을 세분화하는 마케팅전략을 구상할 수 있다. 이러한 방송콘텐츠 시장 세분화 전략에서는 경쟁사 및 경쟁서비스 대비 시장이 명확히 구분될 필요가 있고, 차별성을 가지는 것이 중요한 요소이다(유세경 외, 2014).

2) 표적시장 선정(Targeting)

방송콘텐츠 시장의 세분화 후 표적시장이 선정된다. 표적시장은 세분화된 방송콘텐츠 시장들 중 기업이 표적으로 하여 마케팅 전략을 집행하게 되어 방송콘텐츠기업에게 최상의 성과를 제공해 주는 시장이라고 볼 수 있다. 세분화된 방송콘텐츠 시장 중에서 이러한 표적시장의 결정은 방송콘텐츠 시장 규모나 시장 성장률과 같은 세분화 시장 요인, 방송콘텐츠시장에서의 현재 및 잠재적 경쟁자와 같은 경쟁요인, 방송콘텐츠기업의 능력, 목표 및 기업자원과의 적합성 등이 중요한 결정요인이 될 수 있다.

3) 포지셔닝(Positioning)

표적시장이 선정된 후엔 방송콘텐츠 상품에 대한 위상을 정립하기 위해 방송콘텐츠 상품을 소비자들에게 인식시켜 시장에서 자사의 제품이 독특한 위치를 차지할 수 있도록 자리 잡는 포지셔닝의 과정을 거치게 된다. 포터(Porter, 1985)가 제시하였듯이 기업들 간의 경쟁우위(competitive advantage)는 경쟁자들이 따라 하기 힘든 위치의 선점을 통해 확보될 수 있으며, 방송콘텐츠 기업의 경쟁전략은 차별화된 가치 창출활동을 통해서 독특하고 가치 있는 포지션을 선점하는 것이 핵심요소라고 볼 수 있다. 포지셔닝에서는 차별화된 방송콘텐츠 상품의 이미지를 얼마나 정확하게 고객에게 인지시키느냐가 매우 중요하다. 예를 들어, 미국의 OTT 사업자인 넷플릭스(Netflix)는 "Watch TV shows & movies anytime, anywhere"과 같은 구호(statement)를 이용하면서, 실제로 개인화, 빠른 서비스, 편리성 및 다양한 선택 등의 요소에 있어서 경쟁업체들과 비교하여 훨씬 높은 수준의 서비스를 제공한다는 포지셔닝을 함으로써 시장에서 성공을 거두었다.

방송콘텐츠마케팅의 전략

방송콘텐츠 마케팅에서도 흔히 4P(Product, Price, Place, Promotion)를 이용한 마케팅믹스 전략이 이용되고 있다. 4P 각각의 마케팅 수단을 최적의 상태로 조합하여 전략을 실행하는 것이 방송콘텐츠 마케팅의 필수요소라고 볼 수 있다. 4P를 이용하여 방송콘텐츠 마케팅 전략과 사례를 설명한다.

1) 상품전략

방송콘텐츠 상품전략은 시장에서 방송콘텐츠 상품생산 및 방송콘텐츠 상품생산이 가져올 수 있는 종합적인 편익(benefit)을 통해 소비자의 기본적인 욕구를 충족시키려는 전략을 의미한다. 따라서 상품전략은 방송콘텐츠 상품의 핵심편익, 용도, 품질, 브랜드 및 상품 이미지 등과 관련되며, 그것을 관리하는 전략과 관련된다. 구체적으로 상품전략은 방송콘텐츠의 기획, 제작, 편성 및 확보, 콘텐츠 패키지의 구성, 프로그램 이미지 및 채널 브랜드 등에 관한 전략을 포함하며(정회경, 2013), 방송사의 마케팅부서에서는 소비자의 성향과 콘텐츠 구매의도 및 콘텐츠 분석을 고려하여 방송콘텐츠 상품 패키지를 구성한다(유세경 외, 2014). 상품전략의 예로서는 방송사의 채널 브랜드 전략의 중요 요소

중의 하나인 채널 이미지를 들 수 있다. 외국 방송사의 경우, CBS는 전통적 저널리즘이 강한 방송, ABC는 가족주의 오락 채널, BBC 세계 최초의 공영방송, CNN는 세계 최고의 뉴스 브랜드라는 채널 이미지를 구축하였으며, 국내 방송사의 경우, KBS는 한국을 대표하는 공영방송, MBC는 공영성과 상업성이 혼합된 친근한 방송, SBS는 오락 중심의 상업방송, YTN은 한국의 24시간 뉴스 채널, OCN은 한국 최초의 영화 채널, tvN은 종합 오락 채널 등의 이미지를 구축하고 있다 (윤홍근, 2011).

상품전략의 다른 예로서는 방송콘텐츠의 포맷(format) 변화를 통한 소비자의 욕구와 취향을 충족시키는 전략을 들 수 있다. 포맷은 본래 출판업계에서 책의 규격을 의미하는 용어로 사용되었으나 현재는 방송과 관련하여 일련의 시리즈물 프로그램에서 각각의 에피소드를 관통하여 시리즈물 내내 변하지 않고 꾸준히 유지되는 요소들을 의미한다(홍원식 외, 2007). 국내에서는 특히 종편 채널의 등장이후 오락 장르 부문에서 포맷변화가 눈에 띄게 나타나기 시작했는데, 예를 들면, 〈꽃보다 할배〉와 같이 세대 간 발상의 전환으로 실버 세대를 통해 전 연령대의 교류를 유도하는 실버 유머, 〈먹거리 X파일〉과 같은 먹거리의 생산, 제조, 유통 과정을 소재로 하는 먹방 소재의 포맷 등이 있다(김종하, 2014). 포맷 변화를 통한 상품전략은 프로그램의 수출에도 기여 하였다. 포맷 프로그램의 수출은 그동안의 드라마 중심의 한류를 예능과 오락 프로그램으로 확장시키고 있다는 점에서 의미가 있다(한국콘텐츠진흥원, 2014b). 이러한 한류 프로그램의 포맷 수출은 그동안 주로 중국이 주가 되었지만, 2013년 이후에는 미국, 네덜란드 등으로 다변화 되고 있다(한국콘텐츠진흥원, 2014b).

2) 가격전략

가격은 방송콘텐츠 기업에게는 원가 보상과 이윤의 원천이 되고 방송콘텐츠 소비자들의 지불능력 및 구매의욕에 영향을 받게 된다. 일반적인 재화나 서비스의 경우, 소비자들의 가격 변화에 대한 수요 반응은 매우 빠른 편이고, 기업 입장에서 가격 변화는 즉시 실행 할 수 있으면서 실행에 비용이 거의 들지 않으며, 경쟁사의 대응도 매우 빠른 편이어서 중요한 마케팅 전략의 하나로 평가된다. 방송콘텐츠 가격은 방송 콘텐츠에 대한 시장 수요, 경쟁사의 가격, 대체 상품의 가격, 콘텐츠 상품의 특성 및 생산원가 등 여러 요인을 고려하여 결정하게 된다.

마케팅에서 전통적으로 이용되는 가격결정방법에는 제품원가에 표준이익을 가산하여 가격을 산정하는 원가기반 가격설정방법, 투자에 대한 목표수익률을 달성할 수 있도록 가격을 결정하는 목표수익률 기반 가격설정방법, 구매자들의 제품에 대한 지각된 가치를 기준으로 자사의 제품가격을 결정하는 고객가치 중심적 가격설정방법, 경쟁사제품에 맞추어 자사제품의 가격을 결정하는 경쟁사 모방가격설정방법 등이 있다.

방송콘텐츠 시장의 가격전략과 관련해서는 재화나 서비스를 묶음으로 판매하는 묶음판매전략(bundling)이 흔히 활용된다. 특히 케이블사업자들은 흔히 일부의 채널들은 티어(tier)로 이용할 수 있게 하거나 일부 경우에는 개별적으로 또는 묶음으로도 제공하는 묶음판매전략을 이용한다(Hoskins 외, 2004).

최근 디즈니도 2019년 디즈니 플러스 출시와 함께, 디즈니 플러스, 훌루 및 ESPN 플러스를 동시에 제공하는 결합상품을 제공하기 시작하였다. 디즈니 플러스의 가격은 월 6.99 달러지만 디즈니 플러스, 훌루, ESPN 플러스 결합상품은 월 6 달러가 추가된 12.99 달러에 제공하기 시작하였다. 최근 넷플릭스의 가격인상으로 넷플릭스 서비스 이용자가 12.99 달러 이상으로 사용하는 경우가 많아서, 디즈니의 OTT 결합상품은 소비자들에게 매우 매력적이라고 볼 수 있다(이상원, 2020).

또한, 음성, 영상 및 데이터 서비스를 묶는 결합상품도 이러한 묶음판매전략의 일종으로 이해될 수 있다. 초기에 낮은 가격을 부과하다가 점차 가격을 인상하는 침투가격설정전략(penetration pricing strategy)도 방송관련 시장에서 이용된다(Hoskins 외, 2004). 침투가격설정전략은 주로 경험재의 서비스 도입 초기에 흔히 이용되는데 넷플릭스(Netflix)나 훌루(Hulu)와 같은 OTT 서비스 사업자들은 OTT 서비스 이용 초기에 1달 또는 1주 동안 무료로 서비

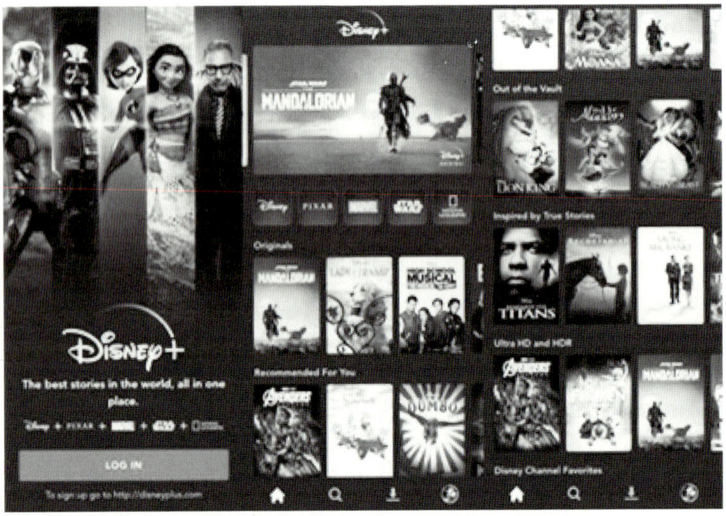

그림 6.4 디즈니 플러스 OTT 서비스.

스를 제공한 후 가격을 인상하는 전략을 이용한 바 있다. 2019년에 출시된 동영상 OTT 서비스인 애플의 애플 TV 플러스와 디즈니의 디즈니 플러스의 가격 설정은 이러한 침투가격 설정의 예라고 볼 수 있다. 애플 TV 플러스의 출시 가격은 월 4.99 달러였고, 디즈니 플러스 월 6.99 달러에 출시되었다. 디즈니 플러스의 경우 2019년 11월 서비스 출시 이전의 선주문에 관해서는 더 낮은 요금인 36개월 약정에 169.99달러(월 4.72달러)로 가격을 설정한 예도 있다.

3) 유통전략

유통전략은 방송콘텐츠 상품이 제작자로부터 최종소비자에게 빠르고 편안하게 전달될 수 있도록 전체적인 유통경로를 설계하고 관리하는 전략을 의미한다. 구체적으로 유통 전략에서는 방송콘텐츠의 유통경로, 수출입 및 전송방법 등이 결정되며, 유통과정을 통해 다양한 부가가치를 창출하는 것이 중요하다(정회경, 2013). 유통경로는 전체 유통시스템의 성과를 향상시키기 위해 파트너 관계를 형성한 방송콘텐츠 생산자, 유통업자, 최종 소비자 등으로 구성된다.

국내 방송시장의 상황을 살펴보면, 국내 방송시장에서는 케이블 방송의 도입으로 인한 유료방송 서비스가 시작되고, DMB, IPTV 등 다양한 후속매체의 등장으로 유통창구가 다원화면서 방송콘텐츠 유통에 대한 관심이 증대되고 있다(이문행, 2010). 최근에는 한류 콘텐츠의 성장과 함께 한류 콘텐츠의 유통에 관한 관심도 증가되고 있다. 국내에서의 방송콘텐츠 유통은 주로 지상파 방송사와 케이블 PP, 지역 민방, 독립제작사, IPTV 간에 이루어지고 있는데, 이중 KBS, MBC, SBS 등 지상파 방송사가 방송콘텐츠 유통 거래에서 주도적인 역할을 하고 있다(이문행, 2010). 국내방송 시장의 경우 콘텐츠 생산자인 방송사에서 제작하는 방송콘텐츠의 수가 비교적 많고 상대적으로 투자 규모가 작아 콘텐츠 생산자가 배급과 유통을 함께 총괄하는 경우 많다(유세경 외, 2014).

방송콘텐츠 유통은 생산규모가 증대함에 따라 더 많은 이윤을 창출하는 규모의 경제가 적용되는 부문이기 때문에 콘텐츠 유통을 통한 수익 창출이 매우 중요하다(김종하, 2014). 방송콘텐츠의 유통에서는 최소의 비용으로 높은 수준의 가치를 창출할 수 있는 저비용 고가치 유통구조를 만드는 것이 관건이며, 이를 위해 콘텐츠 상품이 최종 소비자에게 전달되는 유통비용을 최소화하고 고객 유치 비용을 고객집단별로 차등화하여 유통경로를 설계하고 관리하는 접근방법을 이용하기도 한다(유세경 외, 2014). 방송콘텐츠 시장에서는 유통전략과 관련하여 하나의 방송콘텐츠를 서로 다른 시점에서 서로 다른 플랫폼을 통해 제공함으로써 방송콘텐츠의 부가가치를 높이는 창구화 전략이 이용된다(정회경, 2013). 예를 들어, 지상파방송의 인기 드라마는 방송 이후에 케이블 TV, 위성방송, DMB, IPTV, OTT 서비스 등의 다양한 창구를 통해 반복해서 활용되고 캐릭터나 에니메이션과 같은 연관산업에도 이용된다. 2014년 tvN 방영된 드라마 〈미생〉은 웹툰, 도서, 모바일 웹, 케이블 TV, 캐릭터 상품 등 다양한 창구(플랫폼)에서 콘텐츠 색깔을 달리하는 OSMU(One Source Multi Use)전략 뿐만 아니라 트랜스미디어 스토리텔링이라는 차세대 플랫폼 전략 이용한 성공 사례라고 볼 수 있다.

4) 프로모션전략

방송콘텐츠 기업들은 콘텐츠 상품 및 기업에 대해 소비자가 가지는 이미지를 관리하기 위하여 콘텐츠 상품 및 기업에 관한 정보를 소비자에게 의도적으로 전달하는 프로모션 전략을 마케팅 전략의 일환으로 이용한다. 프로모션 전략은 고객에게 기업이 가지고 있는 다양한 가치 요소를 전달하고 구매를 활성화할 수 있는 가치를 제안하며, 구체적으로 광고, PR, 이벤트 및 캠페인 홍보, 사이트 판촉 활동, 할인행사, 인센티브 제공 및 프로그램 가이드 제공 등 다양한 활동을 포함한다. 이러한 다양한 프로모션 전략의 수단들은 직접적인 혜택을 제공하는 수단들과 간접적인 혜택을 제공하는 수단들로 구분될 수 있는데, 직접적인 혜택을 제공하는 방송콘텐츠 프로모션 전략은 일정 금액 이상을 구매하는 경우 보너스 패키지를 제공하는 프리미엄 서비스, 소비자들이 프리미엄 서비스를 경험하도록 유도하는 상품경험, 무료시청, 특정 콘텐츠 패키지에 대한 가격할인, 고객을 추천한 현 가입자에 대한 고객 추천 등이 있고, 간접적인 혜택을 제공하는 방송콘텐츠 프로모션 전략은 타 로열티/멤버십 서비스와 연동하여 가입자에게 혜택을 제공하는 타 회사와의 제휴 서비스, 방송콘텐츠 기업이나 프로그램의 브랜드를 알리기 위하여 운동 경기 등 이벤트 행사를 지원하는 스폰서십, 브랜드 홍보를 위하여 판매액의 일정 비율을 기부하는 기부전략 등이 포함된다(유세경 외, 2014).

이러한 프로모션 전략에는 전통적인 TV 미디어나 출판물뿐만 아니라 인터넷, 소셜미디어 및 모바일 등 다양한 뉴미디어가 활용될 수 있다. 이러한 다양한 전략을 통해 고객이 경험하고 좋은 평가 내리게 되면 방송콘텐츠 상품은 구전을 통해 추천을 받게된다. 2013년에 tvN에서 방영된 〈꽃보다 할배〉는 마케팅 비용을 최소화하고 효과를 극대화 하기 위하여 온라인 마케팅을 활용하였다. 온라인 포털을 통한 기존의 마케팅 툴을 선택하지 않고, 타겟 시청자들과의 접근성을 높이기 위해 페이스북을 활용한 마케팅 전략을 이용하였는데, 론칭 전부터 공항 출국 사진, 그 외 미방송분에 대한 사진들을 페이스북을 통해 공개하는 등 시청자들의기대감을 높임으로써 tvN 프로그램 내 첫 방송 최고 시청률을 기록하였다. 〈꽃보다 할배〉는 다시보기 매출에서도 2억원을 돌파하는 등 성공을 거두었다.

요약

방송콘텐츠 마케팅은 방송콘텐츠 목표고객을 대상으로 고객들이 매력을 느끼고 구매할 수 있는 가치 있는 방송콘텐츠를 생산하고 유통 · 판매하는 일련의 과정을 포함한다. 방송 콘텐츠 마케팅 전략은 채널 브랜드에 관한 전략 및 포맷 변화와 같은 상품전략,묶음판매전략 및 침투가격설정전략과 같은 가격전략, 창구화전략과 같은 유통전략, 다양한 광고 및 홍보전략과 같은 프로모션 전략을 포함한다.

생각해 볼 문제

1. 방송콘텐츠의 공공재적 성격은 최근의 뉴미디어 발달과 함께 어떻게 변화되고 있는가?
2. 방송콘텐츠는 범위의 경제와 어떻게 관련 되는가?
3. 방송콘텐츠는 네트워크 효과와 어떻게 관련 되는가?
4. 마케팅선략으로서 방송 콘텐츠의 상품전략에는 어떤 것이 있는가?
5. 방송 콘텐츠 마케팅전략으로서 침투가격설정전략이란 무엇인가?

참고문헌

과학기술정보통신부 · 방송통신위원회(2020). 2020년 방송산업 실태조사 보고서.

방송통신위원회(2020). 〈2020 방송매체 이용행태 조사〉. 방송통신위원회.

법제처 국가법령정보센터(2015). http://www.law.go.kr.

김이영(2001). 네트워크 재화의 표준화 경쟁. 『TIA 저널』, 77호, 한국정보통신기술협회.

김종하(2014). 『콘텐츠 마케팅』, 서울: 커뮤니케이션북스.

01

ENTERTAINMENT CONTENTS MARKETING

음악 마케팅의 특성

음악은 전 세계 엔터테인먼트 산업에서 중요한 비중을 차지한다. 국제음반산업협회(International Federation of the Phonographic Industry, IFPI)에 따르면, 전 세계 음악 시장의 규모는 2020년 기준으로 216억 달러 규모에 이른다. 이는 2019년의 202억 달러보다 6.9%늘어난 수치로 스트리밍(실시간 재생) 음원 서비스가 크게 인기를 끌게 된데 기인한다. 과거와 같이 음반을 위주로 한 시장은 큰 폭으로 축소가 되었지만 음악의 소비 형태에 변화가 있는 것이지 음악 자체에 대한 소비는 지속적으로 이뤄지고 있다. 디지털 음원은 지금도 각종 음원 사이트에서 꾸준히 매출이 발생하고 있고, 코로나19로 인해 주춤했던 콘서트 시장도 메타버스, 온라인 공연 등을 통해 재도약을 맞이하고 있다. 또한 유튜브와 같은 비디오를 통한 음악 소비도 변화의 한 단면이라 할 수 있다. 산업계에서는 새로운 비즈니스 모델을 통한 기업이 등장하는데 Spotify, Youtube, Pandora, iTunes Radio 등이 대표적인 예이다. 이들은 음악 유통에 있어 유료화를 통한 산업 성장에 기여를 하고 있다는 평가를 받고 있다.

1) 시장의 다양성

음악 시장이 빠르게 변화하면서 대중가요도 예전과 다른 마케팅 전략을 필요로 하고 있다. 음악시장은 그 특성으로 인해 일반적인 형태의 광고를 집행하기에는 무리가 따른다. 오히려 가수나 곡에 대한 간접적인 홍보나 소비자들이 주목할 수 있는 이슈 메이킹이 중요한 역할을 하는 경우가 많다. 예를 들어 MBC 〈놀면뭐하니〉에서 방영된 음원이 방송 직후 음원 시장에서 상위를 차지하는 것도 현재의 음원 시장 특성을 보여주는 대표적인 사례다. 또한, 음악 프로그램에서 과거의 곡들을 리메이크해 새로운 형태의 소비를 창출하는 것도 최근 자주 사용되는 마케팅 방법이다. 따라서 전통적인 방법에서 탈피해 유통창구의 변화와 소비 패턴의 변화에 맞는 마케팅 전략이 필요하게 되었다.

2) 음악 산업의 수익모델

전통적인 음반업계의 수익모델은 CD/음반 제작을 하고 온라인/오프라인 소매상을 통해 판매하는 것이었다. 여기에 더해 콘서트 현장 판매가 추가되는 정도였다. 이러한 단순한 수익모델에도 불구하고 종종 100만장을 넘는 밀리언셀러가 나오고, 음반 판매만으로도 수익 창출에 큰 문제가 없는 시장이었다. 하지만 음악을 소비하는 형태가 온라인으로 바뀌면서 전통적인 소비 형태에는 많은 변화가 일어났고, 디지털화된 소비는 지속 증가하고 있다. 아이러니컬하게도 1999년 이후 불법적인 P2P 사이트로 인해 음반업계는 큰 타격을 입었고, 이를 타개하기 위해 인터넷을 통한 디지털 판매를 강화하는 계기가 되었다.

3) 음악 소비시장

최근의 음악 시장의 특성으로는 먼저 오프라인 음반시장의 지속적인 하락세를 들 수 있다. IFPI의 글로벌 뮤직리포트에 따르면 지난 2001년 230억 달러에 달하던 오프라인 음반판매액은 지속 감소추세를 보이며, 2020년 42억 달러 규모로 줄어들었다. 오프라인을 떠나 디지털 음원 시장의 성장과 온라인 다운로드 판매로 일반적인 음악의 소비가 이동하였고 스트리밍 시장의 화대가 두드러지는 추세다. 실제로 2010년 전 세계적으로 6억 달러 규모이던 스트리밍 시장은 2020년 134억 달러 규모로 10년만에 20배 이상 성장하였다. 디지털화가 진행됨에 따라 음악을 소비할 수 있는 채널이 다양해지면서 새로운 소비 창구는 지속적으로 늘어날 것으로 전망된다.

02

음악 마케팅의 과정

1) 세분시장

음악은 대중음악 시장과 클래식 음악시장으로 구분이 가능하다. 이에 따라 두 시장의 타겟 소비자도 다르다. 전통적으로 클래식의 경우 제한된 소수의 소비자를 대상으로 하는 시장이었다. 클래식 음악에도 그 안에서 세분 시장이 있기는 했지만 대중음악에 비해서는 유사한 소비사 특성을 보이는 시장으로 볼 수 있다. 하지만 대중음악 시장의 경우는 보편적인 소비가 이뤄지는 특성으로 인해 훨씬 다양한 시장이 존재한다. 나이, 성별, 가치관 등 다양한 요인에 따라 세부적으로 시장을 구분할 수 있다. 예를 들어 인구통계적인 요인을 중심으로 보면 중 · 고등학생이 하나의 세분시장이 되기도 하고, 10대와 20대를 포괄하여 보다 넓은 의미로 시장을 구분하기도 한다. 현재는 이러한 젊은층 소비자 시장이 대중가요의 대표시장이다. 또한, 음악을 소비하는 미디어에 따라서도 소비자 구분이 가능하다. 지금도 LP 또는 CD를 사서 듣는 소비자들이 존재한다. 이들은 LP 또는 CD를 음악의 재생이라는 본원적인 기능보다는 소장에 더 가치를 두는 경우가 많다. 지금도 LP판을 틀어주는 카페가 인기를 얻고 있는 것을 보면 과거의 소비자라고 시장가치를 절하하는 것은 문제가 있을 수 있다. 이들도 충분히 수익을 창출할 수 있는 독자적인 세분시장이 될 수 있기 때문이다. 마지막으로 장르에 의한 구분도 가능하다. 가요를 소비하는 대중들의 실질적인 소비 측면에서 유사한 장르를 묶어 보면 크게 전통 장르, 소프트 장르, 하드장르로 구분이 가능하다. 전통장르에는 클래식, 재즈, 컨트리, 라틴 음악이 대표적이다. 소프트 장르에는 발라드, 댄스, R&B 음악이 하나로 구분된다. 하드장르에는 록, 헤비메탈, 힙합 등이 포함된다. 물론 제시된 장르의 경계 상에도 보다 세부적인 장르가 포함될 수 있고 기존에 없던 새로운 장르의 신설에 대해서도 의견이 있을 수는 있다. 소비자 마케팅 측면에서 장르를 넘나들며 다양한 음악을 소비하는 사람들도 있지만 자신이 선호하는 장르가 세분화되어 있는 것이 일반적이다.

2) 타겟팅

가요의 경우도 세분시장에 따라 소비자를 세분화하여 핵심 표적 시장을 상정하게 된다. 가장 시장규모가 크고 충성도가 높은 소비자층이 젊은 층이다. 이들은 음원을 다운로드하고 방송사 공개방송에 참석하여 선호하는 가수들의 음악을 현장에서 소비한다. 소셜미디어를 통해 가수들에 대한 정보를 적극적으로 공유하는 사람들도 이들이다. 하지만 구매력이 큰 30-40대 시장의 중요성도 간과해서는 안 된다. 대부분의 라디오 채널이 아이돌 음악 위주로 방송을 할 때 CBS의 경우 7080 가요 위주의 프로그램을 편성해 상당한 청취율을 기록하기도 했다. 이들은 음악 소비에 있어서는 제한된 시장으로 평가되기도 하지만 음악 자체나 음악 프로그램과 연계된 추가적인 마케팅에서는 그들이 가진 경제력으로 인해 큰손으로 기능하는 경우가 많다.

3) 포지셔닝

가요의 포지셔닝 전략은 기본적으로 장르를 기반으로 이루어지게 된다. 여기에 더해 음악의 성격 규정과 가수의 외모나 멤버의 숫자에 따라서도 세부적인 포지셔닝이 추가된다. 지금까지는 아이돌 중심으로 댄스 가수들이 시장의 중심으로 기능해 왔다. 이들은 주로 남성 그룹의 경우 근육질의 건강미, 여성 그룹들의 경우 섹시한 외모를 대표적인 소구 포인트로 삼는 경우가 많았다. 이러한 포지셔닝은 그 동안 한국 대중가요를 대표하는 전략으로 효과를 발휘해왔지만 보다 다양한 음악에 대한 욕구가 늘어나면서 시장에도 변화가 일어나고 있다. 최근에는 데뷔하는 많은 아이돌 그룹 중에 대중적인 인기를 누리지 못하고 시장에서 사라지는 경우가 잦아지고 있다. 시대 변화와 소비자의 요구에 따라 포지셔닝이 변화하는 경우도 있다. 트로트가 대표적이다. 과거 제한된 소비자 층으로 인해 트로트는 미디어에서 큰 주목을 받기 어려웠지만 2020년대 들어 큰 인기를 얻은 다양한 트로트 가수 오디션 프로그램은 트로트 장르의 새로운 포지셔닝에 결정적인 기여를 했다. 특정 계층만을 대상으로 한 음악에서 전 국민이 함께하는 음악으로 새롭게 포지셔닝한 트로트는 음악 마케팅에 있어 좋은 선례가 될 수 있다.

03

ENTERTAINMENT CONTENTS MARKETING

음악마케팅 전략

1) 상품전략

(1) 브랜드 전략

가수나 그룹들의 상품전략 중 가장 우선되는 것은 이름을 정하는 것이다. 가수들은 자신의 본명을 사용하기도 하고 예명을 지어서 사용하기도 한다. 예명을 사용하는 경우는 단순히 어감이 좋은 새로운 이름을 선택하거나 브랜드 관리 차원에서 보다 전략적인 의미가 숨어있는 경우도 있다. 대부분의 경우 팬들이 쉽게 기억하고 연상을 도와주는 의미를 포함시키는 것이 일반적이다. 이름의 형태의 경우도 소녀시대와 같이 한글 이름으로 네이밍을 하는 경우, EXO와 같이 영어로 된 네이밍으로 나누어 볼 수 있다. 또한 멤버들의 혈액형을 기반으로 네이밍한 B1A4와 같이 영문과 숫자를 조합한 그룹도 있다. HOT와 EXID는 각각의 영문을 발음하는 것을 기본으로 하며 '핫'이나 '엑시드'라고 발음하면 팬들에게 문화적인 코드를 침범하는 것으로 인식되어 비판을 받기도 한다.

(2) 아이돌 그룹

가수를 만들어내는 가장 대표적인 상품전략은 아이돌 그룹 시스템이라 할 수 있다. 캐스팅 및 오디션을 통해 선발 후 연습생을 거쳐 무대에 데뷔하는 것이다. 하지만 음악의 상품전략을 논의하기 전에 가수에 대한 전략과 음악이라는 상품에 대한 전략은 구분이 필요하다. 현실적으로 아이돌 그룹 중에는 노래를 잘 하지 못하는 멤버가 포함되는 일도 있다. 그룹으로 데뷔하는 팀의 구성원 중에 이후 배우로 활동할 계획을 가지고 만들어지는 경우도 많기 때문이다. 현재는 시장의 다양화와 전략의 다변화로 인해 예전과 같이 큰 인기를 끄는 걸그룹이나 보이그룹의 성장이 점점 어려워지고 있는 현실이다.

(3) 오디션 프로그램을 통한 가수 발굴

TV채널에서 편성하는 오디션 프로그램을 통해 가수를 선발하는 것이 한때 유행처럼 번지기도 했다. Mnet에서 시작한 슈퍼스타K의 폭발적인 인기와 함께 지상파 채널들도 유사한 프로그램을 편성하고 이는 다양한 형태로 확대 재생산되었다. 여기에서 입상한 사람들은 정식으로 가수로 데뷔하거나 배우로 활동하는 등 전체적으로 연예인의 새로운 등용문으로 기능을 하였다. 이후에 KBS에서는 그룹사운드를 대상으로 하는 오디션 프로그램을 편성하였고 다른 케이블 채널에서는 디자인 오디션 프로그램, 광고제작 오디션 프로그램 등 다양한 분야로 확대되었다.

(4) 예능 프로그램 음원

과거와 달리 음악 분야에서도 TV인기 프로그램이 영향력을 높이고 있다. 예능프로그램의 음원 발표를 대중화한 것은 무한도전 가요제로 무한도전의 멤버들과 가수들이 팀을 이뤄 신곡을 발표하면 많은 관심을 받게 되고 실질적인 음원 다운로드로 이어졌다. 최근에는 놀면뭐하니 등과 같은 프로그램에서도 이러한 움직임이 지속되고 있다. 여기서 소개되는 곡들은 시장에 새롭게 등장하는 곡으로 기존 가수들이 발표하는 신곡과 같은 역할을 하게 된다. 가수가 아닌 사람들이 곡을 발표하는 것에 대해 부정적인 의견도 있지만 누가 만들었다는 것이 중요하지 않고 그러한 음악을 소비자들이 선택을 한다는 점에서는 이러한 현상을 인정하고 이해하려는 노력이 필요한 현실이다.

(5) 뮤직비디오

뮤직비디오는 비주얼 시대에 하나의 새로운 음악 소비 형태이다. 보통 앨범이 발표되면 5-10곡 정도의 곡이 포함되는데 그 중 한곡을 골라 뮤직비디오를 제작하는 것이 일반적인 전략이다. 이는 유튜브와 같은 영상 채널에 음악을 유통시키는데 중요한 소재로 활용된다. 방송에서도 채널이 증가하면서 콘텐츠에 대한 수요가 늘어나는 현실에서 뮤직비디오는 콘텐츠로서도 의미를 가진다. 최근에는 뮤직비디오를 메타버스라 불리는 가상공간에서 공개하는 경우도 있다. BTS, 블랙핑크, ITZY 등이 가상공간에서 뮤직비디오를 공개해 큰 화제를 모으기도 했다.

(6) 팝 음악

예전에는 해외의 음악 특히 미국의 팝음악이 청소년들에게 많은 사랑을 받았다. 그 당시는 오히려 가요를 듣는 사람들의 비중이 절대적이지 않았다. 최근에는 반대로 가요의 인기몰이로 인해 팝음악은 상대적으로 충성도가 있는 소비자에 의해 한정적으로 소비되고 있다. 하지만 음악의 완성도 면에서나 글로벌 측면에서 볼 때 팝 음악은 중요한 콘텐츠이며 국내 시장을 대상으로 하는 해외 음악의 상품 전략에서 의미를 가진다.

(7) 일본 가요

일본에서 생산되는 J-pop도 하나의 중요한 가요 상품 중의 하나이다. 예전에 일본의 대중문화에 대한 규제로 인해 일본에서 생산된 모든 음악을 수입할 수 없어 음성적으로 유통되었지만 현재는 다양한 유통 창구를 통해 소비되고 있다. 한국의 K-pop과는 유사하면서도 일본의 문화적인 독특함이 묻어나는 음악이라 할 수 있다. 국내에서도 수많은 일본 뮤지션들이 인기를 얻고 있다. 일본에 대한 한국의 인식과는 별개로 일본 문화산업의 저력을 고려하면 일본가요도 성장성이 있는 콘텐츠라고 할 수 있다. 특히 일본에서 강점을 보이는 애니메이션이나 기타 콘텐츠에도 음악이 많이 사용되어 이에 대한 소비도 많이 이루어진다.

(8) 뮤지컬 음악

뮤지컬은 음악과 공연이 복합적으로 생산, 소비되는 예술 형식이다. 뮤지컬을 엔터테인먼트 콘텐츠 상에서 구분해보면 공연에 가깝지만 이는 뮤지컬의 전체적인 소비에 있어서의 구분일 뿐 뮤지컬 음악을 따로 소비하는 경우가 많기 때문에 대중음악의 상품 카테고리에서 언급이 필요하다. 뮤지컬 음악은 클래식과 대중음악의 경계에 있다. 뮤지컬 가수들도 대중음악을 하는 사람들도 있고 성악을 전공한 사람들도 있다. 하지만 뮤지컬 음악의 소비형태를 보면 대중음악으로 보는 것이 타당하다.

2) 가격전략

예전과 같이 LP나 CD형태의 앨범을 발매하던 시절에는 가격에 대한 논의가 수월했지만 현재와 같이 다양한 창구에서 음악이 소비되는 경우 가격을 따로 떼어서 설명하는데 어려움이 있다. 소비자들에게 여러 가지 선택이 생겨서 싱글곡들을 곡별로 구매하기도 하고 스트리밍 서비스의 경우 월정액을 내고 일정한 숫자 또는 무제한으로 곡을 다운받을 수도 있다.

(1) 간접적인 가격

곡 자체를 소유하거나 듣는 경우 이외에도 많은 창구를 통해 음악이 소비된다. 노래방에서 자신이 좋아하는 노래를 부르는 경우도 대표적인 소비형태로 이 또한 저작권 단체를 통해 저작권자에게 수익이 돌아가게 된다. 방송사의 경우 음악 프로그램 이외에도 많은 프로그램에서 음원을 사용하게 되는데 이때 사용되는 음악들도 다른 분야에 비해 저렴하기는 하지만 턴키 베이스로 저작권자들에게 음악 사용에 대한 비용 지불이 되고 있다.

(2) 광고를 통한 무료모델

해외의 경우 spotify와 같이 광고를 시청 또는 청취하고 음악을 무료로 들을 수 있는 서비스를 제공하기도 한다. 하지만 저렴한 가격으로 음악을 들을 수 있는 국내의 시장환경으로 인해 이러한 광고를 통한 수익모델은 국내에서는 소비자들이 거부감을 가지는 경우가 많아 잘 활용되지 않는다. 하지만 콘텐츠의 가치에 대해 합당한 과금이 자리를 잡게 되면 광고를 보거나 듣고 그에 대한 대가로 이후에 음악을 듣는 무료 비즈니스 모델이 국내에서도 자리를 잡을 수 있을 것이다.

3) 유통전략

국내 음악 시장은 디지털 음원을 통한 유통이 일반적인 방식으로 자리를 잡았다. 특히 아이폰의 등장 이후 스마트폰이나 여타 모바일 환경의 태블릿 기기를 통한 소비로 수렴되는 양상이다. 이는 음악 자체의 변화라기보다는 소비 기기가 진화하면서 콘텐츠 소비를 변화시키는 것으로 이해할 수 있다.

(1) 앨범 판매

과거에는 앨범을 낸다는 것이 가수들의 음악활동이었으며 하나의 앨범에 담을 곡을 선정하고 앨범 내에서 첫 번째 곡을 무엇으로 할지가 중요한 고려사항이었다. 물론 현재도 예전과 같이 앨범을 구매하는 소비자들은 존재하지만 일반적인 소비형식은 아니다. 실증연구에 의하면 음악을 듣는 소비자들에게 CD구입에 대해 질문하였을 경우 7점 만점에 1.76점에 불과한 것으로 나타난다. 하지만 앨범이 프로모션의 도구로 활용되기도 한다. 일본에 진출한 한류스타들이 사인회를 여는 경우 앨범에 프로모션으로 포함된 증빙을 통해 팬들과 소통하기도 한다. 이럴 경우에는 좋아하는 가수를 만나거나 사인을 받기 위해 앨범 구매가 이뤄져야하기 때문에 여러 장을 구매하는 경우도 있다고 한다. 이러한 특별한 경우를 제외하고 앨범을 매하는 소비자는 많지 않은 것이 현실이다. 다만 최근 들어 복고, 레트로 등이 인기를 누리며 LP 판매량이 증가하고 있는 것은 고무적이다. 또한, 마케팅을 위해 다채로운 색상과 디자인을 지닌 앨범을 판매하고 있으며, '한정 수량 제작' '한정판' 등의 수식어를 활용해 구매자들을 자극하는 전략이 등장하고 있다.

(2) 음원 판매

현재는 디지털 음원과 관련한 수입의 50% 이상이 스트리밍 서비스를 통해 발생하고 있다. 대표적인 서비스가 Melon, genie, VIBE 등이다. 이러한 서비스의 수익은 음원 권리자가 약 60%를 가져가고 서비스를 운영하는 플랫폼이 약 15%정도의 수익을 나누고 결제대행업체가 결제수수료 명목으로 7-8% 정도를 가져간다. 나머지는 시스템 유지비용 등으로 사용된다. 약 23.5%의 소비자의 경우 스트리밍과 다운로드를 결합한 형태로 서비스를 이용하고 있고 15% 내외의 소비자는 다운로드 서비스만을 이용하고 있는데 이 경우 수익의 30% 정도를 판매사가 가져가고 나머지는 음반사에게 지불하는 것으로 알려져 있다.

(3) 유튜브

유튜브는 이제 영상물 소비자의 가장 핵심적인 채널이 되어가고 있다. 한국콘텐츠진흥원에 따르면 온라인 음악 서비스를 이용하는 소비자 중 58.4%가 유튜브를 활용하는 것으로 나타났다. 유튜브는 기존의 전통미디어와 달리 정확한 데이터를 기반으로 이용자 수 집계가 가능한 장점이 있으며, 제작자가 올린 유튜브 영상은 클릭 수에 따라 광고수익이 분배된다. 예를 들어 유튜브 내에 실리는 광고의 CPC 모델의 경우 1번 클릭에 100원 수준의 광고비를 지불해야 한다.

(4) 팟캐스트(podcast)

개인들이 제작해서 올리는 팟캐스트도 새로운 음악의 유통 채널이 되어 가고 있다, 다만 이 경우 저작권 문제로 음악을 많이 사용하지는 못하고 토크 서비스를 많이 제공하고 있다. 여기에 광고를 유치하여 하나의 수익모델로 활용하고 있다. 또한, 유튜브 음원 시장의 확산으로 인해 이에 대응하기 위한 방법으로 팟캐스트가 활용되기도 한다. spotify, 애플뮤직 등이 팟캐스트로 시장을 확장하기 시작한 것이 그 예가 되겠다.

(5) 공연

대중음악의 소비 형태는 다양하게 나타나며 음원을 통해 듣는 경우와 공연장에서 직접적인 참여 형태로 음악을 듣는 경우로 나눌 수 있다. 공연장에 참여한다는 것은 상당한 시간적, 경제적 투자가 동반되는 것으로 현장에 참여하여 느끼는 현장성이 중요한 요인으로 작용한다. 공연장에서 음악을 듣는 경우는 음악 자체 외에도 여러 부가적인 만족감을 경험할 수 있기에 음악 소비의 핵심적인 유통창구이다. 미디어에 등장하는 가수의 숫자는 제한적이지만 지금도 공연장에서 자신만의 음악을 하는 사람들이 많은 실정이다. 다만 코로나19로 인해 공연 업계는 상당히 축소되었으며, 이로 인해 비대면 음악 공연이 활성화되고 있는 추세다. 실제로 코로나19 이후 비대면 음악공연 결제 의향을 묻는 설문에 응답자의 39.5%가 매우 의향 있음 또는 의향 있음으로 답한 것으로 알려졌다(한국콘텐츠진흥원, 2020).

4) 프로모션 전략

(1) 팬덤

가수나 음원에 대한 소비에 있어 중요한 이용자는 팬들이라 할 수 있다. 마케팅 현장에서 충성적인 소비자 20%가 수익의 80%를 창출한다는 이야기는 사실로 받아들여진다. 이러한 충성적인 소비자를 일컫는 말이 팬이다. 최근에는 디지털 미디어가 보편화되면서 일반 제품들도 소비자라는 표현을 쓰기보다는 팬이라는 표현을 종종 쓰고 있다. 과거에 불특정 다수의 낯선 이들과 커뮤니케이션하던 유료(paid) 미디어 시대에서 소비자들과 상호작용하는 소유(owned) 미디어 시대, 그리고 이제는 획득된(earned) 미디어를 통한 팬과의 소통 시대로 접어든 것이다. 이제는 일반 제품들도 자신들의 이미지와 소비자 관계를 중시하는 시대에 대중음악을 하는 사람들은 더욱 팬들과 소통하고 이들과 관계를 유지하는 것이 핵심적인 일이 되었다. 일정부분 부작용이 있기는 하지만 소셜미디어를 통한 커뮤니케이션도 팬들과의 소통을 위한 도구로 중요하게 이용된다.

(2) 팬미팅

팬들에게 지속적으로 관심사를 제공하고 우호적인 지지자로 관리하기 위해서는 정기적인 오프라인 모임도 자주 활용된다. 디지털화된 미디어나 소스를 통해 충분히 커뮤니케이션이 가능하지만 직접적인 대면을 통한 소통은 팬들과의 관계 강도를 높이는데 중요한 요인이다. 여기서 신곡에 대한 이야기를 언급하거나 향후 활동에 대한 중요 정보를 제공하는 것이 일반적이다. 가수들의 생일에 팬들이 의미 있는 파티를 열어주는 것은 이제 연예정보 프로그램에서 쉽게 접할 수 있는 기삿거리들이다.

(3) 신곡발표회

일반적으로 가수들에게 언론의 관심이 지속되는 것은 아니다. 오히려 부정적인 사건이 생겼을 경우 해당 가수들을 찾는 경우가 더 많다고 할 수 있다. 이렇듯 언론의 관심을 받기 쉽지 않은 현실에서 새로운 곡을 발표한다는 것은 뉴스가치를 지니게 된다. 따라서 하나의 파급력 있는 이벤트로 신곡발표회를 준비하는 것이 홍보 차원에서 의미 있는 이벤트가 되었다. 또 한 가지 전통적인 프로모션과 차별화되는 사례가 EXID의 경우이다. 거리공연에서 일반인이 유튜브에 올린 영상을 통해 인기를 얻은 경우이다. 이러한 성공을 바탕으로 대중들의 관심을 받기 위해서 신인들은 물론 길거리에서 신곡을 발표하는 기존 가수들이 늘어가고 있다.

(4) 연예프로그램 홍보

보통 신곡이 발표되면 멤버들의 예능 프로그램 출연이 잡힌다. 다양한 예능프로그램에서 자신들의 신곡을 홍보하게 된다. 이는 영화의 경우도 마찬가지로 프로그램에서는 인기 스타를 섭외하고 연예인들은 자신의 새로운 콘텐츠를 홍보하는 공생의 관계가 만들어낸 비즈니스적인 결과물이다.

(5) 예능 프로그램을 통한 재활성화

무한도전의 '토요일 토요일은 가수다'와 같은 프로그램에서 과거 유행하였던 곡들에게 다시 한 번 생명력을 불어넣어 새로운 소비를 일으키기도 하였다. 또한, JTBC의 '히든싱어'나 MBC의 '복면가왕'도 과거 가수들의 곡들을 현재의 소비자에게 알려주어 직접적인 재소비로 이어지는 경우가 많다. 이 경우 실시간 검색어에 최상위권을 차지하는 것은 일상적인 일이 되었다. 따라서 대중음악의 경우 방송 콘텐츠와의 협업이 중요한 프로모션 도구가 되었다.

(6) 노이즈 마케팅

음악이 기본적으로 전통적인 광고나 홍보를 통해서 알려지는 시장이 아니라는 특성으로 인해 다소 부정적인 이슈를 통해 그 존재를 알리는 경우가 종종 있다. 가수들이 발표하는 뮤직비디오에 인위적으로 논란이 되는 존재를 삽입하는 것이 그것이다. 뮤직비디오에 직접적으로 초자연적인 존재를 넣는다거나 신곡의 녹음과정에서의 귀신을 보았다는 괴담 등이 대표적이다. 이러한 사실이 보도자료를 통해 배포가 되면 소비자들은 관심을 가지고 최소한 그러한 곡에 대한 인지가 이뤄져 1차적인 마케팅 목표는 달성이 되는 것이다.

(7) 역주행

2021년 음악 산업의 화두는 단연 역주행이다. 역주행은 대중적인 인기를 누리지 못했던 앨범이 시간이 지난 후 재조명 되어 음원 차트, 음악 방송 등의 순위가 상승하는 현상을 뜻하며, 브레이브 걸스의 롤린이 대표적인 사례다. 브레이브 걸스는 2011년 데뷔한 걸그룹으로 멤버의 교체를 거쳐 2016년 2기 체제가 출범했다. 2017년 3월 발매한 Rollin'은 흥행에 실패했으나 2021년 유튜브 채널에서 화제가 되며 상황이 급반전 했고 각종 음원차트를 석권하기에 이르렀다. 이러한 현상에는 소셜미디어가 중요한 역할을 한다. 예를 들어 브레이브 걸스의 경우 유튜브에서 댓글모음 영상이 인기를 끌며 새롭게 주목을 받게 되었다.

(8) 글로벌 마케팅

국내 대중가요를 글로벌 차원에서 마케팅하는 것은 한류로 설명할 수 있다. 한류 음악은 해외에서도 많은 소비가 일어나고 있어 국내 시장에서의 소비를 위주로 하던 과거에는 전혀 신경 쓰지 않았지만 현재는 전략적인 글로벌 마케팅의 필요성도 제기되고 있다. 물론 현재의 한류는 중국을 중심으로 아시아지역에 제한하여 진출하는 것이 일반적이어서 아시아 마케팅에 중점을 두고 있다. 하지만 한류의 영역은 점차 확대되는 추세이며, 세계적인 인기를 누리는 가수들의 경우 국내와 해외에서 동시에 음원들 공개하는 프로모션 전략을 펼치기도 한다.

요약

음악은 엔터테인먼트 산업에서 중요한 시장을 형성한다. 국내 시장은 아이돌 그룹의 중심으로 시장이 형성되어 있으며 유통의 경우 디지털 미디어를 이용하는 음원 판매가 중심을 이루고 있다. 놀면 뭐하니, 무한도전과 같은 방송프로그램을 통한 음원의 제작이나 유통은 한국 시장의 특성을 보여주는 사례이다. 또한, 대중음악 프로그램은 통해 과거 음아인들이 새롭게 주목을 받는 것도 최근의 트렌드다. 대중음악의 프로모션은 팬덤을 중심으로 이루어지며 가수들의 영향력을 활용한 프로그램 출연과 같은 간접적인 홍보 전략이 많이 사용된다. 한류에 대한 관심과 함께 음악 콘텐츠는 글로벌 시장을 목표로 한 제작과 마케팅 전략이 필요하다.

생각해 볼 문제

1. 국내 대중음악 시장에 있어 아이돌의 영향력은 어떠한가?
2. 음원 유통에서 노이즈마케팅의 사례는 무엇인가?
3. 인기를 끌던 오디션 프로그램의 쇠퇴가 의미하는 것은 무엇인가?
4. 댄스 이외의 장르에 대한 소비자 욕구를 해결하는 방안은 무엇인가?
5. 아이돌 그룹에서 외국인 멤버 영입의 마케팅적 효과는 무엇인가?

참고문헌

한국콘텐츠진흥원(2020). 2020 음악 산업백서

CHAPTER

08

게임콘텐츠 마케팅

제8장에서는 게임콘텐츠 마케팅을 진행하기 위한 기본적인 준비사항과 STP 전략, 4Ps를 중심으로 한 마케팅 믹스 전략을 설명하고 있다. 게임콘텐츠 마케팅에 필요한 기본 개념과 게임산업의 분류, 게임콘텐츠 특징과 산업현황, 그리고 게임산업 가치사슬 구조에 대해 짚어본 후 본격적인 게임콘텐츠 마케팅의 시작인 상황분석의 요소를 제시하였다. 이후 게임콘텐츠 마케팅을 위한 STP 분석 과정을 시장세분화, 타겟팅, 그리고 포지셔닝 전략으로 나눠 제시했고 이어서 제품전략, 가격전략, 유통전략, 프로모션 전략을 순서대로 설명하고 있다.

게임콘텐츠와 게임산업, 게임산업 가치사슬

게임콘텐츠는 영상과 웹툰, 음악 등 타 콘텐츠와 유사하게 비교적 젊은 이용자가 많은 산업이지만 게임 세부 장르에 따라 연령별 이용층과 선호도가 다르다. 또한, PC게임, 모바일게임, 콘솔게임 등 게임의 분류에 따라 충성도가 높은 고객이 별도로 존재해왔던 산업이며, 국내와 해외의 산업 지형과 이용자들의 이용패턴 역시 다양해 쉽게 일반화 할 수 없는 산업이다. 게임산업 내 가치사슬 역시 게임의 분류에 따라 다르게 구성되어 있는, 매우 스펙트럼이 넓고 복잡한 산업이 게임산업이기 때문에 게임콘텐츠 마케팅의 시작을 위해서는 기본적인 게임콘텐츠 및 게임산업에 대한 이해가 우선되어야 한다.

1) 게임콘텐츠의 개념과 분류

게임(Game)은 엔터테인먼트와 가장 직접적으로 관련이 있는 콘텐츠라고 할 수 있다. 게임을 하는 사람은 오락과 성취감, 그리고 휴식을 위해 게임을 하고, 때로 현실도피를 목적으로 이용하기도 하지만 이 모든 것은 결국 개인의 즐거움의 추구로 귀결이 된다. 인간은 아주 오래 전부터 개인의 즐거움을 추구하기 위해 여러 형태의 놀이(play)를 만들고 즐겨 왔는데, 게임이 즐거움을 추구하는 놀이의 한 가지라면 게임의 형태는 매우 다양할 수 있다. 가위바위보나 공기놀이, 술래잡기와 같은 간단한 놀이도 게임이고 장기와 바둑 등과 같은 복잡한 놀이도 게임이며 도박(gambling)도 게임으로 볼 수 있다. 또한, 우리는 야구와 축구, 농구와 배구, 육상과 수영 등 스포츠 종목도 게임으로 부르기도 한다. 그러나 이 장에서 말하는 게임은 그 범위를 다음과 같이 한정하고자 한다. 〈게임산업진흥에 관한 법률〉 제2조(정의)에는 게임물에 대해 "컴퓨터프로그램 등 정보처리 기술이나 기계장치를 이용하여 오락을 할 수 있게 하거나 이에 부수하여 여가선용, 학습 및 운동 효과 등을 높일 수 있도록 제작된 영상물 또는 그 영상물의 이용을 주된 목적으로 제작된 기기 및 장치를 말한다"라고 정의하고 있어 게임을 앞서 언급한 놀이, 도박, 그리고 스포츠와 구별하고 있다. 즉, 우리가 살펴볼 게임은 PC, 스마트폰, TV와 같은 전자적 디스플레이와 온라인 · 모바일 전송수단 등에 의해 영상으로 구현되는 것을 뜻하며 일반적으로 PC게임(온라인게임), 모바일게임, 콘솔게임, 그리고 아케이드게임 등을 떠올리면 될 것이다. 그렇지만 게임의 형태는 기술의 발전과 융복합화에 힘입어 날로 다양해지고 있어 게임의 분류와 정의 역시 변화될 것으로 예상된다.

〈표 8.1〉의 게임산업 분류는 게임이 유통되는 플랫폼의 특성이 반영된

표 8.1 플랫폼 유형별 게임 분류

구분		정의
PC게임	온라인게임	인터넷 등 네트워크를 통해 서버에 접속, 진행하는 게임
	PC 패키지게임	온라인 스토어(스팀(Steam), 오리진(Origin) 등)에서 구매하여 다운로드 및 설치를 통해 진행하는 게임, 또는 CD, DVD의 저장장치를 통해 유통되는 PC 패키지게임
모바일게임		스마트폰 등 휴대용 단말기를 통해 제공되는 게임으로 앱을 다운받아 이용
콘솔게임		TV나 모니터에 게임 전용 기기(콘솔)를 연결하여 이용하거나 휴대용 게임 전용 기기로 이용하는 게임. 콘솔은 게임기 본체와 고유의 조작 기기(컨트롤러)로 구성.
아케이드게임		기존 오락실과 같은 게임장에서 제공되는 게임. 특정 게임을 위한 전용기기가 제작되며, 조이스틱이나 체감형 장치(총, 자동차 핸들 등)를 통해 게임을 진행

*출처: 한국콘텐츠진흥원 〈2020 대한민국 게임백서〉(2020a), 삼정KPMG(2018) 내용 재구성

입소문 마케팅이 큰 영향을 미칠 수 있다. 그리고 이전의 유사경험에 의지해 게임제품을 구매하는 경향이 있다는 점은 메가 히트작이 나타날 경우 유사 게임들이 범람하게 되는 경우가 많아 경쟁이 심화되는 상황이 발생하기 쉽다는 것을 의미하기도 한다. 한편, 게임제품이 경험재의 특성을 가진다는 것은 만약 게임개발사가 이전의 트렌드가 아닌 새로운 게임으로 영역을 개척해 이용자를 모을 수 있다면, 즉 새로운 트렌드를 개척할 수 있다면 선두 기업으로서 비즈니스 측면에서 큰 성공을 거둘 수 있다는 의미도 된다. 이에 게임개발사들은 게임 이용자들의 이용 패턴을 읽고 수요를 예측해 새로운 게임을 개발하기 위한 노력을 게을리 하지 않는 것이다. 마지막으로 게임제품은 인터넷 기반의 네트워크를 활용한 네트워크재의 특성을 가진다. 네트워크재의 의미는 규모의 경제(economies of scale)와 유사한데, 네트워크상에서 게임제품을 소비하는 이용자가 또 다른 소비를 일으키고, 이게 연쇄반응을 일으키는 특성을 일컫는다고 할 수 있다. 일찍이 전략 시뮬레이션 게임인 스타크래프트(Starcraft)의 배틀넷을 상기하면 쉽게 이해가 될 수 있으며, 아는 지인들과 경쟁하며 순위를 상승시키기 위해 노력하며 아이템을 얻기 위해 SNS로 연계되어 있는 지인들에게 문자메시지를 보내 게임에 참여케 하는 SNS 기반의 모바일게임도 게임제품이 네트워크재의 특성을 가진다는 것을 분명히 보여주고 있다. 추가적으로, 규모의 경제와 관련해서 게임제품은 초기 제작비용이 많이 들지만 이후 생산비용이 적게 들어가기 때문에 초기 이용자를 많이 확보하면 할수록 전체 평균비용이 감소해 이득을 보는 규모의 경제 법칙이 적용된다. 이러한 측면에서 새로운 시장, 특히 유사한 게임이용 패턴을 보이는 해외시장으로의 진출은 게임업체로서는 가장 먼저 생각해야 하는 기본전략이다.

지금까지 살펴본 이러한 게임콘텐츠의 특성들을 분석해 게임마케팅에 적용하기는 점차 쉽지 않은 상황인데, 게임산업의 환경과 게임이용자가 빠르게 변화하고 분화되고 있기 때문이다. 이제 게임을 개발하고 유통하는 개발사와 퍼블리셔들은 게임 자체의 특성과 함께 디바이스와 전송방식의 특성을 반영한 보다 세분화된 이용자들의 인구통계학적 분석을 해야 하며, 다양한 비즈니스 모델에 대한 선호와 그에 따른 프로모션까지 고려해야 한다. 특히 메타버스(Metaverse)나 블록체인(Blockchain) 기술을 접목한 게임 등 전혀 다른 환경과 기술을 이용한 게임들의 출현은 게임 콘텐츠의 특성을 더욱 일반화하기 어렵게 만들고 있다.

3) 게임산업 현황

(1) 국내 게임산업

국내 게임산업은 현재 온라인게임을 포함한 PC게임에서 모바일게임으로 그 점유율의 우위가 넘어간 상황이며 최근에 들어 콘솔게임의 성장세가 높다. 모바일게임의 성장은 스마트폰의 확산과 5G 기술 등 모바일기술의 혁신에 기인하고 있으며, PC · 온라인게임과 모바일게임, 콘솔게임의 구분이 점점 없어지고 있는 크로스 미디어 흐름과도 관련이 있다. 예를 들어 PC · 온라인에서만 가능했던 NC의 〈리니지〉는 〈리니지M〉으로 모바일 환경에서도 이용할 수 있는데, 스마트폰과 기술이 점점 더 발전하면 할수록 PC · 온라인과 콘솔에서만 가능했던 고사양 게임이 모바일에서 가능해질 것이므로 이런 현상은 지속될 것으로 진망되고 있다.

이러한 게임산업의 변화는 통계 수치를 통해 확인할 수 있다. 한국콘텐츠진흥원의 〈2020 대한민국 게임백서〉(2020a)에 따르면, 2019년 게임제작 및 배급업과 게임 유통업(PC방, 아케이드 게임방)을 합친 국내 게임시장 전체 규모는 15조 5,750억 원으로 2018년 대비 9.0% 증가했다. 게임산업은 지난 2010년부터 2019년까지 연평균 9%대에 달하는 성장세를 보이고 있는데, 우리나라 게임산업의 성장을 PC · 온라인게임이 이끌었다면 2017년 이후 모바일게임을 중심으로 성장축이 이동했다. 2019년 기준 국내 전체 게임시장에서 모바일게임이 49.7%, PC게임이 30.9%의 점유율을 기록하고 있고, 콘솔게임이 4.5%, 아케이드게임이 1.4%의 비중을 차지하고 있다. 게임유통업의 비중은 13.1%이며 전년 대비 소폭 증가한 것으로 나타났다. 전반적으로 PC게임의 경우 점점 그 비중이 줄어들고 있는데, 2018년 35.1%에 비해 감소폭이 큰 반면 모바일게임은 2018년 46.6%에서 3.1%p 점유율 증가를 기록, 2020년에는 전체 게임산업에서 차지하는 점유율이 50%가 넘을 것으로 예상된다. 게임 유통업을 제외한 플랫폼별 점유율만 계산한다면 모바일게임의 점유율은 57.5%로 PC게임의 35.7%를 훌쩍 뛰어넘고 있다. 콘솔게임은 2019년에 전년 대비 31.4%, 아케이드게임은 20.6% 성장한 것으로 나타나고 있으나 아직 국내 전체 게임시장에서 차지하는 비중은 낮다.

향후 국내 게임산업의 전망은 모바일게임의 성장 모멘텀 유지, PC게임의 반격, 그리고 콘솔게임의 지속 성장으로 요약할 수 있다. 게임산업은 2020년부터 이어지고 있는 코로나19의 지속 속에서 성장이 예상되는 산업 중 하나이며 특히 크로스 플랫폼(cross-platform) 전략의 확산으로 인해 모바일, PC, 그리고 콘솔게임의 시장은 서로 경쟁과 보완을 통해 계속 확장되어 나갈 것으로 보인다. 반면 아케이드게임은 19년 성장세에도 불구, 20년 코로나19 확산과 지속으로 인해 피해를 직접적으로 보고 있어 마이너스 성장이 예상되며 회복 가능성이 매우 더딜 것으로 전망되고 있다.

(2) 해외 게임산업

세계 게임산업 역시 모바일게임의 성장과 점유율이 계속 증가하고 있다. 한국콘텐츠진흥원의 〈2020 대한민국 게임백서〉(2020a)에 따르면, 2019년 세계 게임시장 규모는 전년 대비 5.0% 증가한 1,864억 9,100만 달러이며, 모바일게임은 전체 게임산업의 39.3%를 점유하였다. 그 다음은 콘솔게임으로 24.9%의 점유율을 보이고 있었고 아케이드게임이 18.1%, 그리고 PC게임이 17.6% 순이었다. 국내 시장과 다른 점은 콘솔게임이 제2의 시장이라는 것과 PC게임의 점유율이 아케이드게임의 점유율보다 낮아 가장 낮은 점유율을 보이고 있다는 점이다. 전반적인 산업 추세는 젊은 층 인구가 많은 개발도상국들에서 스마트폰 확산이 계속되고 있는 점과 모바일 전송기술의 발달이 선진국에서 개발도상국으로 확산되고 있다는 점에서 결국 모바일게임이 전 세계 게임산업의 성장을 이끌어 갈 것이라고 예상할 수 있다. 권역으로 구분해서 보면 세계 권역별 게임시장에서 점유율이 가장 높은 지역은 아시아 권역이며(43.3%), 유럽이 33.0%, 북미가 22.1% 점유율을 차지하고 있었다. 모바일게임 시장을 선도하고 있는 한국과 중국 게임산업의 성장으로 아시아권의 점유율은 지속 상승할 것으로 전망된다. 국내 시장과 마찬가지로 모바일, 콘솔, PC게임의 경계가 사라지는 크로스 플랫폼 현상이 클라우드 서비스 발전으로 더욱 확산될 것으로 보이며, 다양한 비즈니스 모델과 과금시스템 도입, 증강현실 등 실감기술 적용, 코로나19 확산에 따른 환경변화로 성장하는 이스포츠(e-sports)가 향후 산업 변화의 변수로 작용하고 있다.

(3) 게임산업의 특징

앞서 살펴본 바와 같이 게임산업은 코로나19 시대를 지나면서 산업의 강점을 그대로 보여주고 있는데, 기술의 발전과 궤를 같이하면서 성장하는 산업, 젊은 이용자들을 끌어들이기 유리한 산업, 그리고 세계 시장에서의 이용자들과 인터넷 네트워크를 통해 상호작용하기 쉬워 수출에도 유리한 산업이다. 이러한 특성을 간단히 요약하면 게임산업은 ① 고부가가치 · 지식집약적 산업, ② 타 산업과의 연계성이 높은 산업, ③ 수출 주도형 산업, ④ 고위험-고수익 산업, ⑤ 신기술 발전에 기여하는 산업, ⑥ 규제에 영향을 크게 받는 산업이다(삼정 KPMG, 2018). 고부가가치의 지식집약적 산업의 의미는 유형자산보다 고부가가치를 창출할 수 있는 무형자산(오락성, 대중성 등)이 게임의 성공을 좌우한다는 점, 그리고 기술력과 노하우가 축적된 전문인력이 중심이 된다는 특징을 말한다. 또한 게임산업은 젊은 이용자층을 중심으로 게임 IP를 이용해 방송, 영화, 웹툰 등 다른 콘텐츠산업으로 확장이 가능하고, 문화적 할인(cultural discout)와 같은 장벽이 낮아 수출에도 유리해 국가 경제의 성장동력으로서 잠재력이 크다.

앞서 언급했듯이 기술의 발전과 같이 진보할 수 있는 유리함도 갖추고 있는 게임산업은 이러한 장점에 따른 단점 역시 두드러진다. 즉, 기술을 선도한다

초가 된다. 가장 일반적으로 예를 들 수 있는 기법은 SWOT 분석으로, 이를 통해 게임콘텐츠를 개발하는 기업을 둘러싼 시장에 대한 기초자료를 마케터에게 제공할 수 있다. 즉 게임을 개발하는 기업 내부의 강점(Strength)과 약점(Weakness), 외부의 기회(Opportunity)와 위협(Threat) 요소를 도출해 마케팅 전략의 방향성을 잡는 것인데, 이 단계에서 게임콘텐츠를 담당하는 마케터는 '우리 기업의 게임콘텐츠가 시장에서 가질 수 있는 기회가 있는지?'에 대한 단서를 얻을 수 있다. 현재 게임산업은 게임의 세부 장르와 관련된 시장 모두가 경쟁이 심한 레드오션(red ocean) 산업이다. 가령, 포화된 게임산업 내에서 사회관계망서비스(SNS) 특성과 결합한 아바타를 활용해 게임을 하고, 유저 간 상호작용을 통한 게임 제작 및 공유 · 판매가 가능한 메타버스 환경이 게임산업의 새로운 기회로 작용할 수 있다는 판단이라면, 이와 관련하여 상황분석을 통해 현재 시점에서 기업이 가진 자원에 대한 강점과 약점의 점검, 외부의 경쟁자 유무와 시장의 잠재력, 이용자 조사에 기반 한 향후 전망 등에 대한 분석이 객관적으로 도출될 수 있다. 상황분석의 결과를 통해 위험을 감수하고서라도 기획단계의 게임콘텐츠가 현 시장 상황에서 게임이용자들에게 새로운 가치를 전달할 수 있다는 판단이 선다면 다음 단계인 STP 전략 수립으로 넘어갈 수 있다.

2) 게임콘텐츠 마케팅을 위한 STP 분석

STP를 분석하는 과정은 어떤 시장에서 기회를 잡을지 시장을 세분화해 우선순위를 정하고, 제품에 가장 적합한 시장을 고른 후, 어떤 이미지로 이용자들에게 다가갈지를 정하는 전략적 행위다.

먼저 시장세분화 전략은 우리 제품(게임콘텐츠)에 적합한 이용자가 존재할 것으로 예상되는 시장을 특정 기준을 세워 구분해 우선적으로 진입할 세분시장을 결정하는 과정이다. 일반적으로 가장 쉬운 방법은 인구통계학적 변인(연령, 성별, 수입 등)을 기준으로 시장을 나눠보는 것이다. 이를 통해 기업의 게임콘텐츠가 가장 잘 통할 수 있는 시장의 범주를 정할 수 있는데, 앞서 예를

든 메타버스를 게임 플랫폼으로 활용할 계획이라면 현재 메타버스의 주 이용자가 성별에 상관없이 10대와 20대 초반이 추축인 점을 감안해 온라인에 주로 머무는 10대에서 20대 초반의 'MZ 세대'[3] 게임이용자가 많은 시장이 우선적으로 검토될 수 있다. 예를 들어 지방보다는 젊은 인구가 많은 도시, 특히 학교가 많은 지역이 고려 대상이 될 수 있다. 인구통계학적 변인 외에도 심리학적 변수, 이용자 행동변수, 지리학적 변수 등에 따라 시장을 세분화할 수 있고 기술적인 변인에 따라서도 가능하다(조창환 · 이희준, 2018). 게임산업은 현재 VR, AR, 인공지능 기술의 도입이 활발한데, 이런 기술을 활용한 게임을 구상할 경우 이용자가 가진 기술적 이해도와 인프라를 시장세분화의 기준으로 삼을 수 있다.

두 번째는 표적시장의 선정, 즉 타겟팅(Targeting)인데, 시장세분화를 통해 이용자가 존재할 것으로 예상되는 시장을 구분할 기준을 정했다면 그 기준에 따른 세분시장의 리스트를 구성하고 각 세분시장을 제품의 특성에 맞춰 분석한 후 어떤 시장에 집중할 것인지 결정하는 과정이다. 세분시장 간 차별성을 무시하고 전체시장으로 표적시장을 넓게 잡을 수도 있고, 표적시장을 복수로 선정할 수도 있으며, 하나의 표적시장을 잡아 집중할 수도 있다. 메타버스의 경우 앞서 시장세분화 과정에서 온라인에 주로 머무는 10대와 20대 초반의 인구가 많은 시장을 대상으로 삼았다면, 추가 분석을 통해 2-3가지 표적시장을 선정할 수 있다. 만약 기업이 구상하는 메타버스 내 게임콘텐츠가 스포츠 게임이라고 가정하면, 세분화된 시장 중에서 온라인에 주로 머무는 10대에서 20대 초반의 인구가 많고 프로 스포츠단이 존재하는 지역으로 표적시장을 좁히고, 그 다음 각 종목별 특성에 따라 남성이 많은 곳, 스포츠웨어 판매가 많은 곳, 서포터즈 문화가 활발한 곳, 이스포츠 경기장이 있는 곳 등 다양한 기준을 통해 표

[3] 1980년대 초에서 2000년대 초반에 출생해 현재 20대 중반에서 30대 후반까지의 밀레니얼 세대(Millennial Generation)와, 1990년대 중반에서 2010년대 초반에 출생한 10대에서 20대 초중반까지 세대(Z Generation)를 일컫는 용어. 디지털 개척자이자 디지털 · 모바일 네이티브이며, 다양성 · 포용성 · 투명성 · 환경 이슈에 민감하고 수평적 소통과 적극적 의사표현을 중시하는 특성을 지님(이양환, 2021).

적시장을 더 좁혀나갈 수 있다.

포지셔닝은 제품을 이용자에게 어떤 이미지로 다가가게 할 것인가에 대한 전략단위의 고민이다. 즉 이용자의 인식 속에 특정 게임콘텐츠가 차지하고 있는 위상이라고 할 수 있는데, 게임이용자가 원하는 점이 무엇인지 파악해 기업의 게임콘텐츠를 타사의 콘텐츠와 차별화하는 것에서 출발한다. 게임콘텐츠가 아무리 우수하더라도 이용자의 니즈에 부합하지 못하면 외면당하기 쉽다. 포지셔닝에 영향을 미치는 요인들은 매우 다양한데 게임콘텐츠 자체의 차별성과 함께 기업의 이미지, 즉 브랜드 역시 영향을 미친다. 게임이용자의 마음속에 자립잡고 싶은 게임콘텐츠의 인식과 이미지는 다양한데, 제품이 표적시장 내에서 경쟁력(차별성) 있는 포지셔닝을 갖추기 위해서 이용자 관점과 기업 관점에서 세워야 하는 각 3가지씩의 기준이 있다(최은정, 2018). 먼저 이용자 측면에서는 이용자 각 개인의 특성과 관련한 차별성을 고려해야 하고, 타겟 이용자가 확실히 느낄 수 있는 상대적 이점이 있어야 하며, 이용자가 기업이 제시한 제품과 차별성에 대해 신뢰를 가지게 해야 한다. 그리고 기업 측면에서는 이용자 측면에서 제시된 기준을 실행할 수 있는 능력, 이용자와 소통하면서 제품 관련 전략을 효율적으로 전달할 수 있는 커뮤니케이션 능력, 그리고 현 제품과 서비스를 유지할 수 있는 능력을 갖춰야 한다. 이런 기준들을 고려해 최근 젊은 층에서 유행하는 힙한 이미지의 형성에 노력한다면 제품 사용자를 기반으로 한 포지셔닝 전략이 될 것이고, 게임콘텐츠 속 캐릭터의 특성이나 전개 과정상의 차별성을 제시할 수 있다면 제품 속성에 기반한 포지셔닝 전략이 될 것이다. 포지셔닝 전략은 시장의 상황과 이용자의 특성에 따라 접근해야 하며, 상황에 따라 이용자들을 설득, 포지셔닝을 바꿔야 할 경우도 발생한다.

한편, 게임콘텐츠와 같이 디지털 환경에서 제공되는 제품의 마케팅은 고객 경험(Customer Experience)이 포지셔닝의 결정에 큰 영향을 미친다(조창환 · 이희준, 2018). 예를 들어, 메타버스 환경 내에서 스포츠 게임을 제공한다고 했을 때, 해당 플랫폼에 접근할 수 있는 최초의 접점에서부터 로그인 후 게임을 시작하기 전까지의 인터페이스, 게임 시작 후 종료까지의 기술적인 환경의 완성도, 과금시스템의 편의성 등 일련의 고객 여정(customer journey)이 고객 경험을 완성하는데 큰 영향을 주며, 이는 결국 해당 게임의 이미지와 기업의 브랜드 형성에도 영향을 미치게 된다. 따라서 게임콘텐츠 이용에 있어 주요 접점 포인트에 마케팅 역량을 집중해 긍정적 이용자 경험을 제공할 경우 차별화된 포지셔닝 설정에 도움이 될 수 있다.

3) 제품전략

제품은 고객의 욕구를 충족시킬 수 있는 유형의 제품, 무형의 서비스를 포함하며, 제품수명주기 관리에 따라 제품을 어떻게 디자인해 개발하고 도입기에서 쇠퇴기까지 가져야 할 포지셔닝 전략, 경쟁력 제고 전략 등 제품과 관련한 전반적인 전략이 필요하다(조창환 · 이희준, 2018). 이에 따라 게임콘텐츠 역시 게임물 자체와 게임을 위한 서비스를 포함하게 되며, 이와 관련된 전략이 게임콘텐츠 제품전략이 될 것이다. 게임콘텐츠 제품전략의 목적은 결국 이를 통한 수익 증대와 성공적인 포지셔닝 구축인데, 신작 출시, 게임콘텐츠 질적 수준의 증대, 장르다변화/콜라보레이션/업데이트 등의 전략을 포함한다.

(1) 신작 출시와 기존 성공작의 새로운 버전 출시

신작출시 전략은 두 가지 정도로 전략을 구분할 수 있는데 하나는 완전한 신작의 출시이고 다른 하나는 기존에 서비스된 게임의 새로운 버전을 출시하는 것이다. 둘 모두 새로운 시장을 창출하고 그에 따른 새로운 이용자를 만들어 낼 수 있다는 점에서 필요한 전략의 하나이다. 사실 PC게임의 경우 새로운 신작의 출시는 게임개발사에게 많은 부담을 준다. 막대한 제작비와 시간이 소요되고 마케팅 비용도 만만치 않지만 성공에 대한 보장이 없기 때문이다. 그러나 게임은 앞서 언급한대로 경험재에 속하며, 따라서 기존에 성공한 게임에 충성도를 가진 이용자들은 같은 게임이 아니더라도 유사한 성향의 신규 게임을 선택하여 이용할 가능성이 높다. 따라서 기존 게임을 유지 및 업데이트 하면서 시장과 이용자층을 넓히기 위해 게임 이용자들의 성향을 참고, 신작을 꾸준히 출시할 필요가 있다. 그리고 한번 성공하면 수명이 5~10년이 넘는 PC게임에 비해 수명주기가 수개월에 불과한 모바일게임의 경우는 신규 게임의 개발과 기존 게임의 새 버전 출시가 매우 중요한 요소이다.

최근 클라우드 게임 시장이 본격화 되면서 PC게임을 모바일이나 콘솔에서 가능케 하는 크로스 플랫폼 전략이 확산되고 있어 신규 출시된 게임콘텐츠나 기존 콘텐츠의 새로운 버전을 더 많은 이용자들에게 제공할 수 있게 됐다. 그러나 크로스 플랫폼이 각광을 받는 상황에서도 신작 출시와 기존 성공작의 업그레이드 전략을 적절히 활용하는 전략의 중요성은 변하지 않는다.

(2) 질적 수준의 증대: 높은 완성도와 차별성

PC게임, 모바일게임, 그리고 콘솔게임은 기본적으로 영상콘텐츠이며, 기술적인 측면의 완성도와 함께 미적 측면에서의 완성도 또한 게임콘텐츠 마케팅에 매우 중요한 부분이 된다. 게임 등장인물의 디자인, 그래픽의 완성도는 타 게임들과의 차별성을 크게 하는데 도움이 되며, 궁극적으로 프로모션에도 좋은 영향을 미쳐 수익에 영향을 미치게 된다. PC게임과 콘솔게임의 경우 화면의 크기와 디바이스의 성능 등을 고려해 보면 모바일게임보다 이 측면에서의 우위를 확실히 가질 수 있으며, 그렇기 때문에 좀더 크고 무거운, 그리고 화려한 게임은 콘솔게임과 PC게임에서, 가볍고 시간이 짧은 캐주얼한 게임은 모바일게임에서 많이 찾아볼 수 있는 것이다.

그러나 이러한 차이는 모바일 디바이스와 5G등 전송기술의 발달로 간극이 점차 좁혀지고 있다. 또한, NC의 〈리니지M〉의 경우 고사양 게임의 특성으로 일부 스마트폰에서 구동이 제대로 되지 않는 경우가 발행함에 따라 PC에서 모바일게임을 그대로 이용할 수 있는 '퍼플' 플랫폼을 운영하고 있기도 하다. 모바일용 게임을 PC에서 이용함으로써 스마트폰에서 실행될 때 발생하는 배터리 소모와 발열문제의 걱정 없이 큰 화면에서 모바일게임을 이용할 수 있는 상황이다. 넥슨 역시 모바일게임 〈V4〉의 PC버전을 출시했고, 중국 개발사들도 유사한 서비스를 제공하는 전략을 차용하고 있다(한국콘텐츠진흥원, 2020a).

(3) 현지화 전략

국내 게임시장은 포화상태가 된지 오래며, 게임콘텐츠는 기획될 때부터 해외 시장을 타겟으로 해 제작과 마케팅이 진행된다. 따라서 타겟이 된 시장의 게임콘텐츠 이용자 분석을 토대로 현지에 출시할 게임의 현지화 작업이 매우 중요하다. 표적시장 내 게임산업의 특성에 대한 고려와 동시에 언어, 문화, 종교, 이용자 특성에 맞는 다양한 현지화 전략이 필수적으로 요구되고 있는데, 예를 들면 중국의 대체시장으로 주목받는 동남아시아 시장의 경우 다양한 종교와 인종, 문화적 차이를 고려한 현지화 전략이 필요하다. 가까운 일본 시장 진출을 위해서도 게임 출시를 위해 일본 게임이용자들이 좋아하는 애니메이션 IP를 선정해 게임에 반영한다거나, 모바일게임을 PC에서 하는 빈도가 많음을 보고 세로모드와 함께 가로모드를 추가해 성공한 사례 등을 찾아볼 수 있다.

(4) 장르다변화/콜라보레이션/이벤트성 · 기술 업데이트

게임콘텐츠의 장르는 다양하다. MMORPG, RTS/TPS, 슈팅게임, 레이싱게임, 스포츠 게임, 등등 수도 없이 많은 장르의 게임콘텐츠가 존재한다. 게임 기업으로서는 하나의 장르만을 고집하기보다 다양한 게임 이용자들의 요구를 충족시키기 위해 장르를 다변화하는 전략을 사용할 수 있다. 앞서 언급한 바 있지만 게임콘텐츠의 장르가 다양한 이유는 게임을 통해 다양한 개인적 욕구를 충족할 수 있기 때문이다. 롱테일(long-tail) 마케팅 전략을 예로 든다면, A업체의 히트작이 MMORPG 게임이라고 하면 이를 통한 수익이 대부분을 차지하겠지만 장르 다변화를 통해 적지만 반드시 수요가 있는 틈새시장의 마니아층을 공략할 수 있다면 이로부터도 의미 있는 수익을 올릴 수 있는 기회가 있다는 것이다.

한편 콜라보레이션(collaboration)이 의미하는 바는 게임콘텐츠가 이종 산업의 콘텐츠와 융합하는 것을 말하는데, 예를 들면 애니메이션 〈라바〉 캐릭터를 게임 캐릭터로 차용하거나 네이버웹툰의 인기 웹툰인 〈신의탑〉을 모바일 게임화 한 사례가 있다. 최근 이런 콜라보레이션은 역으로 게임 IP의 확장전략으로 확대되고 있는데, 〈리그오브레전드〉(LOL) 개발사 라이엇게임즈는 이 게임의 캐릭터를 이용한 가상 아이돌 그룹 K/DA를 창조해 실제 가수와 캐릭터를 1:1로 매칭시켜 음원을 발매, 2020년 11월 〈빌보드 월드 디지털 송 세일즈 차트〉 1위를 차지하는 이변을 낳기도 했다. 게임콘텐츠의 기획단계에서부터 게임IP 또는 타 영역의 콘텐츠 IP를 활용해 콜라보레이션하는 전략은 미디어 다양화와 전송기술의 발달에 따른 시장세분화와 관련이 있고, 결국 게임산업의 외양 확대에 일조하고 있어 마케팅 전략 수립 시 필수적인 사항으로 고려해야 할 것이다.

이벤트성 업데이트, 그리고 기술 업데이트 전략은 앞서 언급한 기존 콘텐츠의 새로운 버전을 출시하는 것과는 차별되는 것으로서 게임콘텐츠의 내용과 구성을 주기적으로 바꿔주면서 게임 이용자들의 지루함과 피로감을 없애주는 전략인데, 크리스마스, 설날 등에 게임의 메인화면을 바꾼다거나 월드컵 등의 큰 행사가 있을 경우 특별 이벤트를 진행하는 등 게임콘텐츠 내 변화를 주는 전략이 이에 해당한다. 물론 기술적인 측면에서의 지속적인 업데이트 역시 이용자들을 붙잡아 두는 기본적인 전략이 된다.

4) 가격전략

가격(Price)은 제품과 서비스의 효용 및 가치를 뜻한다(조창환 · 이희준, 2018). 성공적인 가격전략 수립을 위해서는 제품에 대해 이용자들이 인식하는 가치를 정확하게 고려해야 한다. 게임산업에서의 가격전략 역시 이용자들이 인지하는 가치를 파악해 게임콘텐츠의 가격을 매기는 것인데, 단순한 일반 상품과 달리 게임콘텐츠의 가격전략은 단순하지 않다. 출시된 게임콘텐츠 자체의 가격설정도 중요하지만 게임콘텐츠를 서비스 받기 위해 지불하는 과금체계와도 밀접한 연관이 있기 때문이다.

게임콘텐츠 자체의 가격은 다른 제품과 유사하게 결정되는데, 일반적으로 가격결정에 영향을 미치는 요소는 기업의 마케팅 목표, 제품원가(개발비용), 마케팅 믹스 등의 내부적 요인과 경쟁사 제품의 가격, 차별화 정도, 고객 요인과 같은 외부요인이 있다(최은경, 2018). 특히 제품에 대한 마케팅 목표, 즉 단기 이익의 극대화를 목표로 하는 경우와 시장점유율의 극대화를 목표로 하는 경우, 또는 고급화 포지셔닝을 위한 고가정책이 목표일 경우 등에 따라 가격결정이 좌우된다. 만약 신규 게임콘텐츠를 출시하려는데 타사의 유사게임의 시장점유율이 높을 경우, 시장점유율 확보를 위해 낮은 가격책정 전략을 사용할 수 있다. 가격이 결정된 후에도 시장 상황에 따라 가격 할인과 인상 등 가격 관리가 이어져야 한다.

한편 과금체계와 관련해서 게임콘텐츠의 과금전략은 무료, 유료, 부분유료화(Freemium) 전략 등이 주로 사용되고 있고, 최근 구독형 서비스가 확산되고 있다. PC게임의 초기에는 유료서비스인 월정액 제도가 정착을 했었는데, 이후 부분유료화 제도가 모바일게임에서 보편적인 과금체계로 정착했고 콘텐츠산업의 플랫폼화의 흐름 속에서 콘솔게임을 중심으로 구독형 서비스가 확산되고 있다.

(1) 무료이용모델 전략

모바일게임 애플리케이션 이용과 주로 관련이 있는 전략으로, 말 그대로 게임을 무료로 이용하게 하는 전략인데 두 가지 형태가 있다. 무광고 모델(non-ads model)과 광고기반 모델이 그것이다(이양환, 2012). 무광고 모델은 게임서비스 초기에 이용자를 모아 유료서비스의 기반을 만들기 위해서 쓰이거나 게임 개발자의 자아실현 또는 명성획득의 수단으로 사용되는 경우가 있다. 광고모델은 게임 애플리케이션을 실행하면서 광고에 노출, 광고를 클릭하면 개발사에게 수익이 배분되는 형태인데, 이용자 확보와 광고를 통한 수익확보가 목적이다.

(2) 유료모델 전략

이용자가 게임을 이용하기 위해서는 비용을 지불해야 하는 모델로 일시불, 월정액 형태가 있다. 일시불 형태는 게임 이용을 위해서 매회 비용을 지불하는 모델이며, 월정액 제도는 게임제품의 이용료를 사용기간에 따라 지급하는 방식으로 사업 초기에 안정적인 수익 확보가 가능한 장점이 있다. 애플리케이션을 통한 모바일게임 이용 시 나타난 유료모델인 앱 내 정기구독(in-app-subscription) 모델은 2011년 애플이 앱스토어를 통해 신문, 잡지, 비디오 등의 콘텐츠를 정기구독 하는 것을 지원하는 형태로 시작했다. 1주일, 1개월, 3개월, 6개월, 1년 등 기간을 정해 비용을 지불하는 것으로 PC게임 월정액의 모바일게임 버전으로 볼 수 있다. 이후 설명할 구독형서비스는 한번 구독으로 다양한 게임콘텐츠를 이용할 수 있는 서비스로 하나의 게임콘텐츠만 이용할 수 있는 월정액 서비스와 구별된다.

(3) 부분유료화(Freemium) 전략

부분유료화 전략은 우선 콘텐츠의 무료 제공을 통해 기본사양에 대한 이용을 할 수 있게 하고, 확보된 이용자들에게 그 이상의 게임을 플레이하기 위해서는 비용을 지불하도록 하는 무료+유료모델의 결합형 모델이다. 유료모델에서 무료모델로 넘어가는 추세에 새로운 비즈니스 창출 전략으로 각광을 받았으며, 이후 가장 보편적인 과금모델로 자리잡았다. 앱 내 결제(in-apps purchasing) 시스템을 이용, 이용자가 필요한 게임제품을 무료 이용 후 구매할 수 있도록 해 수익을 올리는 구조인 부분유료화는 그 타이밍을 정하는 것이 중요한데, 무료 이용기회가 너무 많고 이를 통한 게임미션 완수가 쉬우면 게임을 통한 성취감이 떨어지고, 너무 적으면 노골적인 유료이용을 요구하는 모습이 되어 이용자들의 반발을 불러일으킬 수 있다.

(4) 구독형서비스

구독경제(Subscription Economy)에서 유래된 구독형서비스(subscription

service)는 한달에 일정 금액을 내면 필요한 제품이나 서비스를 제공받는 새로운 과금체계로, 넷플릭스(Netflix)의 성공모델에 따라 확산되고 있는 새로운 과금체계이다. 게임산업에도 클라우드 게임 환경의 도래와 크로스 플랫폼 전략의 확산으로 게임콘텐츠 이용자가 다양한 게임 중에서 취향에 맞는 것을 골라 이용할 수 있게 되자 콘솔게임을 중심으로 구독형서비스가 도입되고 있다.

게임산업에서 구독형서비스는 게임구독형, 채널구독형, 그리고 번들링 등으로 구분될 수 있다(삼정KPMG, 2021). 게임구독형은 일반적으로 인식되는 구독형 서비스로 월 구독료를 지불하면 수십종의 게임을 이용할 수 있는 모델이다. 채널구독형은 플랫폼사가 개발사와 협력해 게임이용자에게 케이블TV 채널과 같이 각 게임사가 보유한 게임채널 구독권을 선택적으로 제시하는 모델이다. 그러면서 요금제별로 각기 다른 게임 타이틀의 묶음을 통해 다양한 게

표 8.2 구독형서비스 주요모델 비교

형태	게임구독	채널구독	번들링
요금 정책	게임구독료	게임구독료+채널구독료	게임구독료
예시	• 마이크로소프트 〈XBox 게임패스〉 (얼티밋 기준 월 1만 6,700원) • 소니 〈플레이스테이션플러스〉(월 7,500원) • 애플 〈애플 아케이드〉 (월 6,500원)	• 아마존 〈루나〉 (월 6,800원)	• EA 〈EA Play〉 (월 5,000원) • 험블 〈험블초이스〉 (프리미엄 기준 월 22,700원)
개요	• 월 구독료를 내는 이용자에게 다양한 게임콘텐츠 제공	• 게임사가 보유한 게임채널을 구독형으로 제공 • 아마존은 〈루나〉를 게임 스트리밍 서비스 플랫폼인 〈트위치〉와 연동시켜 게임 라이브 스트리밍을 시청하면서 게임을 할 수 있도록 함 • 요금제별 각기 다른 게임 타이틀 묶음을 제공	〈EA Play〉 • 게임개발사 자체 플랫폼 또는 파트너십을 체결한 타 플렛폼에서 구독서비스 이용 가능 • 월 구독료를 지불하고 이용자가 플랫폼별 제시하는 게임 구성을 스스로 선택하게 한 후 해당 게임구성을 무제한으로 이용하는 모델 〈험블 초이스〉 • 매달 10개의 게임초이스를 제공하며 그 중 이용자가 플레이하고 싶은 게임을 취사선택 후 구독해 이용

*출처. 삼정KPMG(2021), Redbull Games(2021) 내용 재구성

임도 즐길수 있다. 따라서 채널구독형 모델은 요금에 게임구독료와 채널구독료가 포함되어 있다. 번들링 모델은 게임콘텐츠를 무제한으로 제공하는 것이 아니라 몇몇 게임을 묶어 번들로 제공하는 형태로 요금정책은 게임구독료를 월별로 내는 형태다.

게임 구독형서비스는 정기적으로 구독료를 내는 가입자를 바탕으로 안정적인 수익을 올릴 수 있다는 점이 가장 큰 장점으로 꼽힌다. 그리고 게임이용자 입장에서도 일일이 여러 게임콘텐츠를 살 필요가 없이 한번의 구독으로 다양한 게임콘텐츠를 이용할 수 있다는 장점이 있다. 지난 2020년 지몬-쿠허 앤드 파트너스(Simon-Kucher & Partners)의 보고서에 따르면 전 세계 35%의 게임이용자들이 구독형서비스를 이용하고 있었다(경향게임즈, 2020.10.16.). 이 조사에서 적어도 한 개 이상의 구독형서비스를 이용하고 있는 이용자들 중 여러개의 구독형서비스를 이용할 의향이 있는지 묻는 질문에 80%가 그렇다고 응답했는데, 게임산업에서 구독형서비스는 앞으로 확대될 가능성이 높다고 예상된다.

5) 유통전략

유통(Distribution)은 제품과 서비스가 생산자에서 이용자까지 전달되는 구조적 과정을 의미하며, 제품의 유통망, 제품 전달방식, 도매상과 소매상 관련 전략이 포함된다(조창환 · 이희준, 2018). 게임콘텐츠 유통은 플랫폼별로 다른 양상을 보이고 있으나 공통적인 현상은 앞서 가격전략에서 살펴본 바와 같이 크로스 플랫폼 전략에 따라 PC, 모바일, 그리고 콘솔에서 같은 게임을 이용할 수 있는 형태로 변모하고 있어 관련된 플랫폼과 서비스들이 새롭게 나타나고 있다.

(1) PC게임 유통

PC게임 온라인 유통은 과거 퍼블리셔들이 게임포털을 운영하면서 이를 통해 서비스를 이용하는 형태였다. 게임개발과 퍼블리싱을 함께하는 업체도 많기 때문에 이 경우는 개발사 겸 퍼블리셔들이 자사의 플랫폼을 통해 이용자들을 직접 만나게 된다. 일반적인 경우 퍼블리셔들은 게임포털을 통해 개발사와 이용자들을 연결시키며 이를 위한 여러 마케팅 활동을 벌인다. 이후 수익이 발생하면 개발사가 40~60%의 수익을 가져간다. 해외에 서비스를 할 경우는 게임개발사가 국내 퍼블리셔를 통해 해외 퍼블리셔를 접촉하고, 여기에서 유통이 이루어지게 되므로, 개발사의 수익은 줄어들게 된다. 2000년대 이후 초고속 인터넷의 보급으로 PC게임 유통은 온라인 게임 유통 플랫폼(ESD/Electronic Software Distribution) 중심으로 재편되었다. 간단한 클릭 몇 번에 게임 다운로드가 가능한 편의성과 별도의 물리적 유통망이 불필요한 이점으로 가격을 싸게 할 수 있는 장점이 있다. 이러한 ESD 시장에서의 강자는 밸브(Valve)사의 스팀(Steam)이다. 2003년에 등장한 스팀은 이후 현재까지 가장 강력한 ESD로 자리매김하고 있다. EA와 유비소프트 등 대형 게임사 역시 ESD 서비스를 하고 있고, 에픽게임즈가 2018년 12월에 ESD 서비스를 시작한 이후 강력한 프로모션으로 경쟁하고 있다.

한편, PC방 유통도 PC게임 초기에 게임포털과 함께 가장 대표적인 유통 채널이었으며, 현재도 게임유통업의 주력인 PC방은 게임 전체 시장의 13.1%를 차지하고 있다(한국콘텐츠진흥원, 2021a). PC방은 퍼블리셔나 게임개발사를 통해 게임을 이용자들에게 서비스하며 게임개발사와 ISP에게 게임사용료와 네트워크 사용료를 지불한다. PC방은 게임 중개기능 이외에도 오프라인에서 온라인게임 동호회, 길드 등의 만남의 장소로도 기능하며 게임 유통에 기여해 왔다(이재학 · 박철, 2010). 그러나 PC방 경영환경은 매우 어려운데, PC방 금연 정책, 온라인게임의 침체, 과다한 게임 이용료, 그리고 신규플랫폼 등장 등이 경영 악화의 원인으로 꼽히고 있으며, 최근 코로나19 사태로 인한 직접적인 영향으로 큰 피해를 입고 있다.

(2) 모바일게임 유통

스마트폰 이전 시대 모바일게임 플랫폼은 이동통신사가 운영하는 폐쇄적인 마켓이었으나 이후 스마트폰이 확산된 현재는 애플의 IOS, 구글의 안드로이드(Android)와 같은 모바일 OS 기반의 오픈마켓인 애플 앱스토어와 구글플레이가 주류 플랫폼으로 자리잡았다. 이들 OS기반 앱스토어들은 개발자와 이용자가 쉽게 게임 애플리케이션을 접할 기회를 제공하고, 과도한 마진 없이 게임 개발자들에게 게임판매 수익이 돌아갈 수 있는 구조를 만든 점이 성공요인으로 지적된다. 최근에는 소셜네트워크서비스(SNS)인 카카오톡(Kakao Talk), 네이버(Naver)의 라인(Line)이 모바일게임 플랫폼으로 부상하고 있는데, 쉽게 설치할 수 있고 무료인데다가 SNS 붐으로 많은 이용자가 가입하고 있기 때문에 모바일게임의 새로운 플랫폼으로 떠올랐다. 이를 계기로 스티커판매, 광고 등의 일부 수익모델만을 가지고 있던 SNS 서비스들은 모바일게임의 플랫폼 역할을 통해 이용자와 수익의 증대를 동시에 이룰 수 있는 기회를 가질 수 있게 되었다.

한편 모바일게임의 유통구조는 개발사-게임플랫폼-이용자의 구조로 단순화할 수 있는데, 양면시장의 특성으로 인해 애플 앱스토어와 구글플레이의 영향력이 커져 게임개발사는 게임제품 판매 수익의 상당부분을 이들 사업자에게 수수료로 지불해야 하는 부담을 지게 되었다. 게임개발사는 플랫폼사업자들에게 수익의 30%를 주는 구조가 일반적이다. 현재 앱스토어와 구글플레이의 독과점 구조는 점점 심화되어 가고 있으며, 최근 구글의 인 앱 결재 수수료 30% 적용 확대 정책 등 플랫폼을 통한 유통에서의 문제점이 주요 이슈로 떠오르고 있다.

(3) 콘솔게임 유통

콘솔게임은 소매점에서 게임 패키지를 이용자들이 직접 구매하는 형태와 콘솔제조사 자체 플랫폼을 통한 다운로드 판매 방식, 즉 디지털 패키지 방식으로 이루어져 있다. 게임 패키지 구매 방식은 일반 제품과 같이 도, 소매점을 거치게 되는 긴 유통과정을 가진다. 즉 일반적으로 게임개발사-퍼블리셔-제조사-도매상-소매상의 유통구조를 가지는데, 이들 사이에 콘솔의 개발사, 즉 소니나 마이크로소프트 같은 플랫폼 홀더가 존재한다(한국콘텐츠진흥원, 2015b). 이들은 제품이 팔릴 때 마다 일정 비율의 로열티를 가져간다.

이러한 게임 패키지 방식은 현재 디지털 패키지 형태로 출시되어 판매되는 형태로 급속히 바뀌고 있는데, 소니의 경우 2020년 디지털 패키지 판매 비율이 70%를 넘어섰다(전자신문, 2021.5.11.). 디지털 패키지 방식은 쉽게 다운로드 받을 수 있고 하드웨어 생산비용과 유통비용을 절감할 수 있어 이용자들에게 약 20%까지 싸게 제공될 수 있다는 장점이 있다. 또 물리적 패키지에서 날 수 있는 고장이 나지 않아 관리의 편의성도 있다(해럴드 경제, 2020.9.24.). 또한 이용자가 중고거래를 할 수 없는 환경이라 판매자가 일정 기간이 지난 디지털 패키지를 50% 이상 할인 판매할 수 있어 게임사에 이익이 돌아가지 않던 중고 판매보다 수익성이 좋다. 이러한 콘솔게임 유통방식의 변화는 기존 오프라인 유통망의 폐점과 중고시장 축소 등의 영향을 가져오고 있으며, 향후 디지털 패키지 방식의 완전 전환 속에 일부 고전 콘솔게임 패키지의 유통시장이 명맥만 유지할 것으로 전망된다.

6) 프로모션 전략

프로모션(Promotion)은 기업의 매출을 증대시키기 위해 소비자에게 다양한 정보를 커뮤니케이션 채널을 통해 전달하고 이용자의 니즈를 적극적으로 자극하는 활동이다(조창환 · 이희준, 2018). 게임산업에서도 다양한 프로모션 활동이 이루어지고 있으며, 새로운 전략도 등장하고 있다.

(1) 전통적인 방법

기본적으로 게임이 출시되면 온라인, 모바일광고, 오프라인 옥외광고, 주요 앱스토어 리뷰, 트레일러 영상 홍보, 보도자료 배포, 경품추천 등 현물 이벤트 프로모션 등의 방법을 동원해 게임을 홍보하는 전략이 일반적이다. 온라인과 모바일광고의 경우 각종 포털 등의 배너(banner)를 이용하는 형태가 일반적이고, 오프라인 옥외광고는 버스 등의 대중교통이나 옥외광고판을 이용한 형태가 많다. PC게임의 경우 그 스토리라인을 가지고 영상 트레일러를 제작, 포털 사이트를 통해 단계적으로 공개해 이용자들의 관심을 끄는 전략을 사용하고 있는데, 지하철역이나 길거리에 설치된 디지털 사이니지 또는 키오스크를 통해 게임 동영상을 틀면서 홍보에 나서는 전략도 쓰인다.

(2) 매스마케팅

최근 나타나고 있는 게임 프로모션의 가장 큰 특징은 대형화된 마케팅 방법이 활발히 도입되고 있고, 특히 이를 모바일게임이 견인하고 있다는 것이다. 모바일게임 마케팅은 PC게임에서 사용되어왔던 방식, 즉 사전등록과 비공개테스트(CBT)가 먼저 사용되었는데, 사전등록은 이용자들이 게임 출시 전 게임에 대한 정보를 받고 게임 출시 후 특수 아이템을 획득할 수 있게 특혜를 주면서 지속적으로 이용하는 유저를 확보할 수 있다. 비공개테스트의 경우 게임업체는 새로운 게임에 대한 이용자들의 피드백을 받아보면서 입소문 등 마케팅 효과를 볼 수 있는 장점이 있다(한국콘텐츠진흥원, 2015a).

그러나 핀란드 게임회사 슈퍼셀(Supercell)의 〈클래시오브클랜(Clash of Clans)〉이 2014년 TV광고를 포함해 인터넷, 모바일, 지하철, 버스 등 옥외광고 등을 통해 약 100억원 이상을 투입한 대대적인 마케팅을 전개하면서 상황이 바뀌고 있다. 〈클래시오브클랜〉은 본격적인 마케팅을 시작하기 전에는 구글플레이 매출순위 300위권의 게임이었으나, 대규모 마케팅 전개 4개월 후 이 게임은 구글플레이 매출 1위를 달성했다. 이후 다른 게임사도 주류 미디어를 통한 매스마케팅을 전개하고 있으며, 이제는 대부분의 신작 게임콘텐츠들이 유명 연예인을 등장시킨 영상물을 제작해 프로모션을 하고 있다.

(3) 크로스 프로모션

크로스 프로모션은 한 퍼블리셔에서 서비스 중인 두 게임이 제휴해 이용자들에게 서로 상대의 이용자들에게 접근하는 마케팅 방식이다. 일정 조건을 달성하면 상대 게임의 보상을 제공하는 방식을 취하는데, 예를 들어 A사의 게임에서 특정한 미션을 달성하면 B사의 게임 캐시 아이템을 주는 형태를 말하며, 같은 퍼블리셔를 통해 서비스하는 게임들 사이에서 진행하는 것이 일반적이었지만 이제는 다른 퍼블리셔의 게임과도 프로모션을 진행하기도 한다(디스이즈게임, 2014.2.7). 게임업체들이 크로스 프로모션을 진행하는 이유는 저렴한 비용 대비 효과가 크기 때문이다. 특히 신규게임의 경우 이용자 유치가 필요한데, 크로스 마케팅을 통해 서로의 회원을 공유할 수 있다는 장점이 있다.

(4) 인플루언서 마케팅

게임산업을 비롯한 콘텐츠산업 환경이 미디어 분화에 따른 이용자 분화 시대를 맞이하고 있는데, 이에 따라 개별 이용자 입장에서의 마케팅이 중요하게 되었다. 자신의 취향에 맞는 미디어와 채널, 콘텐츠를 찾는 성향이 강한 현재 이용자들의 패턴은 게임에도 마찬가지로 반영되고 있고, 특히 직접 게임을 하기도 하지만 남이 하는 것을 보면서 만족을 느끼는 이용자들도 늘고 있다. 밀레니얼 세대 게임이용자의 71%가 유튜브나 트위치를 통해 게임콘텐츠를 시청한 경험이 있는 것으로 조사된 결과도 있다(IT조선, 2021.2.20.). 이렇게 게임 채널을 통해 게임을 시청하면서 해당 게임콘텐츠에 대한 관심을 갖게 하는 마케팅 전략과 함께, 직접 게임콘텐츠 관련 라이브방송을 하거나 예능 프로그램을 만드는 사례도 있고, 프로게이머가 아닌 유명 BJ가 참여하는 이스포츠 콘텐츠도 나타나고 있다. 인플루언서를 활용한 마케팅은 재미와 흥미 위주의 구성으로 시선을 사로잡기 충분하게 제시되고 있어 게임 출시 초기나 성장기에 이용자들을 붙잡는 목적으로 활용이 가능하다.

(5) 전시회/마켓 참가

게임개발사나 퍼블리셔가 게임을 프로모션하는 전통적인 방식으로 전시회/마켓참가를 들 수 있다. 말 그대로 오프라인에서 게임개발사, 퍼블리셔가 B2B 또는 B2C 형태로 바이어 또는 이용자들을 만나 게임제품을 홍보하는 장을 말하며, 계약을 체결하고 네트워킹을 강화하는 곳으로 활용되기도 한다. 해외에서 열리는 게임관련 전시 마켓으로는 중국의 차이나 조이(China Joy), 독일에서 열리는 개임스컴(Gamescom), 됴쿄 게임쇼(TGS) 등이 있고 국내에서 열리는 게임 전시/마켓으로 매년 11월에 개최하는 G-Star를 예로 들 수 있다.

(6) 이스포츠(e-sports)

이스포츠는 '보는 게임' 문화의 확산과 함께 더 확대되고 있는 추세인데, 이런 이스포츠를 통한 프로모션도 활발하다. 게임기업들이 이스포츠에 뛰어들고 있는 이유는 우선 빠른 이스포츠 산업의 성장세에 따라 높은 수익을 얻을 수 있기 때문이다. 뉴쥬(Newzoo)에서 발행한 리포트에 따르면 2019년 글로벌 이스포츠 산업 규모는 9조 5,060만 달러 규모로 전년 대비 9.9% 성장했으며, 2020년의 경우 코로나19 여파로 대부분의 스포츠경기가 취소된 상황에서 이스포츠만 온라인 중계로 정상일정을 소화해 오히려 시청규모가 증가한 것으로 나타났다(한국콘텐츠진흥원, 2020a). 이스포츠 수익의 많은 부분이 중계권료와 스폰서쉽 수익이 차지하고 있어 성공한 게임IP를 가진 기업이라면 반드시 참여를 고려해야 하는 시장이다. 뉴쥬는 2020년 이스포츠 시장 규모는 19년보다 15.7% 증가한 11억 달러 규모가 될 것으로 예상했는데, 스폰서쉽과 중계권료가 수익의 절반이 될 것으로 전망했다(데일리이스포츠, 2020.3.6.).

게임기업들이 이스포츠에 관심을 갖는 두 번째 이유는 '보는 게임' 문화의 확산으로 기존 미디어 광고나 기타 프로모션 보다 더 큰 광고 효과를 볼 수 있기 때문이다. 투자은행 골드만삭스(Goldman Sachs)의 보고서에 따르면 2018년 1억 6,700만명이던 이스포츠 시청자 수는 2022년 2억 7,600만명으로 증가할 것으로 예측되었는데, 조만간 미국 최고의 프로스포츠 중 하나인 내셔널 풋볼리그(NFL)의 시청률을 넘길 수 있다는 전망도 있을 만큼 광고효과를 인정받고 있다(IT 조선, 2020.5.30.). 앞서 언급한대로 스폰서쉽과 중계권료가 치솟고 있다는 말은 그만큼 주목도가 높다는 뜻으로 이스포츠가 게임콘텐츠 마케팅에 있어 매우 중요한 미디어로 자리잡았고, 프로모션에 있어 앞으로의 중요성도 계속 증가할 것이라고 봐야 할 것이다.

요약

게임콘텐츠는 플랫폼의 특성에 따라 PC게임, 모바일게임, 콘솔게임, 아케이드 게임 등으로 분류할 수 있고, 다양한 세부 장르가 존재한다. 이런 게임콘텐츠 마케팅을 이해서는 우선 게임기업과 산업에 대한 상황분석이 면밀하게 진행되어야 하고, 이를 근거로 면밀한 STP 전략을 수립해 마케팅 믹스를 전개해 나가야 한다. 게임콘텐츠는 기술과 결합해 디지털 전환기에 그 잠재력이 매우 큰 산업으로 마케팅 측면에서 새로운 트렌드의 출현에 민감하게 반응하고, 철저한 표적시장의 이용자 입장에서의 분석을 통해 충성도 높은 이용자를 유지하고 수익을 극대화 할 수 있도록 준비해야 할 것이다.

생각해 볼 문제

1. 게임콘텐츠 마케팅 과정에서 기술의 변화와 미디어 분화에 따른 이용자 분석을 효과적으로 수행할 수 있는 방법은 무엇일까?
2. PC게임, 모바일게임, 콘솔게임 이외에 새로운 유통 플랫폼으로서 메타버스 플랫폼의 가능성은 어떠한가?
3. 게임콘텐츠 마케팅에 영향을 미치는 외부요인은 무엇이 고려되어야 하고 구체적으로 STP 전략과 마케팅 믹스 과정에서 어떻게 반영할 수 있을까?
4. 게임산업의 플랫폼화가 가져올 경쟁심화와 독과점 형태의 시장구조에서 효과적인 마케팅 전략은 무엇일까?
5. 게임콘텐츠 마케팅의 대상이 점차 확대되어가는 추세 속에서 연령별 차별적인 마케팅 방법은 무엇이 있을까?

참고문헌

경향게임즈(2020.10.16.) 전 세계 게이머 35%, 게임 구독 서비스 이용. Available: http://www.khgames.co.kr/news/articleView.html?idxno-125175

김휴종(2000). 게임산업의 경제학적 특성. 『전자공학회지』, 제27권, 제9호,

912-918.

데일리이스포츠(2020.3.6.). 2020년 e스포츠 수익 1조 돌파 예상. 스폰서십 중계권 증가
Available:http://www.dailyesports.com/view.php?ud=2020030514040898 01283f60ce7c_27

디스이즈즈게임(2014.2.7). 모바일 마케팅, '성역 없는' 크로스 프로모션이 대세.
Available: http://www.thisisgame.com/mobile/news/nboard/1/?n=52951

삼정KPMG(2018). 게임산업을 둘러싼 10대 변화 트렌드.

(2019). 플랫폼 비즈니스의 성공전략.

(2021). 디지털 구독경제 트렌드와 비즈니스 기회.

유길상 · 주희엽 · 김자미 · 정순영 · 김현철(2012). 생태계 관점에서의 게임콘텐츠 산업구성 및 구조분석.『한국컴퓨터학회지』, Vol. 25, No. 4., 235-244.

이양환(2012). 모바일 애플리케이션 비즈니스 현황과 전망.『KOCCA FOCUS』, 통권 48호, 1-31.

(2021). 콘텐츠산업에서 디지털 전환 의미와 과제. 〈2021 콘텐츠산업포럼〉 발제문.

이재학 · 박철(2010). 한국 온라인게임 유통의 문제점과 글로벌 경쟁력 제고방안.『(사)한국유통학회 하계학술대회 발표논문집』, 231-246.

전자신문(2021.5.11.). 홈엔터테인먼트 기기로 영역 넓히는 61조원 콘솔 시장.
Available: http://www.etnews.com/20210511000137?m=1

조창환 · 이희준(2018). 디지털 마케팅 4.0.

최은정(2018). 마케팅 관리: 디지털 시대의 뉴 마케팅.

한국지식재산연구원(2020). 게임 IP 활용방안 연구 – 산업재산권을 중심으로.

한국콘텐츠진흥원(2015a). 2015 대한민국 게임백서.

(2015b). 차세대 게임플랫폼의 현황과 정책방향 연구.

(2020a). 2020 대한민국 게임백서.

(2020b). 2020 게임이용자 실태조사.

헤럴드 경제(2020.9.24.). 콘솔게임 패키지가 사라진다!
Available: http://www.biz.heraldcorp.com/view.php?ud=20200924001032&cpv=1

IT 조선(2020.5.30.). e스포츠, NFL 능가하는 '스폰서십' 주인공으로 급부상.
Available: http://www.it.chosun.com/site/data/html_dir/2020/05/29/2020052903139.html

IT 조선(2021.2.20.). '보는 게임 시대' 인플루언서 마케팅이 뜬다.
Available: http://www.it.chosun.com/site/data/html_dir/2021/02/19/2021 021902559.html

Redbull Games(2021.4.17.). '겜플릭스' 구독해야 할 게임 구독서비스.
Available: http://www.redbull.com/kr-ko/gameflix

CHAPTER

09

웹콘텐츠 마케팅

9장에서는 온라인 플랫폼을 통해 폭발적인 인기를 끌고 있는 웹툰과 웹소설의 콘텐츠 특성 및 산업 특성을 설명한다. 이러한 웹콘텐츠에 대한 이해를 바탕으로 웹콘텐츠 플랫폼의 특성과 이러한 플랫폼 분야에서 사용되는 핵심 전략을 제시한다. 또한, 개별 콘텐츠 관점에서 유의해야 할 핵심 특성과 함께, 다른 산업과 차별되는 핵심 마케팅 전략을 정리한다.

웹툰 콘텐츠의 특성

1) 만화 상품의 특성

웹툰은 한국에서 만들어진 신조어로서 웹(Web)과 만화(Cartoon)를 연결하여 만든 합성어로, 1990년대 말 및 2000년대 초 인터넷 블로그를 통해 생산/소개되던 만화들이 대형 포털 사이트 및 디지털 플랫폼을 통해 확산된 새로운 콘텐츠이다. 이러한 웹툰의 특성을 이해하기 위해서는 디지털 플랫폼에 대한 이해와 함께 웹툰의 근간인 만화에 대한 이해가 선행되어야 한다.

만화(漫畵)는 부질없다는 뜻의 한자어에서도 볼 수 있듯이 국내 뿐만 아니라 세계적으로도 최하층의 장르문화로 평가되고 소비되어 왔다. 하지만, 그 어느 콘텐츠보다 다양하게 변형되고 확산되는 힘을 가지고 있다. 이러한 만화가 가지고 있는 힘의 근간을 제대로 이해하기 위해서는 만화의 정의와 특성을 다시 돌아볼 필요가 있다.

만화에 대해서는 다양한 정의가 있으나 스콧 매클루드(Scott McCloud)는 만화는 수용자에게 정보를 전달하거나 미학적인 반응을 일으킬 목적으로 의도된 순서로 병렬 연결된 그림 및 기타 형상들이라고 정의하고 있다. 병렬적으로 연속된 그림 및 이러한 그림과 함께 병렬배치된 글은 전달하고자 하는 이야기를 풍부하게 만들 뿐만 아니라, 다른 매체보다 뛰어난 의사전달능력을 보유하고 있다. 만화가 가진 뛰어난 의사전달능력은 만화가 가지고 있는 몇가지 특징에 기인한다.

첫째, 단순화이다. 만화는 현실을 추상화하여 이차원에 구성한다. 이러한 단순화된 그림, 소위 카툰화 또는 만화체라고 하는 그림 형태는 세부 묘사를 없애는 대신에 특정 부분에 초점을 맞추게 되며, 이러한 단순화를 통해 만화는 메시지를 강력하게 전달할 수 있다. 즉, 단순화된 형태의 그림은 그 그림을 보는 사람이 쉽게 대상에 대해 공감을 하기 쉽게 만들며, 이에 따라 단순화된 그림을 통해 전달하는 메시지 역시 매우 쉽게 받아들이게 된다. 이러한 특성을 활용하여 작가는 단순화 정도를 조정하여서, 만화 내의 대상을 감정이입의 대상이거나 객체로서 차별적으로 인식될 수 있게 구성할 수 있다. 좀 더 풀어서 설명하자면, 주인공의 인물을 단순하게 디자인하면 수용자가 쉽게 감정이입을 하게 되며, 다른 인물이나 배경을 사실적으로 표현하게 되면 수용자는 이러한 것들에 대해 객체, 객관화된 대상으로 느끼게 되며 거리감을 유지하게 된다.

만화의 이러한 단순화의 특성은 전달하고자 하는 메시지의 강조를 위해 표현을 과장하게 만드는 독특한 만화의 그림풍을 만들어내는 배경이 되었다. 전통적인 그림에서는 달리는 사람을 표현하기 위해서는 그 사람의 움직임 및 농세를 하나의 장면으로 담아내지만, 만화에서는 효과선이라던지, 간략화된 기호들을 통해 이러한 효과를 쉽게 만들 수 있으며, 현실에서는 나타날 수 없는 과장된 표현과 구성을 통해 메시지의 전달을 용이하게 한다.

두 번째 특성은 칸의 구성이다. 만화에서 배치된 그림은 하나의 칸을 차지하며, 이러한 칸과 칸 사이의 이동은 그 사이에 그림의 간격을 만들어낸다. 이러한 칸의 이동은 동작이나 표정의 변화와 같이 큰 연상이 필요없는 경우도 많지만, 소재가 변하거나 장면이 변하는 큰 변화는 그 사이에 수용자의 많은 해석을 요구한다. 이러한 칸과 칸 사이에 큰 변화가 존재함에도 수용자는 이를 해석하는 데 일반적으로 어려움이 없는데, 이는 인간이 심리가 보편적으로 가진 완결성의 법칙에 의한 것이다. 우리는 불완전한 것을 머릿속에서 완전한 것

03

ENTERTAINMENT CONTENTS MARKETING

웹콘텐츠 마케팅 전략

1) 유통 전략

(1) 플랫폼의 개념

웹콘텐츠는 디지털 플랫폼에 기반하여 비즈니스를 운영하고 있으며, 웹콘텐츠의 경쟁은 사실 웹콘텐츠 상품 간의 경쟁보다는 웹콘텐츠 플랫폼 간의 경쟁이라고 할 수 있다. 따라서, 웹콘텐츠의 유통 마케팅 전략을 구성하기 위해서는 플랫폼에 대한 이해가 선행되어야 한다. 사실 ICT의 발전으로 플랫폼은 디지털 유통의 필수요소가 되었으나, 이에 대한 개념은 산업 전반적으로 높지 않은 것을 많이 발견할 수 있다. 플랫폼은 기차역의 승강장이나 무대라는 사전적 의미를 가지고 있으나, 제조업에서는 기초가 되는 틀이나 규격, 표준을 뜻하며, 전산학 분야에서는 응용 프로그램이 작동될 수 있는 틀을 뜻한다. ICT산업에서는 플랫폼을 서비스, 콘텐츠, 기기를 포괄하는 생태계라는 뜻으로 이해하고 있는 듯하나, 이는 외형적인 부분에만 집중하여 이해하고 있는 것이다. 플랫폼을 이해하려면 전체 가치사슬 및 비즈니스를 중심으로 이해하여야 한다.

플랫폼에 대해서는 많은 정의가 있지만, 김상훈(2013)은 플랫폼을 "핵심

가치를 담을 틀을 제공하고, 내부와 외부, 외부와 외부 간의 상호 연결을 통해 가치를 창조하는 비즈니스의 장(場)"이라고 정의하였으며, 플랫폼은 제품(디바이스), 시스템, 사업기반, 비즈니스모델(BM)의 용어와 혼용되나 전혀 다른 개념을 가진 것이라고 강조하고 있다. 웹콘텐츠 플랫폼 관점에서 이 정의를 다시 살펴보자. 웹콘텐츠 플랫폼을 구성하는 웹콘텐츠들은 사실 맨 처음에는 블로그나 게시판 등에서 이를 찾는 소수의 소비자들과 소통하고 있었다. 하지만, 웹콘텐츠가 플랫폼에 들어옴에 따라 수많은 고객들과 연결이 될 수 있게 되었으며, 다른 한편으로는 웹콘텐츠를 찾고자 하는 소비자들이 블로그나 게시판에 산개되어 있는 만화나 소설들을 찾아다니는 게 아니라 플랫폼에서 빠르게 찾고 소비할 수 있게 되었다. 이렇게 소비자와 공급자의 연결을 통해 웹콘텐츠 플랫폼은 광고를 유치할 뿐만 아니라, 연결 과정에 있어서 과금을 통해 수익을 창출한다. 즉, 플랫폼은 이러한 연결을 통해 수익을 창출하는 것이 핵심인 것이다.

(2) 플랫폼의 형태

플랫폼과 소비자, 외부혁신자(콘텐츠 공급자)의 조합은 여러 가지 형태로 나타날 수 있으며, 이러한 조합의 형태를 통해 플랫폼의 의미를 좀 더 명확하게 이해할 수 있다. 일반적으로 이러한 조합은 크게 세 가지 형태로 나눌 수 있다.

첫 번째 형태인 제품 플랫폼(product platform)은 자사의 플랫폼을 외부에 제공하여 외부 혁신자가 플랫폼 위에 제품이나 서비스 요소를 얹어 고객에게 제공하는 것을 말한다. 이 때 서비스나 제품의 판매 주체는 외부 혁신자가 되며, 외부 혁신자가 직접 고객에게 판매하게 된다. 보통 이는 콘텐츠보다는 제조업에서 많이 사용되는 형태인데, 제조업에서 이러한 형태의 대표적인 제품은 고어텍스를 들 수 있겠다. 고어텍스는 기능성 섬유로서 이 특허를 보유하고 이 섬유를 판매하는 고어 & 어소시에이션은 기능성 옷을 판매하는 회사에게 원단만 판매하고, 이를 바탕으로 옷을 만든 제조사들은 이를 고객에게 판메한다.

두 번째 형태는 양면 플랫폼(two-sided platform)이다. 이는 외부혁신자와 최종 소비자가 플랫폼 사업자의 중재 하에 자유롭게 직접적인 거래를 하는 형태를 말한다. 이 형태의 플랫폼을 이해하기 위해서는 양면 시장이라는 개념부터 정의할 필요가 있다. 일반적인 시장은 판매자가 구매자를 직접 상대하는 단면 시장 (one sided market)이다. 하지만, 서로 다른 이해관계를 가지고 있는 둘 이상의 집단 간 거래를 중개함으로서 새로운 가치를 창출하는 시장이 존재하며, 이를 양면 시장(two-sided market)이라고 한다. 이러한 양면 시장이 기능하기 위해서는 단순히 판매자와 구매자를 연결시켜주는 것으로는 힘들며, 새로운 서비스나 상품을 통해 이 두 집단을 만족시켜주어야 한다. 이러한 서비스나 상품을 촉매(catalyst) 상품이라고 하며, 이러한 상품이 제공하는 가치는 간접 네트워크 효과를 만들어내고 새로운 수익 모델을 제시하게 된다. 이러한 양면 플랫폼의 대표적인 사례는 결혼정보업체를 들 수 있는데, 웹콘텐츠 시장에서는 웹콘텐츠 작가를 플랫폼에 소개해주거나, 웹콘텐츠 작품을 다른 매체와 연결하는 미디어 프랜차이즈를 연결하는 작가 에이전시가 이러한 플랫폼이라고 할 수 있겠다.

마지막 형태는 통합자 플랫폼(Integrator Platform)이다. 이는 사업자가 외부의 혁신을 자신의 플랫폼에 통합하여 최종 사용자에게 제공하는 형태의 플랫폼이다. 통합자 플랫폼에서 서비스나 제품은 플랫폼 소유자가 고객에 판매하게 되며, 이는 높은 수준의 통제를 가능하게 한다. 이러한 형태의 플랫폼으로서 대표적인 사례는 애플의 앱스토어이다. 애플 앱스토어는 어플리케이션 개발자와 고객 사이에 위치하며 어플리케이션의 모든 판매 및 서비스는 애플을 통해 이루어지게 되어 있다. 이를 통해 애플은 어플리케이션 매출의 30%를 가져간다. 이 통합자 플랫폼의 핵심은 고객이 플랫폼에 결제를 하고, 이를 플랫폼이 외부 혁신그룹에 나누어준다는 것이다. 플랫폼 형태 중 가장 기술적으로 완성된 형태이며, 플랫폼 기업이 가장 높은 수익을 얻을 수 있는 형태이기도 하다. 웹콘텐츠의 플랫폼 역시 이러한 통합자 플랫폼을 따르고 있으며, 최근 나오는 대부분의 콘텐츠 플랫폼 역시 통합자 플랫폼 형태를 띄고 있다.

(3) 플랫폼의 성공요인

플랫폼의 성공 요인으로는 크게 독점적 기술, 신속한 고객 기반 구축 및 지속 가능한 에코 시스템의 세 가지 요소를 이야기할 수 있다.

첫 번째로 플랫폼은 경쟁사가 모방하기 어려운 고유의 가치를 제공하여야 하며, 이러한 가치는 외부 혁신 기업이 플랫폼 기업과 협업할 수 있는 기반을 제공한다. 포털이 웹콘텐츠 작가와 협업이 가능했던 이유는 포털이 가지고 있는 트래픽 및 모객효과가 고유의 가치였기 때문이다. 웹툰의 경우, 포털 중 맨 처음으로 웹툰 플랫폼을 시작한 것은 파란이었지만 최종 승자는 네이버 웹툰이 되었는데 이는 콘텐츠 플랫폼으로서 핵심 가치에 대한 이해에 기반하였다. 또 하나, 웹콘텐츠 플랫폼에서 핵심적인 가치는 바로 콘텐츠이다. 레진코믹스의 경우, 네이버에서는 공급하기 어려운 성인 웹툰과 과금체계를 통해 차별화를 진행하였으며, 이는 플랫폼의 빠른 성공 요인 및 차별화 요인 중 하나로 자리매김하여 승자독식이 발생하는 웹콘텐츠 플랫폼 시장에서 독자적인 영역을 구축하였다.

두 번째는 신속한 고객 기반 구축이다. 특히 최근 들어서는 새로운 기술의 확산 속도가 증가하고 있는데, 이런 상황에서는 신속한 고객 기반 구축이 플랫폼의 핵심기술 우위보나 더 중요하게 작용하는 경우도 많다. 플랫폼에서 고객 기반은 피드백 효과를 통한 시너지를 만들어낸다. 특히, 기술기반 플랫폼의 경우 이러한 서비스나 상품을 구매하는 소비자들은 자신이 느끼는 상품이나 서비스의 가치도 중요하지만, 타인의 구매행위도 중요하게 여긴다. 소비자들은 자신이 구매하는 상품이나 서비스가 기술이나 시장 불확실성이 매우 높음을 인지하고 있으며, 자신의 소비행위가 의미를 가지기 위해서는 자신이 선택한 플랫폼이 생존하는 것이 중요하다는 것을 알고 있기 때문이다. 따라서, 소비자들은 다수의 사람들이 선택하는 플랫폼으로 몰리는 경향을 가진다. 이러한고객 기반의 빠른 증가는 소비자들에게 긍정적 신호를 제공하여서 증가를 가속화하는 경향이 있다.

마지막으로 성공적 플랫폼을 위해서는 지속 가능한 에코 시스템이 필수적이다. 플랫폼에 참여하는 모든 파트너가 만족할 수 있는 수익 모델을 마련하고 간접 네트워크 효과를 통해 서로가 윈윈할 수 있는 생태계를 구축해야 한다. 이러한 생태계는 플랫폼의 경쟁력을 크게 강화시키며, 플랫폼이 지속적으로 외부 혁신 그룹의 협력을 이끌어내는 기반이 된다. 웹툰의 경우 레진코믹스가 후발 주자임에도 불구하고 빠르게 플랫폼을 구축하고 입지를 구축할 수 있었던 것은 웹툰 생태계에 대한 이해가 높았기 때문이다. 레진코믹스 이전의 웹툰 작가들은 플랫폼에서 제공하는 고료에 전적으로 의존해야만 했다. 미디어 프랜차이즈를 통한 수익도 있었으나, 이는 정기적이지 못하였으며 초기 단계였기 때문에 큰 수익을 기대하기도 어려웠기 때문이다. 레진 코믹스는 초반에 계약을 하는 웹툰 작가들에게는 차별화된 과금모형을 통한 높은 수익 제공이라는 인센티브 뿐만 아니라, 흥행과 상관없이 월 일정액을 지급하는 형태로 계약했다. 일반적으로 미니멈 개런티라고 부르는 형태인 것이다. 이러한 형태에서는 수익이 미니멈 개런티를 초과하게 되면 수익 배분이 이루어지는데, 미니멈 개런티를 일시급이 아닌 월납으로 하는 것을 통해 작가에게는 안정적인 수익을 제공하고, 기업으로서는 현금흐름을 개선하는 두 마리 토끼를 잡게 된 것이다. 이러한 생태계 구성은 경쟁기업으로서는 심각한 위협으로 여겨져서 현재 각 플랫폼들은 작가의 수익을 증가시키기 위한 다양한 방법을 시도하고 있으며, 이를 통해 작가들이 이탈을 하지 않고 플랫폼의 경쟁력을 유지할 수 있도록 최선을 다하고 있다.

2) 상품 전략

(1) 개방형 혁신과 콘텐츠 확보

웹콘텐츠의 상품 전략에서 핵심은 뛰어난 웹콘텐츠 작가의 발굴 및 유지이다. 웹콘텐츠 플랫폼에서 웹콘텐츠 창작자들는 특정 웹콘텐츠 회사의 직원이 아닌 외부인으로서 자신의 역량을 플랫폼에 기여하고, 그 대가로 수익을 나누어받는다. 이러한 형태로 상품을 유지/운용하는 전략을 개방형 혁신(open innovation)이라고 한다. 개방형 혁신은 기업이 연구, 개발, 상업화에 이르는 일련의 혁신 과정을 개방하여 외부 자원을 활용함으로써 혁신의 비용을 줄이고 성공 가능성을 제고하며 부가가치 창출을 극대화하는 기업혁신의 방법론을 말한다. 웹콘텐츠 관점에서 이야기한다면 전통적인 폐쇄적 혁신은 웹콘텐츠 작가들을 모두 회사 내부의 직원으로 고용하고 기획, 제작 등의 모든 작품 개발 과정을 내부에서 직접 만들어내는 것을 뜻하며, 개방형 혁신은 회사 내부가 아닌 외부에서 창작자를 조달하는 형태를 뜻한다.

이러한 개방형 혁신을 잘 보여주는 사례 중 하나는 네이버 웹툰을 들 수 있다. 네이버 웹툰의 작품의 확보는 최근에 많이 등장하고 있는 만화 에이전시나 직접 섭외 등을 통해서도 이루어지지만 가장 핵심적인 것은 도전만화 – 베스트 도전 – 정식 연재로 연결되는 연재 프로세스이다. 도전만화에서는 누구나 웹툰을 올릴 수 있는데, 여기서 선택된 웹툰은 베스트 도전으로 옮겨져서 연재가 된다. 도전만화에 비해 훨씬 찾아보기 쉽기 때문에 팬덤이 생겨나게 되며, 여기서 인기를 많이 끈 작품들은 정식 연재작이 되면서 작가에게 고료가 지급되게 된다. 이러한 구조를 통해 네이버웹툰은 큰 비용을 들이지 않고도 좋은 콘텐츠를 확보할 수 있었으며, 이는 네이버웹툰이 강력한 플랫폼으로서 자리매김하는 원동력이 되었다.

네이버는 웹툰에서 이러한 성공경험을 바탕으로 웹소설에서도 동일한 형태로 작가확보에 나섰으며, 네이버 웹소설이라는 서비스를 런칭하였다. 네이버 웹소설도 네이버웹툰과 같이 누구나 콘텐츠를 올리고 여기에 단계적으로 유료화를 하는 구조를 제시하였으나, 이러한 선정을 하는 것은 네이버가 진행하며 작가는 이러한 네이버의 선택에 종속될 수 밖에 없으며 선택이 되지 못한다면 수익을 창출하기 어렵다. 반면에 후발주자로 진입한 카카오페이지의 경우 유료화의 선택은 작가에게 귀속이 되며 수익구조 역시 작가가 직접 소득을 가져가는 형태로 되어 있어 창작자가 더 수익을 많이 창출할 수 있는 구조를 제시하였으며, 콘텐츠를 제공하는 웹소설 창작자들은 네이버보다는 카카오를 선택하여 카카오페이지가 웹소설에서는 1위를 차지하는 원동력이 되었다. 즉, 개방형 혁신에 있어서 외부혁신을 유인하는 원동력은 혁신의 과실을 외부혁신자와 플랫폼이 나누는 생태계의 건전성에 있다. 외부혁신자가 지속적으로 혁신을 플랫폼에 제공할 수 있는 유인을 느끼지 못한다면 플랫폼은 지속할 수가 없게 된다.

개방형 혁신은 하나의 기업이 만들어낼 수 있는 혁신의 규모와 다양성을 크게 넘어서기 때문에, 콘텐츠에서는 필수적인 요소이다. 하지만, 플랫폼이 개방형 혁신을 통한 외부의 콘텐츠 공급에만 수동적으로 의존하는 데에는 한계가 있다. 무엇보다 콘텐츠 플랫폼에서 핵심적인 가치는 콘텐츠의 품질에 있으며, 높은 품질의 콘텐츠를 생산하는 외부 혁신그룹을 다른 경쟁 플랫폼에 뺏기게 되면 자사의 경쟁력을 상실하게 되기 때문이다. 이에 따라, 웹콘텐츠 플랫폼들은 다양한 형태의 계약 및 인센티브를 통해 핵심작가군을 유지하기 위해 총력을 기울이고 있다. 많은 웹콘텐츠 플랫폼들이 전속 작가 계약을 통해 연재 중인 핵심 작가들에 대해 독점 계약을 체결하고 고료와 별도의 계약금을 추가로 지불함으로서 자사 플랫폼의 핵심 작가들이 다른 플랫폼에 연재하는 것을 방어하고 있다.

웹툰 플랫폼들은 작가 확보 및 유지를 위해 치열한 경쟁을 하고 있는데, 이러한 경쟁 사례 중 대표적인 것은 레진코믹스의 네이버 베스트 도전 작가 유치이다. 네이버 베스트 도전의 경우 포털에서 인기를 끌고는 있지만, 기본적으로는 무료로 연재가 되며, 정규 연재로 전환되어 고료를 받는 기간이나 비율은 예측이 어렵다. 이러한 빈틈을 노려서 레진코믹스는 베스트 도전에서 인기를 크게 끈 작품들을 대거 영입하여 고료를 지급하고 역량있는 작가와 함께 고객까지 함께 흡수하였다. 이러한 작가 이탈이 반복되자, 네이버에서는 베스트 도전 작품 중 50작품을 선정하여 월 50만원씩 지원하는 프로그램을 만들어서 대응을 진행하였다.

웹소설의 경우는 작가 아카데미와 공모전을 통해 작가들이 지속적으로 자신들의 역량을 향상시킬 수 있도록 하며, 다른 한편으로는 신진 작가들을 키우고 발굴하는 기회를 제공하고 있다. 특히 공모전의 경우에는 주기적으로 신인 작가들에게 기회가 제공될 뿐만 아니라, 소비자에게도 집중적으로 새로운 작품을 볼 수 있는 기회를 제공한다. 또한, 이렇게 공모전을 통해 확보된 뛰어난 작품에 대해서는 계약을 통해 독점적인 콘텐츠 공급지위를 확보할 수 있기 때문에 웹소설 플랫폼에 있어서는 공모전이 콘텐츠 확보 및 작가 확보의 핵심적인 도구로서 자리매김하고 있다.

(2) 미디어 프랜차이즈

웹콘텐츠 시장에서는 웹콘텐츠의 IP를 활용한 연계상품들도 매출의 중요한 비중을 차지한다. 웹콘텐츠의 지적재산권을 활용하여서 영화, 드라마, 애니메이션, 게임 등으로 다른 매체로 진출하거나, 웹콘텐츠가 가진 브랜드나 핵심 캐릭터에 대한 라이센싱을 통해 문구, 팬시상품 및 기타 각종 용품에서 로열티 수익을 창출하는 것을 미디어 프랜차이즈라고 한다. 일본에서는 이러한 전략을 미디어믹스라고 부르기도 하는데, 한국에서는 OSMU(One source multi use)라는 용어가 많이 사용된다.

웹툰의 경우 초기에는 강풀의 "아파트"나 "순정만화"가 영화화되었고 강도하의 "위대한 캣츠비"는 드라마로 제작되었으나, 웹툰을 기반으로 한 영화나 드라마가 시장에 큰 반향을 일으키지 못하였다. 하지만, 최근 들어서는 이러한 경향이 크게 바뀌었다. 윤태호의 "미생"의 경우 2014년 10월에 tvN에서 드라마로 방영되면서 최고 시청률 10.3%를 기록하며 케이블 드라마상 최대 수치를 기록하였다. 이러한 영화화의 성공은 그로 인한 라이센스 수익 뿐만 아니라 크로스 마케팅 효과도 만들어낸다. 드라마 방영 후 "미생" 단행본은 100만부 이상 추가로 판매되어서 누적 판매부수를 220만부를 넘겼으며, 웹툰도 누적 조회수를 11억뷰를 넘겼다. 이러한 인기에 힘입어서 미생의 캐릭터들을 활용한 커피, 음료 및 광고들도 등장하기 시작하였다. "미생"의 경우, 보편적인 직장인의 어려움을 그리기 때문에 한국 뿐만 아니라 다른 국가에서도 공감대를 형성하여서 2016년 7월에는 일본 후지 TV에서 "HOPE – 기대 제로의 신입사원"이라는 제목으로 리메이크 드라마가 방영되기도 하였다.

웹소설의 경우 웹툰이나 드라마, 영화 등으로 제작할 때 각 매체의 특성에 맞추어 변화가 용이하다는 장점 때문에 웹툰보다 좀 더 활발하게 미디어 프랜차이즈가 이루어지고 있다. 카카오페이지의 "나혼자레벨업"은 웹소설에서 시작하였으나 웹툰에서 폭발적인 인기를 거두어 2018년까지 국내외 누적매출이 300억을 넘어섰으며, 카카오페이지가 해외진출을 하는 데 있어서 핵심적인 콘텐츠로 자리매김하기도 하였다. "김비서가 왜 그럴까"는 웹소설로도 큰 성공을 거두었지만 tvN에서 드라마로 제작되어 최고 시청률 10.6%를 기록하기도 하였다. 특히 웹소설의 서사는 플랫폼 내 경쟁을 통해 지금 주요 콘텐츠 소비자들의 취향에 맞춘 트렌디함을 가지고 있기 때문에 미디어 프랜차이즈 확장에 있어서 핵심적인 도구로 자리매김하고 있다.

미디어 프랜차이즈의 확장에서 중요한 것은 이러한 확장이 지적재산권 및 이에 기반한 라이센싱 계약에 의해 발생한다는 것이다. 따라서, 웹툰 콘텐츠를 관리함에 있어서 적절한 계약을 통해 미디어 프랜차이즈 및 라이센싱에 대한 지적재산권 및 계약에 대한 권리를 확보하는 것이 선행되어야 한다. 또한, 지적재산권 및 계약 구조에 대한 심층적인 이해가 선행되어야 한다.

웹콘텐츠의 경우 애니메이션이나 영화와 같은 매체에 비해 저비용으로 개발이 가능하기 때문에 미디어 프랜차이즈에 있어서 선호되는 매체이다. 하지만, 미디어 프랜차이즈가 활발하게 이루어지기 위해서는 탄탄한 원작 스토리와 함께 캐릭터의 개성이 명확하여야 한다. 또한, 스토리의 타겟 고객이 명확하게 정해져 있는 경우 미디어 프랜차이즈 대상으로 선호된다. 상품화의 경우 표준매뉴얼을 사전에 구성하여야 하며, 이러한 표준 매뉴얼은 크게 네가지 파트로 구성된다. 첫 번째 파트는 요약 파트로서 매뉴얼 구성과 캐릭터 소개, 컨셉, 매뉴얼 방향 및 관리 지침을 담고 있다. 두 번째 파트는 기본적인 캐릭터 소개를 다루며, 캐릭터의 주 이미지 및 로고 타입, 다양한 표현 방식을 제공한다. 세 번째 파트는 응용 파트로서 엠블럼, 아이콘, 패턴, 다양한 캐릭터 응용동작 등을 제공하여 상품화에 활용할 수 있는 기반을 제공한다. 마지막으로는 상품화 파트로서 박스, 레이블 등의 제작 지침과 디자인 소스를 제공하고 샘플 제품 이미지를 제공한다.

3) 가격 전략

(1) 가격차별화 기초 이론

가격차별화는 동일한 조건에서 생산된 동질적 재화나 용역이 다른 가격으로 서로 다른 소비자에게 판매되는 행위로 정의한다. 기술과 품질에서 거의 유사한 두 재화 i, j가 다음과 같은 조건에서 판매될 경우 가격차별 현상이 발생한다고 할 수 있다.

$$\frac{P_i}{MC_i} \neq \frac{P_j}{MC_j}$$

이러한 가격차별화를 활용하기 위해서는 세가지 조건을 만족하여야 한다. 첫째, 기업은 가격을 결정하거나 변경할 수 있는 시장지배력을 보유하고 있어야 한다. 따라서, 가격차별화는 독점, 과점 및 독점적 경쟁시장에서만 적용할 수 있다. 둘째, 기업은 가격탄력성에 따라 고객을 구분할 수 있어야 하며, 마지막으로 기업은 서로 다른 가격 탄력성을 가진 고객 간에 재판매가 일어나지 못하도록 하여야 한다.

콘텐츠의 경우, 자동적으로 위에 언급된 조건을 대부분 만족하기 때문에 가격차별화가 효과적으로 작동할 수 있다. 첫 번째로 시장지배력 관점에서 콘텐츠 산업은 독점적 경쟁(monopolistic competition), 즉 제품마다 특성이 다르기 때문에 완전경쟁에 가까운 시장 환경에도 불구하고 불완전경쟁 특성이 나타나며, 이로 인해 각 개별 콘텐츠들은 시장지배력을 보유하여 해당 조건을 만족한다. 두 번째로 고객의 구분은 유희재(hedonic goods)가 가지고 있는 보편적인 특성상, 고객 간에 높은 가격탄력성의 차이가 발생한다. 이에 따라 이를 효과적으로 구분할 수 있는 요금 경계(rate fence)를 적절하게 구성할 경우, 가격차별화로 인한 수익을 기대할 수 있다. 마지막으로 콘텐츠는 일반적으로 디지털 플랫폼을 통해 거래가 되며 저작권으로 보호가 되기 때문에 고객 간 재판매에 대해서는 기업 내부의 고객 정책으로 대처할 수 있다.

(2) 웹툰의 가격차별화

웹툰은 초기에 무료로 서비스가 되어 왔기 때문에 이에 대해 과금을 하는 데에는 어려움이 많았다. 이에 따라 웹툰 플랫폼들은 광고를 통한 간접적인 수익을 먼저 추구했다. 이러한 광고 형태는 크게 두가지가 있다. 첫 번째는 PPL(Product Placement)이다. 웹툰 PPL은 그 형태에 따라 일반적으로 작품 속에 광고 소재가 노출되는 방식과 작품 속의 캐릭터를 활용하여 광고소재를 제작하는 창작형 배너광고의 두가지로 나뉠 수 있다. 전자의 경우는 영화나 드라마의 PPL과 마찬가지로 웹툰 연재 작품 속에 기존 제품 브랜드의 이미지, 명칭 등을 노출하거나 이야기의 소재로 사용하는 방식으로 거부감이 없이 자연스러우면서도 효과가 높은 것이 장점이다. 반면에 창작형 배너 광고는 연재 중 작품 하단에 작가의 작화를 활용한 광고 소재를 노출하는 형태이다. 두 번째는 전통적인 배너/텍스트 광고이다. 웹툰 페이지의 여백에 이미지 또는 텍스트를 삽입하여서 전통적인 온라인 광고의 효과를 기대하는 것이다.

이러한 간접적인 과금방식은 수익에 한계가 존재하기 때문에 직접적인 웹툰 상품 판매가 시도되었다. 그 첫 번째 방식은 완결작에 대한 유료 판매이다. 네이버 웹툰에서 주호민 작가의 "신과 함께"에 대해 유료로 판매를 시작하였고 그 이후 유명 웹툰 완결작에 대해서는 유료 판매가 보편적으로 확산되기 시작하였다.

하지만, 이러한 웹툰의 과금체계에 본격적으로 변화가 온 것은 레진코믹스가 등장하면서부터이다. 2013년 6월 레진코믹스는 무료가 아닌 유료 콘텐츠 판매를 중심으로 서비스를 시작했다. 처음에는 벤처의 새로운 시도라고 보았으나, 서비스 1년이 지난 후 110만명의 회원과 매출 103억원을 기록하였으며, 2015년에는 600만 회원에 연간 매출이 321억원까지 빠르게 증가하였다.

레진코믹스의 과금모형은 크게 두가지이다. 첫 번째는 유료화인데, 웹툰은 경험재인만큼 처음 몇 화는 무료로 제공하고, 그 이후 상품에 대한 가치를 인지하고 나면 매 화마다 300원에서 500원 정도를 지불하게 한다. 그러나, 이러한 가격 모형은 해당 웹툰이 고객이 처음 몇화를 경험하고 나서 그만한 금액을 지불할 만한 가치가 있다고 느낄 경우에만 가능하다. 일반적으로 스타 작가들이나 지불 의사가 큰 성인 대상 만화에 주로 사용된다. 다른 하나는 시간을 통한 가격 차별화이다. 연재중인 작품 중 지불의사가 낮은 십대 대상 만화나 인지도가 높지 않은 만화의 경우에는 지불의사가 높은 고객군의 규모가 크지 않기 때문에 전면적 유료화를 사용할 경우 고객을 상실할 가능성이 높다. 기본적으로 연재중인 만화는 서비스의 개념이 높기 때문에 시간을 요금 경계(rate fence)로 사용하여 새로 업로드된 작품을 보려면 1주에서 8주를 기다려서 무료로 보거나 아니면 바로 결제를 해서 볼 수 있게 만들었다. 즉, 영화의 창구화 전략에 있어 각 창구간 수익을 극대화하기 위한 홀드백(holdback)의 개념을 차용한 것이다.

레진코믹스가 웹툰 유료화의 문을 열었지만, 웹툰의 가격차별화는 아직 초기 단계이며, 아직 넘어야 할 산이 많다. 사실, 웹툰 뿐만 아니라 디지털콘텐츠 전반에 걸쳐 가격차별화는 필연적인 숙명임에도 불구하고, 성공적인 사례들은 이제 시작되고 있는 상황이다. 이러한 웹툰 가격차별화의 새로운 가능성을 위해서는 기존에 가격차별화에 대해 많은 노우하우를 가지고 있는 영화나 공연, 관광, 레스토랑과 같은 기존 산업에 대한 연구가 함께 진행되어야 한다.

(3) 웹소설의 가격차별화

웹소설의 유료화는 정액제로 시작하였으나, 웹툰과 마찬가지로 웹소설에도 2013년에 정량제가 도입된 이후 산업이 크게 성장하였다. 그러나 지금과 같이 웹소설 시장이 성장하게 된 배경에는 카카오페이지와 "기다리면무료"라는 카카오페이지의 독특한 가격차별화 프로그램이 있다. 웹소설의 경우 웹툰과 마찬가지로 처음의 상당부분은 무료로 제공하고 그 다음에는 편당 일정 금액을 내고 보는 것이 보편화된 수익모형이 되었다. 하지만 개개인의 특성이 다르기 때문에 웹소설에 대한 편당 과금이 100원이지만 모두가 이 가격을 지불할 의향이 있는 것은 아니다. 이러한 빈 간극에 대해서 카카오페이지는 기다리면무료라는 가격차별화 프로그램을 제시하였다.

기다리면무료에 해당하는 작품은 카카오에서 선별한 작품에게만 해당되는 프로그램이며, 여기에 해당되는 작품은 유료로 제공되는 콘텐츠를 하루를 기다리면 무료로 볼 수 있게 된다. 그렇다고 시간이 지나면서 자동적으로 콘텐츠가 열리는 것이 아니라 소비자가 유료 콘텐츠를 무료로 보고 난 뒤 24시간이 지나야 그 다음 콘텐츠를 무료로 볼 수 있게 되는 것이다. 이 콘텐츠에서 가치를 좀 더 느끼게 된 소비자는 무료 콘텐츠를 즐기고 나서 추가 과금을 하게 되며, 콘텐츠에 대한 가치를 편당 과금액보다는 낮게 평가하면서 시간의 가치가 낮은 소비자는 기다리며 콘텐츠를 계속 즐기게 될 것이다.

이러한 가격차별화의 도입은 편당과금액이 낮은 소비자, 일반적으로 10대 청소년들을 효과적으로 플랫폼 내에 유지하면서 이들 소비자들을 기반으로 규모의 경제를 달성하는 데 큰 기여를 하였으며, 이러한 혁신을 바탕으로 카카오페이지는 웹소설 부문에서 시장 점유율 1위를 달성하였다.

4) 프로모션 전략

(1) 사전경험 전략

웹콘텐츠는 일반적으로 정기적으로 연재를 진행하며, 이러한 웹콘텐츠 연재주기에 맞추어 플랫폼을 주기적으로 방문하는 고객이 가치를 창출하는 핵심요인이다. 그러나, 웹콘텐츠는 경험재이기 때문에 단순히 표지나 장르, 작가 이름 등만의 정보만으로는 고객이 지속적으로 콘텐츠를 소비할 가치를 인지하는 데 한계가 있으며, 사전 경험이 필요하다. 포털의 웹툰 플랫폼의 경우 대부분 무료로 콘텐츠를 공급하고 있기 때문에 이러한 경험이 해당되지 않지만, 유료 플랫폼인 경우 사전에 고객이 해당 상품의 가치를 인지할 수 있도록 적절한 연재분을 무료로 제공하는 것이 필수적이다. 이 때 제공하는 분량은 서사물일 경우 스토리에 몰입하여 다음 내용이 궁금하다고 느낄만한 수준이 되어야 한다. 이러한 분량은 마케팅적인 관점도 중요하지만 웹콘텐츠의 작가의 관점도 중요하며, 웹콘텐츠 작가 등의 요구 등으로 인해 무료 제공 분량이 조정되는 경우도 많이 볼 수 있다.

(2) 기대관리와 리텐션 전략

마케팅에 있어서 핵심은 고객을 만족시키는 것이다. 이 때, 고객의 만족은 상품의 지각된 성과가 구매자의 기대를 상회하였을 때 이루어진다. 만약 상품의 성과가 기대에 미치지 못하면 불만족하게 될 것이며, 구매자는 웹콘텐츠의 구독 또는 유료구매를 중단할 것이다. 이러한 불만이 크다면 해당 플랫폼을 이탈하는 경우도 발생할 것이다. 반면에 지각된 성과가 기대와 일치하면 소비자는 만족할 것이다. 성과가 기대한 바를 크게 상회하면 고객은 감동하게 되며, 고객은 고객전도사가 되어서 주위의 사람들에게 긍정적인 경험을 전파하게 된다. 따라서, 웹콘텐츠는 고객의 기대 수준을 계속하여서 만족시켜주어야 한다. 가장 기본적으로는 웹콘텐츠의 연재 주기나 분량, 품질이 될 것이다. 웹콘텐츠가 이러한 고객의 기대 수준을 만족시키고 있는 지에 대해서는 별점이나 댓글도 측정대상이 될 수 있으나, 본질적으로는 데이터 분석이 기반이 되어야 한다. 다양한 리텐션 지표의 측정을 통한 데이터만이 현재 상황을 명확하게 제시할 수 있다.

리텐션 지표에서 가장 많이 사용되는 지표는 RFM(Recency, Frequency, Monetary)이다. 각각 최근 방문여부, 방문빈도 및 지불금액으로서 소비자의 리텐션이 중요한 산업에서 가장 표준적으로 사용되는 지표이다. CRM에서는 RFM을 이용하여 고객을 집단별로 구분하고 충성도를 측정한다. 리텐션 연구에서 고객은 바로 이탈하는 것이 아니라 시간이 지나면서 충성도가 떨어지며 방문빈도가 감소하고 소비금액이 감소하다 점진적으로 이탈하게 된다. 이러한 고객을 지속적으로 유지하기 위해서는 고객에 지속적인 가치를 제공하여야 한다. 충성도를 높이기 위해 할인 등 가격 유인 정책을 많이 사용하기도 하는데, 가격 유인 정책은 단기적으로는 효과가 있으나 중장기적인 효과에는 한계가 있다. 특히 충성고객의 경우 가격유인보다는 차별화된 서비스 등을 통해 충성고객에게 기존 고객과 다른 가치를 제공하는 것이 리텐션에 효과적이라고 밝혀진 바 있다.

(3) 광고 전략

웹콘텐츠의 경우 광고는 두가지 차원에서 진행된다. 첫 번째는 플랫폼이고 다른 하나는 웹콘텐츠이다. 웹콘텐츠의 경쟁이 심한 초반에는 플랫폼 광고가 중심이 되었다. 하지만, 웹콘텐츠 플랫폼의 고객 유입 및 지속에 있어서 핵심은 콘텐츠라는 것이 파악됨에 따라 최근 웹콘텐츠 플랫폼의 광고 경향은 콘텐츠 홍보를 통해 고객의 플랫폼 유입을 달성하는 방향으로 트렌드가 변화하고 있다. 이렇게 콘텐츠 중심으로 홍보를 할 때 중요한 것은 대상 고객의 인식 및 도달 방법이다. 웹콘텐츠마다 해당 콘텐츠에 대해 관심을 보이는 고객군이 차이가 나기 때문에 이러한 부분을 효과적으로 구분할 수 있는 미디어믹스가 광고 전략의 핵심이 되고 있다.

(4) 촉진 전략

디지털콘텐츠가 보편적으로 가지는 장점 중 하나는 대상 상품의 재고를 관리할 필요가 없으며, 상품을 추가로 생산하는 비용이 0이라는 것이다. 이는 마케팅 목표에 따라서 상품 가격을 조정하거나, 할인을 하는 게 용이하다는 뜻이다. 또한, 플랫폼을 통해 고객의 기본적인 정보를 가지고 있기 때문에 고객의 행동패턴 분석을 통해 다이렉트 마케팅도 가능하게 되었다. 웹툰은 아직 초기 단계이기 때문에 이러한 부분에 있어서는 아직 실험 단계이긴 하나, 효과적으로 활용하고 있다. 특히, 부분유료화 웹툰 플랫폼의 경우 플랫폼 내에서 구매를 하기 위해서는 현금이 아닌 플랫폼 내 사이버 머니로 현금을 환전하여서 사용하게 구성되어 있다. 이러한 구조는 사이버 머니 할인을 통해 지불의사가 낮은 고객들을 추가 유입시키거나, 시스템 장애 등 문제가 발생했을 때 사이버 머니 제공 등을 통해 고객의 잔존율 유지 등 마케팅 목표를 달성하는 데 매우 유용하다. 전통적인 오프라인 유통에서는 이러한 촉진활동들이 대상 고객을 특정하기 어렵기 때문에 비용이 많이 발생하여 매출에 악영향을 끼치는 경우도 종종 존재한다. 하지만, 웹툰의 경우 디지털 유통의 특성 상 비용이 전혀 발생하지 않기 때문에 촉진이라는 본연의 목표를 효과적으로 달성할 수 있다. 물론, 촉진활동으로 인한 매출 감소라는 부분도 존재하므로 촉진활동을 적극적으로 전개하는 것은 좋으나, 언제나 효과성을 면밀하게 검토하여야 한다.

(5) 홍보 전략

웹툰은 그 특성 상 웹툰과 작가가 하나의 브랜드로 인식되는 경우가 많다. 이에 따라, 많은 경우 홍보는 웹툰 작가, 특히 스타 웹툰 작가를 중심으로 벌어지게 된다. 기본적으로 웹툰 작가라는 것 자체가 소비자들에게 환상을 불러일으키는 존재이기 때문에, 이러한 홍보는 단순히 언론매체만으로 한정되지 않고 다양한 방송 매체를 활용하여 이루어진다. MBC의 "마이리틀텔레비전"에 이말년 작가가 등장한다던지, 런닝맨에 "마음의 소리" 작가인 조석이 등장한다든지 하는 것이다. "마음의 소리"는 기본적으로 생활 개그 웹툰이기 때문에 조석은 런닝맨 촬영 내용을 다시 웹툰으로 그리고, 또한 이러한 웹툰 내용을 반영하여 다시 런닝맨에 재등장하게 되는 등 작가의 방송 활동은 웹툰 및 연계 미디어를 거쳐 확장되는 경우도 있다. MBC의 "무한도전"의 경우는 주요 웹툰 작가와 무한도전의 멤버들을 활용하여 릴레이툰 특집을 진행하여서, 웹툰을 무한도전 멤버와 함께 작업하는 과정을 보여주고, 만들어진 웹툰을 네이버 웹툰 및 MBC 홈페이지에 올려서 공개하였다. 이러한 작업을 통해 기존 웹툰 작가들의 인지도를 상승시켰을 뿐만 아니라, 웹툰에 관심없는 일반 사람들을 유입시키고 웹툰에 대한 인식을 바꾸는 데 큰 기여를 하였다. 웹툰 작가의 경우, 빠르게 콘텐츠를 만들고, 이를 바탕으로 커뮤니케이션을 하는 데 능하기 때문에 이를 활용한 크로스 미디어 전략은 매우 효과적이다.

반대로, 웹툰이 작가의 개인적인 역량에 기대기 때문에, 작가의 개인적인 문제가 웹툰에 부정적인 영향을 끼칠 수도 있다. 특히, 최근 들어서는 성차별 등 이슈가 대두되면서 이러한 차별을 강화하는 개그 코드를 사용한 작가들이 SNS 등에서 이슈가 되거나, 작가에 대한 유언비어가 이슈가 되는 사례들도 등장하기 시작하였다. 따라서, 작가 홍보에 있어서 리스크 매니지먼트에 대한 고려도 중요한 전략 중 하나로 대두되고 있다.

상대적으로 웹소설의 경우에는 작가가 외부 활동을 통해 브랜드를 구축하는 경우보다는 작품으로서 브랜드를 확보하고 이를 바탕으로 브랜드 가치를 확장하는 경우가 많다. 브랜딩의 핵심은 소비자가 대상 브랜드의 가치를 가치 관점뿐만 아니라 감성적인 부분까지 인지할 수 있게 만드는 것이며, 일관성을 통해 브랜딩의 가치를 유지하는 것이 중요하다.

요약

웹콘텐츠는 디지털 콘텐츠로서 제작 및 유통 전반이 모두 온라인으로 이루어진다. 이에 따라, 전통적인 엔터테인먼트와 다르게 첨단기술에 기반한 마케팅 이슈들이 발생하고 있고, 이를 효과적으로 이해/적용하는 것이 중요하다. 특히 디지털 플랫폼의 특성에 대한 이해와 함께, 웹콘텐츠가 가진 고유한 커뮤니케이션 특성을 인지하고, 플랫폼 특성을 활용한 마케팅 전략을 운용하는 것이 중요하다. 무엇보다 웹콘텐츠는 가격차별화를 하지 않으면 가치가 0에 수렴하는 특성을 가지고 있기 때문에 효과적인 가격 모형을 개발 · 유지하는 것이 중요하다.

생각해 볼 문제

1. 웹콘텐츠가 정보재로서 가지는 속성은 무엇인가?
2. 플랫폼 특성을 고려할 때, 효과적인 웹콘텐츠 플랫폼의 경쟁전략은 무엇인가?
3. 웹콘텐츠의 부분유료화 전략은 어떻게 변화될 것인가?
4. 뛰어난 웹콘텐츠 창작자를 확보하기 위한 전략은 어떤 것이 있는가?

참고문헌

김상훈, “하이테크 마케팅”, 2판, 2013, 박영사

박인하, “글로벌 차세대 디지털플랫폼에서의 만화수익모델 연구”, 2010, 한국콘텐츠진흥원

장민지, “IP 비즈니스 기반의 웹 소설 활성화 방안”, 2018, 한국콘텐츠진흥원

한창완, 박석환, 전현지, “만화”, 2014, 대원사

한창완, “웹툰산업현황 및 실태조사”, 2015, 한국콘텐츠진흥원

Boudreau, K., and Lakhani, K. (2009), “How to manage outside innovation”, MIT Sloan Management Review, Summer 2009, pp.69-76

McCloud, Scott, “만화의 이해”, 김낙호 역, 2002, 시공사

CHAPTER

10

공연콘텐츠 마케팅

본 챕터에서는 관람객들이 직접적으로 현장에서 소비하는 공연 콘텐츠의 마케팅적인 특성과 시장 상황에 대한 이야기를 하고 있다. 공연 콘텐츠는 일반적인 미디어 콘텐츠와는 또 다른 특성을 가지게 되며 공연을 기획하는 과정과 관객에게 알리는 프로모션도 영화와 같은 콘텐츠와는 다르게 진행된다. 또한, 거물급 배우들의 영향력이 커서 시장이 왜곡되어 있는 것도 사실이다. 따라서 이러한 공연마케팅에 대한 이해와 실질적인 마케팅에서 고려하여야 할 점, 그리고 장기적으로 비대면으로 관객과 만나는 온라인 공연 등 새로운 형식의 공연 콘텐츠에 미치는 다양한 요소들에 대해 정리를 하고 있다.

01

공연마케팅의 특성

공연법에서 공연은 "음악 · 무용 · 연극 · 연예 · 국악 · 곡예 등 예술적 관람물을 실연(實演)에 의하여 공중(公衆)에게 관람하도록 하는 행위"로 정의된다. 다만 "상품 판매나 선전에 부수(附隨)한 공연은 제외한다"고 규정하고 있다. 현장에서는 경우에 따라 서커스, 판토마임, 인형극 등을 포함하기도 한다. 공연은 무형성, 이질성, 비분리성, 소멸성을 특징으로 한다(이유재, 1999). 공연은 물리적인 형태가 없는 무형의 상품이고 연주자나 배우, 공연장에 따라 콘텐츠의 질이나 내용이 이질적으로 구성될 수 있다. 관객이 공연과 분리되지 않으며 1회 공연으로 소멸되는 특성을 지닌다.

주로 클래식 공연이라 불리는 과거의 공연들은 왕이나 귀족들과 같은 특수계층들의 전유물로 생각되었다. 공연 창작자들은 자신의 창작을 지원하는 소수의 사람들만 만족시키면 되었다. 그 당시도 일반인들이 공연의 소비자가 되는 경우도 있었지만 이후 귀족들이 몰락하면서 공연을 창작하는 사람들은 이제 많은 수의 대중들의 취향이 공연의 기획이나 제작에 중요한 요인이 되었다. 이러한 시대적인 변화와 함께 공연도 소비의 주체로 떠오른 일반 대중들을 대상으로 한 마케팅이 필요하게 되었다. 이러한 환경변화에 따라 학술적인 측면에서도 예술경영이라는 분야에 대한 관심이 증가하고 있다. 현재까지는 공연과 관련한 연구는 마케팅적인 접근을 무시한 채 예술적인 창작에 중점을 두어 진행되어 왔다. 하지만 공연산업이 하나의 독립적인 산업적 지위를 확보하고 지속적으로 발전하기 위해서는 공연물의 마케팅에 대해 깊이 고민하여야 한다. 여기서는 공연 마케팅을 "어떤 공연단체가 그 단체의 목적 범위 내에서, 시장에 대해 창의적이고 생산적이며 이익이 되는 관계를 형성함으로써 고객을 창출하고 만족시켜 나가는 과정"으로 정의한다(Kotler & Scheff, 1997). 따라서 공연의 단순한 제작에 국한되지 않고 기획 단계부터 소비자를 염두에 둔 전략적인 작업을 공연 마케팅으로 보고 세부적인 단계와 중요 요인에 대해 알아보고자 한다.

공연 마케팅이라는 표현에는 공연물 자체를 대상으로 하는 경우와 제3의 브랜드나 제품을 대상으로 공연물을 활용해 마케팅을 전개하는 경우로 나눌 수 있다. 공연물을 활용하는 마케팅은 기업들의 후원이 대표적이다. 최근 후원이 호의적인 기업 브랜드를 구축하는데 효과적이라는 인식이 생기면서 연극/뮤지컬, 클래식 공연, 오페라 등을 활용하여 마케팅 활동을 전개하는 경우가 증가하고 있다. 공연을 기획하고 주최하는 입장에서는 기업의 후원이 공연 수익에 많은 도움이 되기 때문에 후원 마케팅은 공연산업에 있어 중요한 개념이라 할 수 있다. 현재 대표적인 후원 마케팅으로는 올림픽이나 월드컵을 활용한 스포츠 후원이 일반적인 마케팅 형태이지만 문화 후원은 스포츠 후원과는 또 다른 효과를 창출한다. 문화공연에 기업들의 후원이 증가하는 이유는 기업이 공연 후원을 통해 문화와 관련한 이미지를 형성할 수 있기 때문이다.

1) 공연 시장의 특성

공연단체의 경우 다양한 이해관계자들이 관여한다. 이사진, 예술감독, 작곡가, 극작가, 안무가, 공연자, 후원기업, 자원봉사자, 개인 지원자. 공공지원기관, 개인, 기업 재단, 일반관객, 시즌티켓 구매자, 정부지원기관 및 기타 이해관계자, 경쟁자, 노조, 직원, 미디어 등 많은 주체가 공연제작에 관여하기 때문에 일반적인 제품이나 서비스의 시장과는 다른 차원에서 이해가 필요하다.

(1) 공연의 생산성

공연산업은 기본적으로 노동절약도가 낮고 노동생산성이 높지 않은 산업이다. 매출액 당 투입되는 인원이 75.7명으로 방송(2.7), 광고(3.1), 영화(7.5), 게임(7.2)보다 월등하게 높고 임금 종사자 1인당 매출액도 1천 3백만원에 불과하다(예술경영지원센터, 2009). 이러한 특성은 공연 산업이 생산성이 낮고 많은 인원과 비용이 투입될 수밖에 없는 현실을 보여준다.

지속적으로 증가하는 비용은 공연산업이 안고 있는 숙제이다. 일반적으로 공장에서 생산되는 상품과 달리 공연 제작에 있어 생산성은 높아지기 힘들다. 공연이 이루어지기 위해 필요한 기본적인 배역과 절대적인 시간은 줄어들 수가 없게 때문이다. 하지만 생산성에 있어 획기적인 향상을 기대하기 어려운 현실에도 불구하고 연기자나 연주자들의 임금은 계속 상승해 왔다. 물론 지금도 열악한 환경에서 근무하는 공연 인력들이 많아 이 또한 해결해야 하는 문제이고 공연을 산업적인 시각으로만 바라보는 것에 대한 지적도 존재한다. 하지만 치열한 경쟁이 일상이 되어버린 현재의 시장 상황에서 공연도 그에 따른 대처가 필요한 시점이다.

(2) 국내 공연 시장

미국의 브로드웨이나 영국의 웨스트엔드와 비교하여 국내 공연시장의 규모는 그리 크지 않은 것이 현실이다. 예술경영센터(2019)에 따르면 2018년 기준으로 국내 공연시장은 8,232억 원 정도이다. 이는 전년 대비 1.2% 늘어난 금액이다. 세부적으로 보면 공연단체의 작품판매와 출연료 수입이 1천334억 원(18.2% 증가), MD 상품 · 협찬 등 기타 공연사업 수입이 550억 원(23.2% 증가), 주차 및 임대수입 등 기타수입이 575억 원(4.4% 증가)으로 각각 증가하였고 티켓판매 수입은 3천917억 원(1.4% 감소), 공연장 대관 수입이 1천96억 원(0.8% 감소), 전시 및 교육사업 등 공연 외 사업 수입이 760억 원(18% 감소)으로 감소하였다. 공연별 티켓판매 수입은 뮤지컬이 2천180억 원으로 전체 공연 시장의 55.7%를 차지하였고, 연극이 743억 원(19%), 클래식이 277억 원(7.1%), 복합장르가 120억 원(3.1%), 발레가 88억 원(2.3%), 국악이 64억 원(1.6%), 오페라가 62억 원(1.6%), 무용이 37억 원(0.9%) 순으로 나타났다.

소비자들의 공연에 대한 관심이 증가하여 시장이 커지는 추세이며 다양한 장르로 확장되는 가능성을 보여주고 있다. 브로드웨이 뮤지컬인 '레미제라블'의 성공은 공연물과 영화 간의 의미 있는 창구효과를 보여주기도 하였다. 뮤지컬 '레미제라블'의 성공을 기반으로 영화 '레미제라블'이 많은 관객을 동원하였고 그런 분위기를 타고 원작인 책에 대한 수요도 크게 증가하였다고 한다. 창작 뮤지컬의 경우 가요를 원작으로 제작되기도 하고 다양한 콘텐츠를 기반으로 뮤지컬이 제작되고 있다. 이는 장르의 구분을 넘어 콘텐츠라는 측면에서 보다 다차원적인 전략이 필요하다고 할 수 있다.

요즘은 대형공연들이 국내 공연시장의 대표적인 형식이 되어 가고 있다. 브로드웨이에서 성공한 뮤지컬은 국내에 거의 소개되었으며 창작 공연도 투자 규모가 대형화하고 있다. 하지만 대형공연들은 국내 공연시장을 성장시키는 순기능을 하기도 하지만 소규모 공연이 자생할 수 있는 공연 생태계에는 부정적인 영향을 미치기도 한다. 이는 대기업의 대형마트로 인한 중소상공인들이 겪는 경영난과 유사한 의미로 국내 공연산업의 종 다양성에 문제가 생길 수 있다는 의미이다.

(3) 제작비 구성

공연은 한번 무대에 올리고 사라져버리는 1회성의 특성으로 인해 인건비가 많이 소요된다. 영화는 한번 촬영을 하고 완성이 되면 추가 상영에 비용이 많이 소요되지 않는 것과 비교하면 공연물은 미디어 콘텐츠와 차이를 보인다. 따라서 전석 매진을 기록하더라도 매출에 비해 실질적인 수익은 높지 않은 경우가 많다. 더욱이 클래식 공연의 경우는 전석 매진이 되더라도 적자가 나는 경우가 대부분이다. 소규모 공연의 경우도 객석수가 많지 않아 구조적으로 수익 창출이 힘든 경우가 많다.

열악한 환경에서 공연에 참여하는 배우와 제작 스태프들은 문제로 지적된다. 해외에서도 공연 스태프들의 처우에 대해 문제 제기가 이루어지고 있는데 국내 공연시장은 상대적으로 더욱 열악한 환경에 놓여있다. 실질 임금 수준이 낮아 생계에 문제가 생기는 경우가 많다. 대학로의 경우 연출자가 본업인 연극 이외에 아르바이트를 하며 자신의 공연을 준비하는 모습이 종종 미디어를 통해 소개되고 있다.

해외 작품을 들여오는 경우 로열티가 상당한 부분을 차지하게 된다. 해외의 오리지널팀이 하는 공연은 공연의 완성도가 높고 마케팅적으로도 가치를 지니지만 비싼 로열티로 인해 성공적인 공연을 마치더라도 수익에 문제가 생기는 경우가 많다. 순수 창작 공연의 활성화가 해답이기는 하지만 국내 환경에서 쉽지만은 않은 일이다.

(4) 수익구조

미국의 215개의 극단을 대상으로 시어터커뮤니케이션그룹의 조사에 의하면 티켓판매, 순회공연, 로열티, 간이매점 운영, 장비임대 등 자체 수입으로 63.2퍼센트 정도만을 충당하고 있다고 한다. 극단들은 기본적으로 고정비용이 많이 소요되기 때문에 자체 수익으로 공연단체를 운영하는 것은 한계가 있다. 이는 국내 공연단체도 마찬가지로 작품 자체 수익은 크지 않는 현실이다(예술경영센터, 2019).

자체 수익을 통한 공연단체의 운영이 힘들기 때문에 외부 지원금으로 공연단 운영의 상당 부분을 의존하고 있다. 먼저 문화예술 활성화를 위해 정부에서 다양한 기금을 운영하고 있다. 이는 공연단체들에게 최소한의 지원금으로 기능한다. 기업들도 순수한 문예진흥을 목적으로 공연단체를 도와주기도 하고 자사의 홍보를 위한 마케팅적인 목적으로 공연단체에 기부금을 내는 경우도 있다. 또한 개인들도 자신이 좋아하는 예술단체에 후원자로 참여하여 단체 운영에 도움을 주는 경우도 상당하다. 여기에 더해 공연 단체뿐 아니라 공연장도 후원으로 운영되는 경우가 많다. 예술의 전당의 경우도 고액 후원자 클럽을 운영하며 지속적인 후원을 모집하기 위해 많은 노력을 하고 있다. 후원자들에게는 기본적인 제공물과 함께 객석에 이름을 새겨주는 등 다양한 혜택이 제공된다.

(5) 관객

일반 상품과는 달리 공연에서 관객은 중요한 구성요인이다. 이는 공연의 특성에 언급한 비분리성으로 설명된다. 특히 클래식 음악의 경우 관객들의 참여가 필요하며 음악을 함께 만들어가는 존재이다. 관객의 음악적인 경험은 음악과 맺은 관계에 따라 달라진다. 클래식 음악에서는 관객을 단순한 소비자로 보기보다는 음악을 함께 만들어 가는 사람으로 보는 것이 타당하며 수준 높은 작품을 위해서는 훌륭한 관객이 꼭 필요하다.

관객의 눈높이에서 마케팅을 진행하는 전략적인 고려가 필요하다. 관객 규모가 한정되어 있는 클래식 관객을 고려하여 클래식 공연을 관람하지 않은 소비자들의 클래식에 대한 부담감을 줄여주기 위해 다양한 이벤트를 준비하는 것도 효과적이다. 이는 형식적인 측면에 치우쳐 다가가기 어려운 이미지로 인해 소비에 동참하지 못하는 소비자를 위한 마케팅이 중요하다는 의미이다.

(6) 예술 마케팅의 목적

일반 시장에서는 고객이 최우선 고려 대상이고 수요와 공급, 이윤의 원리에 따라 상품이 생산 유통된다. 하지만 예술단체의 경우 많은 관객을 동원하여 예술작품과 예술가를 최대한 널리 알리는 것이 목적이다. 이는 공연단체의 운영에서 경제적인 문제에 직면하더라도 사회적인 가치와 예술적인 가치를 위해 운영을 하여야 한다는 의미이다.

2) 시장의 문제점

(1) 거물급 배우

스타급 공연자는 한 번의 출연만으로 공연단체의 이미지를 향상시킬 수 있고 유명배우들로 인해 티켓파워가 늘어나게 되어 매출에 긍정적인 기여를 하는 것은 사실이다. 공연 광고에서도 특정한 배우나 가수의 출연은 핵심적인 마케팅 커뮤니케이션 메시지로 기능하기 때문이다.

하지만 거물급 배우들의 출연료로 인해 공연 제작에 어려움을 겪는 경우가 많아지고 있다. 영화와 달리 시장 자체가 협소한 현실에서 영화보다 더 큰 문제로 지적된다. 특히 뮤지컬과 같이 어느 정도 손익분기점을 넘길 수 있는 공연물의 경우 상황이 양호한 편이지만 순수 연극의 경우 인지도가 높은 출연자에게 고액의 출연료가 배정되는 경우 공연 수익으로 나머지 출연자와 스태프들을 꾸려가기 현실적으로 어려운 경우가 많다.

(2) 장애요인

공연의 성공적인 마케팅을 위해서는 장애 요인을 파악하는 것 또한 중요하다. 공연 관람의 장애 요인은 내부적 요인과 외부적 요인으로 구분할 수 있다. 내부적 장애 요인은 공연 내용이 이해하기 어렵거나 내용에 대한 관심이 부족하고 흥미를 느끼지 못하고 공연이 재미가 없을 경우 나타나는 요인이다. 반면, 외부적 장애요인은 시간 부족, 경제적 부담, 공연 장소에 대한 접근 문제, 관람 장소의 불편함 등이 포함된다.

공연은 공연장을 방문하여 관람하는 형식적인 특성으로 인해 외부적인 요인으로 발생하는 체감비용이 티켓비용보다 높을 수가 있다. 따라서 관객들의 체감비용을 줄여주는 노력이 필요하다. 아이를 키우는 가정에서는 베이비시터를 구하지 못해 공연장에 오지 못할 수도 있고 복잡한 시내에 있는 공연장의 경우 주차장 문제가 접근성을 떨어뜨릴 수도 있다. 체감비용과 투자비용 사이에서 균형을 잡아 고객의 불편을 해결할 필요가 있다. 특히 국내 공연의 경우 매니아들은 감수할 수 있을지 몰라도 신규 고객의 입장에서 가격부담이 큰 경우가 많이 진입장벽이 되기도 한다.

예술단체나 예술감독들은 마케팅적인 활동에 거부감을 가지고 협조를 거부하는 경우가 많다. 예술적인 완성도만 중요시하여 시장이나 관객을 고려하는 것을 금기시하는 것은 문제가 된다. 마케팅을 거부한다고 마케팅이 사라지는 것이 아니라 오히려 재앙적인 마케팅 결과를 초래할 수 있으므로 예술 담당자들을 마케팅에 참여시키는 노력이 필요하다.

또 한 가지는 환경적인 요인에 치명적일 수 있다는 점이다. 2015년 여름에 이슈가 되었던 중동호흡기질환인 메르스가 국내에 유행하면서 사람들이 외부 활동을 꺼리는 분위기 때문에 공연시장은 큰 어려움을 겪었다. 이는 물리적으로 통제가 불가능한 일이기는 하지만 천재지변으로만 치부할 수도 없는 것이 사실이다. 정부는 이례적으로 공연산업에게 도움을 주기 위해 공연 티켓 1+1 제도를 실시하여 5만 원 이하의 공연에 한하여 한 장의 표를 사면 한 장을 더 주는 지원 사업을 시행하기도 하였다. 2020년에 시작된 장기적인 코로나 사태도 공연 산업에 치명적인 영향을 미쳤고 온라인 공연과 같은 새로운 형식의 공연에 관심을 가지게 한 계기가 되었다.

02

ENTERTAINMENT CONTENTS MARKETING

공연마케팅의 과정

공연 마케팅에 있어 가장 우선적으로 고려하여야 할 것은 마케팅 믹스와 관련된 것이다. 일반적인 제품이나 서비스 마케팅에 사용되던 4P와 함께 공연 상품만의 특성을 바탕으로 한 독특한 마케팅을 필요로 하기도 한다. 공연이라는 상품의 특성으로 인해 유통의 역할에 대한 새로운 시각이 필요하고 직접 찾아오는 관람객의 중요성이 더욱 커지게 된다. 공연은 미리 예매를 통해 판매와 소비가 따로 이루어지기도 하지만 티켓 판매와 공연물 소비가 공연장이라는 장소에서 동시에 일어나기도 한다. 따라서 공연상품에 대한 심층적인 이해를 바탕으로 공연마케팅을 고민하여야 한다. 현재 국내 공연시장은 체계적인 마케팅 시스템이 정착되어 있다고 보기는 힘들며 현장위주로 진행되는 단기적인 프로모션에 치중하는 경우가 많다. 효과적인 공연 마케팅을 위해서는 공연산업에 대한 이해와 소비자를 중심으로 하는 공연 마케팅에 대한 연구가 필요한 실정이다.

1) 세분시장

공연 마케팅에 있어 소비자 세분화와 타겟 시장 선정도 중요한 부분으로 공연물을 소비하는 관객들의 라이프스타일에 관한 많은 연구가 이루어져 있다. 실증적인 연구를 보면 클래식 공연의 관람객들은 자기 과시형, 현실 능동형, 여가추구형, 문화귀족형으로 구분된다고 한다(김주호, 2010). 오페라 공연 관람객의 라이프스타일 유형은 자기중심형, 과시성향형, 문화지향형, 가족중심형 등 4가지로 나누어진다(김연수, 2008). 이중 과시성향형은 오페라 공연물의 이용 편의성, 작품의 품질, 촉진활동을 모두 중요하게 여기고 자기중심형 관람객의 경우 목적지향적인 소비를 한다고 한다.

또 한 가지는 작품의 완성도를 우선적으로 고려하는 소비자와 사교적인 목적에서 공연을 관람하는 소비자로 구분해야 한다는 것이다. 공연을 관람하는 동기를 정향이라는 관점에서 보면 사회적 정향, 자극추구 정향, 인지적 정향으로 구분이 가능하다(전종우, 2020). 이러한 세 가지 유형의 소비자는 공연을 관람하는 동기 자체가 다르기 때문에 마케팅 접근도 다르게 이루어져야 한다. 작품 자체의 소비에 중점을 두는 소비자는 공연 상품의 품질이 구매의 가장 우선적인 요인이겠지만 연인과의 데이트나 지인들과의 사교적인 목적의 소비자들은 작품의 질도 고려요인이 되겠지만 공연장의 분위기나 식당 등 부가적인 서비스도 중요한 고려요인이 될 수 있다.

2) 경쟁시장

공연의 경우 제품군을 넘어 경쟁 환경이 조성되는 경우가 많다. 이를 이해하기 위해서는 고객 지향적인 사고가 필요하다. 연극 관람을 예로 들면 대학로에서 공연되는 연극끼리 소비자의 선택을 받기 위해 경쟁하는 것이 아니라 다른 여가활동과 같이 경쟁하게 된다. 연극은 여러 가지 엔터테인먼트 중 하나일 뿐이다. 주말에 나들이를 계획하는 가족의 경우 공연은 박물관이나 테마파크와 경쟁을 하기도 한다. 또한, 영화도 공연과 경쟁관계에 있을 수 있으며 심지어 외식을 선택하는 경우 식당과도 경쟁 환경에 놓일 수 있다. 거기에 더해 집에서 시간을 보내기를 즐기는 가족은 방송프로그램이나 영화 VOD와도 경쟁을 하여야 한다. 현재는 영화와 방송 프로그램 위주로 편성되어 있지만 넷플릭스와 같은 OTT도 공연물을 확대해가는 추세로 장기적으로 OTT서비스도 공연 관람에 있어 중요한 경쟁 요인이 될 수 있다.

공연마케팅 전략

공연 마케팅에 있어서도 4P를 활용한 마케팅 믹스 전략을 적용할 수 있다. 다만 일반적인 4P 이외에 사람(people)을 추가하여 5P로 지칭하기도 한다. 또한, 기존 연구에 따르면 무용공연의 경우 촉진, 제품, 고객, 장소, 가격의 5가지 마케팅 요인을 들며 유통이라는 표현 대신 직접 공연의 소비가 이루어지는 장소의 중요성을 강조하는 경우도 있다.

1) 상품 전략

공연예술은 대량 복제할 수 있는 미디어 상품과 달리 무대 위에서 직접적으로 공연되다가 공연이 끝나면 사라지는 일회성을 지닌 예술이다. 따라서 공연예술은 특정 장소에서 일정시간에 예술적 형태가 발생하고 동시에 소멸되어 버리는 실연예술로서 공연의 창조와 수용이 결합된 현장에서의 관계 속에서 이루어진다고 한다. 공연은 콘텐츠라는 개념으로 설명을 하면 미디어를 통해 제공되는 비대면 콘텐츠와 달리 관람객과 직접적으로 만나게 되는 대면 콘텐츠로 구분할 수 있다. 미디어 콘텐츠의 경우 생산이 이루어진 후 추가적인 재생산에 비용이 많이 들지 않지만 공연상품은 재공연에 있어 지속적인 추가 비용이 필요하다는 점에서 미디어 콘텐츠와 차이가 난다. 이러한 한계비용에 있어서의 차이가 공연예술의 수익창출에 장애요인이 되는 것이 사실이다.

공연상품은 공연기획자나 예술감독이 선정하는 것이 일반적으로 공연상품에 관여하는 것은 마케팅 담당자의 일이 아니다. 다만 공연 자체의 상품성 이외에 소비경험으로서의 포괄적인 상품 제공은 가능하다. 예를 들면 싱글을 위한 밤, 자유선택형 패키지, 해설이 있는 공연, 사회공헌 프로그램 등을 기획하여 제공할 수 있다.

(1) 제품 차원

제품 구분에 있어 공연은 기본적으로 문화상품으로 구분되며 제품의 3차원인 핵심속성, 기대속성, 확장속성을 적용하여 설명할 수 있다. 핵심속성은 출연진, 제작진, 제작에 관한 정보 등 공연 그 자체를 말한다. 기대속성은 공연을 관람하기 위한 관련 행위와 관련된 것으로 입장권 구매, 할인 등의 서비스와 공연장 방문시의 교통 및 주차, 휴식 공간의 편의성, 식음료 판매 등이 포함된다. 클래식 공연의 경우 음향 시설, 객석시설, 냉난방시설, 안내 데스크의 친절도 등도 클래식 공연 상품의 기대속성으로 포함된다. 확장속성은 다양한 볼거리와 부가적인 감성 이벤트 등 공연 관람 이외의 속성을 말한다. 여기에는 공연장 복도에서 상영하는 현장 중계 비디오, 휴식 공간, 주차시설, 출연진 캐릭터의 캐릭터숍 등이 포함된다.

(2) 제품 구분

기본적으로 제품의 성격을 구분하면 탐색재(search goods), 경험재(experience goods), 신뢰재(credence goods)로 설명할 수 있다. 탐색재는 일상적인 제품으로 미리 정보탐색을 통해 제품의 품질을 파악할 수 있는 제품 유형을 말한다. 경험재는 일반적인 문화상품이 포함되는 제품군으로 경험하기 전까지 그 제품의 품질을 확인하기 쉽지 않은 제품유형을 말한다. 영화와 같은 콘텐츠 상품이 대표적인 경험재로 분류된다. 반면 신뢰재는 예술품이나 자동차 수리,

의료 서비스, 법률 서비스 등 전문가가 제공하는 것으로 실질적인 소비 이후에도 제품의 품질을 정확히 파악하기 힘든 경우가 포함된다. 클래식 공연처럼 소비에 있어 상당한 사전 지식이 필요한 경우가 이에 해당된다. 이러한 제품 구분을 공연물에 대입하여 정리하면 일반인이 손쉽게 소비하고 제품에 대해 어느 정도의 지식이 있는 대중공연은 경험재로 분류할 수 있고 클래식 공연은 신뢰재에 포함된다고 할 수 있다.

(3) 제품 생산 방식

공연상품이 만들어지는 형태에 따라 새롭게 만들어진 창작물인 경우와 기존 작품을 무대에 올리는 고전물인 경우로 구분해 볼 수 있다. 또한 해외에서 이미 성공한 공연상품을 들여와서 공연하는 경우는 기존에 구축된 공연 브랜드 자산으로 인해 흥행에 도움이 되며 일반적인 국내 공연상품과는 차이가 나게 된다. 물론 한국에서 독창적으로 창작한 뮤지컬이 세계적으로 성공을 거두는 경우도 종종 있다. 퍼포먼스 성격의 '난타'가 대표적으로 전용관을 가지고 공연되고 있다. 뮤지컬의 경우 '명성황후'가 국내에서 창작된 뮤지컬로 상당한 성공을 거두고 있으며 번안 뮤지컬인 '지하철1호선'도 원작을 능가하는 인기로 유명하다. 최근 국내 시장에서는 고가의 해외 공연으로 수익을 내는데 한계가 있기에 창작 공연을 활성화하려는 다각적인 시도가 이루어지고 있다.

2) 가격 전략

공연물의 구분에 있어 유료 공연과 무료 공연으로도 구분할 수 있다. 공연물 자체를 생산하여 유통하는 경우는 일반제품과 같이 가격을 매겨 판매에 들어가게 된다. 하지만 공연물을 활용하여 제3의 목적을 달성하기 위한 공연은 무료로 이루어지는 경우도 많다. 기업들이 마케팅 목적으로 공연을 후원하거나 개최하는 경우가 여기에 해당된다. 또는 무료는 아니더라도 후원사의 제품 구매자들에게 상당한 할인을 제공하는 경우도 있다. 현대카드의 경우 공연을 활용한 프로모션에 적극적으로 유명 연주자를 초청하여 '피그 콘서트'라는 프로그램을 정기적으로 운영하고 있다.

공연은 기본적으로 자리에 따라 차별화된 가격이 책정되는 상품이다. 좌석에 따라 R, S, A, B, C로 나누어 차별화된 가격으로 판매한다. 또한 티켓 구매 시기에 따라서도 다른 가격을 책정한다. 시즌티켓을 한꺼번에 구매하는 경우, 공연 직전에 남은 티켓을 구매하는 사람들에게 할인이 제공된다. 학생이나 경로할인 등 관객의 유형에 따라 할인이 제공되기도 한다. 특별한 날에 고가의 티켓이 팔리기도 하는데 시즌 개막일의 티켓이나 신년음악회 티켓 등이 그 예이다. 매년 개최되는 비엔나 필하모니의 신년음악회가 유명하다.

해외 유명 공연단의 방한 공연의 경우 너무 비싼 티켓 가격을 책정하여 비판을 받기도 한다. 고가 좌석의 경우 수십 만 원을 넘는 경우가 흔하다. 또한 수익 극대화에 너무 중점을 두게 되어 R석을 대폭 늘려 기형적인 좌석을 운영하여 충성도 높은 소비자에게 문제가 되기도 한다. 이 모든 것이 높은 제작비를 감당하기 위한 마케팅적 고려이기는 하지만 고비용 구조에서는 수익을 내기도 쉽지 않고 공연물에 대한 관객의 가격 저항도 공연시장의 측면에서 장기적으로 문제가 될 수 있다.

반면 1만 원 정도에 저렴하게 클래식 공연을 관람할 수 있는 기회를 제공하기도 한다. 한낮에 공연을 하여 주부들을 대상으로 저렴하게 개최하는 공연도 늘어나고 있다. 학생들을 대상으로도 부담 없는 가격의 공연이 기획되기도 한다. 공연의 또 하나의 목적이 예술작품을 널리 알리는 것이라는 점을 고려하면 관객의 규모를 확대할 수 있는 전략이라 할 수 있다. 클래식 음악이 사전 지식을 필요로 하는 신뢰재라는 측면에서 이는 장기적인 클래식 소비자를 육성하는 전략으로 볼 수 있다.

미국에서 1960년대 후반에 시즌 전체 공연을 묶어서 시즌티켓으로 판매하는 제도가 도입된 이래 관객의 규모는 지속적으로 증가해 왔다. 하지만 현대인들은 특정한 날의 공연을 보기 위해 1년 전에 계획하는 것이 불가능해지고 있다. 따라서 보다 소규모의 공연 패키지를 개발하거나 개별 공연별로 판매하는 방식에 초점을 두어야 한다. 인터넷으로 공연을 예약하는 문화가 정착되어가는 현재의 시장에서는 다양한 소비자들의 욕구를 대상으로 최적의 매출을 올릴 수 있는 가격 전략이 요구된다.

3) 유통 전략

유통은 관객들이 공연을 이용하게 되는 경로나 장소를 의미한다. 직접적으로 공연이 이루어지는 공연장과 티켓의 유통 창구를 모두 포함한다. 공연에 있어서도 이러한 유통전략은 중요한 마케팅 고려 요인이다. 특히 공연장은 공연 상품이 최종적으로 관객과 만나는 장소이고 소비 경험이 일어나는 현장이라는 점에서 긍정적인 소비 경험을 강화시켜 줄 수 있는 공연장 관리가 필요하다.

공연은 현장에서 소비된다는 현장성이 그 특징이다. 공연장의 경우도 하나의 브랜드가 될 수 있다. 국내에서는 국립극장, 예술의 전당, LG아트홀, 세종문화회관 등이 공연장으로서의 브랜드를 갖춘 예라 하겠다. 또한 공연물은 공연이 이루어지는 유통창구 및 장소로서의 지역 브랜드가 중요한 의미를 가지게 된다. 영화는 충무로라는 지역 브랜드가 오랜 기간 국내 영화 산업을 대표하는 하나의 아이콘으로 여겨져 왔다. 공연은 대학로가 연극의 중심지로 여겨지며 하나의 지역 브랜드로 인지되고 있다. 하지만 미국의 브로드웨이나 영국의 웨스트엔드와 같은 공연 중심지로서의 위상을 확보하기 위해서는 보다 전략적인 노력이 필요하다.

공연장의 중요성은 사례에서 확인되고 있다. 미국에서 중남미국가의 연극 작품이 스페인어로 공연될 때 도심의 공연장에서는 스페인어를 사용하는 관객이 거의 참석하지 않았지만 동일한 작품이 멕시코문화센터에서 공연될 때 히스패닉 관람객들로 공연장이 만원을 이룬 경우가 있어었다. 국내에서도 공연장의 외관에만 신경 쓸 것이 아니라 대상 소비자에게 최대한 접근성을 제공할 수 있는 공연장도 고려할 필요가 있다.

티켓의 유통에 있어서도 대상 관객에 따라 유통창구를 다양화할 필요가 있다. 과거 한 극단이 동네 슈퍼마켓에서 티켓을 판매하여 해당 공연이 부담 없이 볼 수 있는 것이라는 이미지를 심어주었다. 공연 자체가 부담스럽고 위압적으로 보이면 곤란하다. 현재 공연장의 홈페이지나 전문적인 티켓판매 사이트가 주요한 창구로 역할을 하고 있다. 하지만 이럴 경우 구매자 정보를 공연단체가 쉽게 알 수 없어 추가적인 마케팅을 진행하는 데에는 어려움이 있다.

(1) 공연장 문제

공연장이 부족하여 장기공연에 제약이 있고 소규모 공연은 공연장을 구하기도 쉽지 않은 실정이다. 최근에는 인기 있는 공연물 별로 전용극장이 생겨 안정적인 유통기반을 구축하고 있다. DVD와 영상 플랫폼과 같이 2차 소비가 일어나기도 하지만 핵심은 현장 공연이다. 최근에는 극장에서 뮤지컬과 오페라를 상영하여 저렴한 가격으로 공연을 소비할 수 있는 환경이 조성되기도 하였다. 이러한 시도는 현장성이라는 공연의 장점을 극장에서 어느 정도 체험할 수 있고 가격적인 부담도 덜 수 있는 유통 창구로 평가된다. 이는 월드컵과 같은 스포츠 이벤트를 관람할 때 다 같이 모여서 응원하는 것과 같은 만족적인 소비경험을 제공하게 된다.

공연 단체가 경영 위기를 겪으면서 소극장들이 폐업하는 경우가 늘어나고 있다. 2015년에 '상상아트홀'의 두 개관이 폐관을 하였고 대학로의 상징으로 여겨졌던 '대학로 극장'도 문을 닫았다. 대학로 극장은 창작극인 '불 좀 꺼주세요'가 당시 엄청난 히트를 한 극장이다. 이는 대학로를 문화지구로 지정하면서 임대료가 치솟았기 때문이다. 문화지구 지정이 지역의 경기를 살리는 데는 효과를 발휘하였지만 지역 활성화는 공연단체들에게는 부메랑이 되어 돌아온 것이다. 공연 단체들의 영세성을 고려하면 높은 임대료를 감당할 수 없는 소규모 극장들은 문을 닫을 수밖에 없는 현실이다. 따라서 대학로의 비싼 임대료를 피해 미국의 브로드웨이처럼 '오프 대학로' 극장이 늘어나고 있다. 미국의 경우 교회의 지하실에서 공연을 하는 경우가 많다. 처음 시작하는 공연단이나 예산이 넉넉하지 않은 단체들에게 교회는 대안이 될 수 있다. 시설 자체가 훌륭하고 분위기도 공연에 적합하기 때문이다. 국내에 교회의 숫자가 많은 점을 고려하면 문화예술 산업 지원을 위한 하나의 대안이 될 수 있을 것이다.

미국의 경우 성공적인 공연 단체의 경우 큰 공연장을 건설하는 경우가 많다. 이는 안정적인 공연 장소를 확보하고 시설을 활용하여 추가적인 수익원을 찾을 수 있기 때문이다. 물론 상당한 금전적인 투자가 이루어지는 일이기 때문에 전략적으로 접근하여야 하지만 장기적인 성장 전략으로 평가받는다. 브로드웨이에서 인기 뮤지컬을 항상 관람할 수 있는 것도 전용관에서 지속적으로 공연을 하기 때문이다. 국내에서는 몇몇 전용관을 운영하는 공연물들이 있는 것도 사실이지만 현실적인 공연산업의 발전정도와 산업 규모를 고려할 때 무리한 투자는 주의가 요구된다.

공연장의 제약문제를 해결할 수 있는 대안 중의 하나의 순회공연이다. 순회공연이 다양한 관객들에게 공연물을 보여줄 수 있는 기회로 작용한다. 국내 공연 시장의 경우도 서울을 중심으로 한 수도권에 집중되어 있는 것이 사실이다. 따라서 지방의 관람객들의 문화예술 욕구를 충족시켜주고 새로운 수익을 창출할 수 있는 기회로 작용한다. 현실적으로 서울에서 공연장을 구하지 못해 고정비용이 증가하는 문제를 해결할 수 있는 방법이다. 해외 공연을 가는 경우 해당 공연단체는 글로벌 차원에서 명성을 쌓을 수도 있다.

(2) 창구효과

공연물도 극장에서 공연하는 것 이외에 다양한 창구를 탐색할 필요가 있다. 예를 들어 미국의 대표적인 테마파크인 디즈니월드에서 공연하는 코너 공연물이 성공하여 브로드웨이로 진출하는 경우도 있다. 디즈니월드의 애니멀 킹덤의 '라이온 킹'이 그렇고 '미녀와 야수' 그리고 '니모'도 테마파크에서 공연하던 것을 외부 공연으로 창구를 다양화시킨 사례이다.

또한 기존에 한번 공연된 공연물이 DVD와 같은 영상물로 제작되어 2차 창구효과를 만들기도 한다. 현재는 케이블이나 IPTV와 같은 디지털 플랫폼을 통해 VOD 형태로 소비하는 경우가 많지만 장기적으로 OTT도 공연 영상의 플랫폼으로서의 가능성이 있고 이 또한 새로운 수익을 창출할 수 있는 기회이다. 최근에는 케이블 채널에도 공연과 관련한 전문채널이 등장하여 방송 중이

(1) 제품(product)

스포츠콘텐츠 마케팅의 핵심적인 제품은 스포츠와 관련된 모든 구경거리 그리고 그로 인해 부가적으로 파생되는 여러 상품들이라 할 수 있다. 사람들이 오락적인 흥미를 느끼고 기꺼이 돈을 지불하면서 관람하거나 구입하려고 하는 모든 스포츠콘텐츠 관련 제품들이 포함된다. 최근 스포츠 산업의 규모가 커지고, 마케팅 전략이 정교화 되면서 스포츠콘텐츠 마케팅을 통해 판매되는 제품의 종류와 형태가 점차 다양해지고 있다. 대표적인 스포츠콘텐츠 마케팅 제품으로 경기, 경기장, 경기 중계권, 선수, 관련 상품 등을 들 수 있다.

(2) 가격(price)

제공되는 스포츠 엔터테인먼트 제품의 시장 가치에 따라 가격이 산정된다. 시장에서 거래되는 여타 제품과 마찬가지로 사람들의 관심과 흥미가 높을수록 즉, 시장에서 소비자들의 수요가 많을수록 가격은 높게 형성된다. 예를 들어, 미국에서 최고의 인기를 구가하고 있는 프로 미식축구 리그(NFL)의 결승전인 '슈퍼볼(Super Bowl)'의 입장권은 수백만 원에서 수천만 원을 호가한다. 한편, 주요 프로스포츠의 중계권료는 매년 천문학적인 규모로 증가하고 있다. NFL의 경우 연간 독점 중계권이 약 3조 7천억 원 가량 되는 것으로 알려져 있으며, 미국 프로 농구 리그(NBA)는 약 3조 2천억 원, 영국 축구 프리미어리그(EPL)는 약 2조 9천억 원 정도의 중계권료를 받고 있다. 세계 주요 스포츠 리그의 중계권료가 점차 상승하고 있다는 의미는 스포츠콘텐츠의 시장성과 미래 가치가 높다는 것을 의미한다.

(3) 유통(place)

스포츠콘텐츠 관련 제품에 가격이 산정되어 시장에 나오면 일정한 유통 경로를 통해 소비자들에게 전달되고 소비된다. 일반적인 스포츠콘텐츠의 경우 크게 두 가지의 유통 경로를 생각해 볼 수 있는데, 첫 번째는 입장권 판매를 통한 유통이고 두 번째는 미디어 중계를 통한 유통이다. 입장권 판매를 통한 유통은 경기장에서 직접 게임을 관람하러 오는 소비자들에게 입장권을 판매함으로써 수익을 창출하는 과정으로서, 소비자들이 입장권을 쉽고 편하게 구매할 수 있도록 하는 것이 유통 관리의 핵심이다. 최근에는 경기장 매표소에서 입장권을 판매하는 전통적인 방법 외에도 전화, 인터넷, 모바일 등을 이용하여 입장권을 예매하고 구매할 수 있는 시스템이 구축되고 있다. 이와 달리, 미디어 중계를 통한 유통은 TV, 라디오, 인터넷 등과 같은 미디어 기업들에게 스포츠 경기 중계 및 방송을 허가하는 대가로 중계권료를 받음으로써 수익을 창출하는 과정이다. 기본적으로 스포츠 마케팅 주체와 미디어 기업 간 상호 이익 추구가 이와 같은 유통 경로를 가능하게 한다. 스포츠콘텐츠 마케팅 주체는 중계권 수익을 통해, 미디어 기업은 스포츠콘텐츠 중계를 통해 발생하는 광고 수익을 통해 상호 이익을 추구하며, 미디어 중계를 매개로 생산자와 소비자 간 스포츠콘텐츠의 교환 행위가 발생한다.

(4) 촉진(promotion)

촉진이란 잠재적 소비자들에게 제품, 가격, 유통 등에 대한 정보를 전달하고 구매 의욕을 자극함으로써 원활한 마케팅 활동을 돕는 제반 행위를 의미한다. 따라서 촉진에 있어서 가장 중요한 것은 커뮤니케이션이며, 다양한 커뮤니케이션 수단과 전략을 사용하여 원활한 스포츠콘텐츠 마케팅이 일어날 수 있도록 하는 것이 촉진 활동의 핵심이라고 할 수 있다. 스포츠콘텐츠 마케팅 관련 촉진 행위는 크게 대인 커뮤니케이션과 매스 커뮤니케이션을 기반으로 수행된다. 대인 커뮤니케이션은 소비자와 직접 만나 스포츠콘텐츠에 대한 정보를 전달하고 그들이 흥미를 갖고 소비할 수 있도록 설득하는 것을 의미한다. 인적판매, 팬 미팅, 사인회 등이 대표적인 예라고 할 수 있다. 반면, 매스 커뮤니케이션은 다양한 대중 매체(mass media)를 통해 불특정 다수의 소비자들에게 마케팅 메시지를 전달하고 스포츠콘텐츠의 소비를 유도하는 것이다. 매체 광고, 보도 자료 배포를 통한 언론 노출(publicity) 등이 주로 활용된다.

02

ENTERTAINMENT CONTENTS MARKETING

스포츠콘텐츠의 구성 요소

1) 스포츠

스포츠콘텐츠의 핵심 요소 중 하나는 신체적인 능력을 바탕으로 선수들 간 벌어지는 경쟁 즉, 스포츠 자체라고 할 수 있다. 규칙과 형식에 따라 수 없이 많은 형태의 스포츠가 존재하지만, 대중적으로 높은 인기를 구가하는 스포츠 중에는 공을 이용하여 경기 하는 구기 스포츠 종목들이 많다. 대표적인 인기 스포츠 종목으로는 축구, 야구, 농구, 배구, 골프, 테니스 등을 들 수 있다.

어떠한 스포츠가 인기 있는 엔터테인먼트 콘텐츠가 되려면 몇 가지 필수적인 요건이 있다. 첫 번째, 널리 알려져 있고 많은 사람들이 쉽게 할 수 있는 스포츠가 대중적인 인기를 끌 가능성이 높다. 일반적으로 사람들은 자신이 즐겨 하는 운동을 즐겨 관람한다. 테니스 치기를 좋아하는 사람이 테니스 경기를 즐겨 관람하고, 골프 치기를 좋아하는 사람이 골프 경기를 즐겨 관람한다는 것이다. 두 번째, 누구나 규칙을 이해하기 쉬워야 한다. 규칙이 너무 어렵고 복잡하면 많은 사람들에게 관심과 흥미를 유발하는 콘텐츠가 되기 어렵다. 마지막으로, 많은 볼거리를 제공해야 한다. 일반적으로 구기 종목이 많은 사람들에게 사랑을 받는 스포츠가 되는 이유는 공을 이용함으로써 빠른 게임 전개가 가능하고 신체적 능력과 기술을 과시할 수 있는 멋진 장면이 많이 나올 수 있기 때문이다.

2) 리그

스포츠를 직업으로 하는 선수들과 팀, 그리고 행정가들이 모여 보다 체계적이고 전문적인 스포츠 경기들을 기획하고, 주관하고, 실행하는 주체로서 프로 스포츠 리그가 존재한다. 리그는 관중들 그리고 미디어 수용자들에게 실제로 소비되는 엔터테인먼트 콘텐츠를 생산하는 주체이자 그 자체로 브랜드화되어 스포츠콘텐츠 마케팅의 주요한 제품이 되기도 한다. 예를 들면, 영국 축구 프리미어 리그(EPL)는 세계적인 선수들과 오래된 전통을 자랑하는 팀들이 모여 수준 높은 축구 경기를 제공하고 있으며, 그 자체로 구매력이 매우 높은 브랜드로서 기능하고 있다. 우리나라에서 가장 대중적인 인기가 높은 스포츠 가운데 하나라고 할 수 있는 프로 야구의 경우도 10개 구단이 모여 한국야구위원회(Korean Baseball Organization)가 총괄하는 프로 야구 리그를 운영함으로써 양질의 수준 높은 스포츠 엔터테인먼트 콘텐츠를 제공하고 있다. 또한 리그는 소속 팀과 선수들의 이익을 보호하고 대변하는 역할을 수행하며, 적극적인 마케팅 활동을 통해 수익을 창출하고 이윤을 극대화하는 노력을 병행한다.

3) 팀

스포츠 리그의 하위개념으로 팀이 존재한다. 팀은 팀 스포츠 경쟁의 기본 단위로서, 동일 리그에 소속된 여러 팀들이 서로 경기를 하고, 그 결과를 바탕으로 순위를 정하고, 챔피언을 결정하는 등의 오락적인 요소를 만들어 낸다. 전문적인 운동선수들이 모여 하나의 팀을 구성하며, 해당 팀의 경기력과 경쟁력이 스포츠 엔터테인먼트 콘텐츠의 질과 흥행을 결정한다고 해도 과언이 아니다(김용만, 2010). 관중들은 수준 높은 경기를 보기 원하며, 일반적으로 양질의 경기를 제공하는 팀에 대한 만족도와 충성도가 높게 형성되기 때문이다. 따라서 리그에서 좋은 경기력을 바탕으로 좋은 성적을 내는 팀은 그렇지 못한 팀 보다 관중 동원, 미디어 노출, 수익 등에서 성공적일 수밖에 없다. 미국 메이저리그에는 뉴욕 양키스, 보스턴 레드삭스, LA 다저스, 샌프란시스코 자이언츠 등과 같은 명문 구단들이 있다. 이러한 구단들은 꾸준히 좋은 성적을 거두고 많은 리그 우승을 차지하면서 스스로의 브랜드 가치를 높여온 스포츠 팀들이라 할 수 있다. 스페인 프로 축구 리그에 소속되어 있는 FC바르셀로나와 레알 마드리드의 경우에도 오랜 역사와 전통으로 인해 라이벌 관계가 형성되어 있으며, 두 팀 간의 경기를 부르는 고유명사(엘 클라시코)가 따로 있을 정도로 전 세계적인 인기를 끌고 있다.

일반적으로 스포츠 팀은 하나의 개별 기업과 같이 독립적으로 운영되기 때문에 브랜드 이미지 구축 및 관리가 매우 중요하다. 미국 경제전문지인 포브스가 2021년 발표한 자료에 따르면, 미국 프로 미식축구팀인 댈러스 카우보이스가 약 6조 6천억 원의 가치를 가지고 있는 것으로 나타나 세계에서 가장 비싼 팀으로 선정되었으며, 그 뒤를 미국 프로야구팀인 뉴욕 양키스(약 6조 3천억 원), 미국 프로농구팀 뉴욕 닉스(약 6조 원), 스페인 프로축구팀 FC 바르셀로나(약 5조 6천억 원), 스페인 프로축구팀 레알 마드리드(약 5조 5천억 원)가 따르고 있는 것으로 조사되었다.

4) 선수

타고난 신체조건과 오랜 기간의 훈련을 통해 일반인들이 상상하기 어려운 운동 능력을 갖춘 선수들도 스포츠콘텐츠 마케팅의 핵심적인 도구이자, 그 자체로 중요한 스포츠 엔터테인먼트 콘텐츠라고 할 수 있다. 선수의 가치와 인기를 결정하는 것은 무엇보다 경기력이다. 운동을 잘하는 선수는 많은 사람들에게 주목을 받고 높은 인기를 구가하게 된다. 선수가 가진 인간적인 매력도 매우 중요한 요인이다. 매력적인 외모와 몸을 가진 스포츠 스타가 더욱 많은 팬들에게 사랑을 받으며 높은 시장 가치를 갖게 된다.

요즘 스포츠 스타들의 대중적인 인기와 시장 가치는 상상을 초월한다. 현재 세계에서 가장 브랜드 가치가 높은 스포츠 스타 중 한 사람으로 평가받고 있는 미국 프로 농구 스타 르브론 제임스는 시장 가치가 400억 원이 넘는 것으로 알려져 있다. 뿐만 아니라 르브론 제임스는 명성과 대중적 인기를 바탕으로 매년 광고 수입으로만 수백억 원을 벌어들이고 있다. 수많은 사람들이 그의 경기를 보기 위해 경기장을 찾거나 TV중계를 시청하며, 그를 동경하고 그가 광고하는 제품을 구매한다. 스타 선수가 스포츠콘텐츠 마케팅의 중요한 도구이자, 그 자체로 많은 사람들의 흥미와 관심을 유발하는 스포츠 엔터테인먼트 콘텐츠인 이유가 바로 여기에 있다.

5) 국제 스포츠 대회

국가 대표들 간 대항전으로 구성되는 국제 스포츠 대회는 스포츠 엔터테인먼트만이 제공할 수 있는 색다른 흥미와 볼거리를 제공한다. 국제 스포츠 대회는 그 범위와 규모, 그리고 파급효과 등에 따라 다양한 종류가 존재한다. 가장 널리 알려진 국제 스포츠 대회로는 동 · 하계 올림픽, FIFA 월드컵, 아시안 게

그림 11.1 **유럽 축구 선수의 시장 가치** (출처: transfermarkt)

스포츠콘텐츠 마케팅 STP 전략

스포츠콘텐츠 마케팅 전략을 수립하는데 있어서 다양한 소비자의 욕구를 파악하고, 그러한 소비자 욕구에 부응하는 마케팅의 전반적인 방향성을 설정하는 것은 매우 중요하다. 일반적으로 스포츠콘텐츠 마케팅 전략은 소비자 세분화(segmentation), 표적 소비자 선정(targeting), 그리고 브랜드 포지셔닝(positioning)의 과정을 통해 수립된다. 각 과정의 알파벳 앞 글자를 따서 STP 전략으로 불리는 스포츠콘텐츠 마케팅 전략 수립의 과정에 대해서 보다 구체적으로 살펴보겠다.

1) 소비자 세분화(segmentation)

스포츠콘텐츠 소비자의 욕구, 개성, 취향, 생활양식 등이 다양해짐에 따라 일방적이고 획일적인 스포츠콘텐츠 마케팅 전략은 더 이상 효과적이지 못하다는 인식이 확산되고 있다. 즉, 스포츠콘텐츠 소비자라는 이름 아래 불특정 다수의 많은 사람들을 동일한 범주로 묶고 획일적인 마케팅 커뮤니케이션을 진행하는 것은 효과적이지 못하다는 것이다.

소비자 세분화는 이러한 문제인식에서 출발하여 불특정 다수의 사람들로 구성된 하나의 소비자 집단을 공통적인 특성을 지닌 여러 개의 세부 집단으로 나눔으로써 보다 정교하고 효과적인 마케팅 전략을 도출하고자 하는 노력이다. 소비자의 필요와 욕구는 다양하고, 모든 소비자의 필요와 욕구를 충족시켜 주기는 현실적으로 불가능하다. 또한 급변하는 소비자의 필요와 욕구를 충족시켜 주지 못하면 치열한 시장 경쟁에서 도태될 가능성이 높다. 따라서 여러 가지 기준을 바탕으로 소비자들을 세분화하고, 각각의 소비자 집단에 적합한 마케팅 전략을 수립하는 것이 스포츠콘텐츠 마케팅 전략 수립에 있어서 보편화되고 있다.

소비자 세분화에 사용되는 기준에는 여러 가지가 있다. 우선 가장 일반적으로 사용되는 기준은 인구통계학적 특성이다. 성별, 연령, 인종, 학력, 소득수준, 거주지역 등에 따라 불특정 다수의 소비자 집단을 여러 개의 세부 집단으로 나누는 것이 인구통계학적 소비자 세분화이다. 일반적으로 남성 소비자의 욕구와 여성 소비자의 욕구에는 차이가 있다. 젊은 소비자와 나이가 많은 소비자가 원하는 바도 다르다. 따라서 전체 소비자 집단을 비슷한 인구통계학적 특성을 가진 세부 소비자 집단으로 나누고, 각각의 집단에게 보다 적합하고 효과적일 수 있는 마케팅 전략을 기획하고 실행할 때, 훨씬 성공적인 스포츠콘텐츠 마케팅 결과를 기대할 수 있다.

심리학적 특성에 따라 스포츠콘텐츠 소비자를 세분화하는 방법도 있다. 스포츠콘텐츠 소비자들이 추구하는 생활양식, 취미활동, 관심분야, 정치적 견해 등을 바탕으로 소비자 집단을 구분하고 세분화하는 방법이다. 예를 들면, 미국에서 보수적인 정치 성향을 가진 스포츠콘텐츠 소비자들은 대학 풋볼, NASCAR, PGA 골프 투어 등의 스포츠 엔터테인먼트에 더욱 많은 관심을 가지는 반면, 진보적인 정치 성향을 가진 스포츠콘텐츠 소비자들은 프로 농구와 테니스 등에 더욱 많은 관심을 가지고 있는 것으로 나타나고 있다(Forbes, 2010). 인라인 스케이팅, 스케이트 보딩, 산악 자전거, 모터사이클 등으로 고난도 묘기를 펼치는 익스트림 스포츠(extreme sports)의 경우, 모험심이 많고 야외활동을 즐기는 소비자들이 더욱 선호하는 것으로 알려져 있다.

스포츠콘텐츠 소비자는 행동적 특성으로 세분화할 수도 있다. 예를 들면, 스포츠 엔터테인먼트의 소비를 통해 어떠한 편익을 추구하는지를 바탕으로 소비자를 세분화할 수 있다. 어떠한 소비자들은 스포츠 관람을 통해 얻는 쾌감과 즐거움 때문에 스포츠 엔터테인먼트를 소비한다. 또 어떤 소비자들은 일상생활의 무미건조함과 지루함으로부터 탈출하고 잠시 현실을 도피하기 위해 스포츠 엔터테인먼트에 몰두하기도 한다. 또 다른 소비자들은 스포츠라는 공통관심사를 통해 다른 사람들과의 대화에 참여하고 관계를 증진시키기 위한 목적으로 스포츠 엔터테인먼트를 소비한다. 스포츠콘텐츠를 얼마나 자주 그리고 많이 소비하느냐에 따라서 스포츠콘텐츠 소비자들을 고소비자, 중소비자, 저소비자 등으로 세분화할 수도 있다. 어떠한 스포츠, 리그, 팀, 또는 선수에 대해 얼마나 충성스러운 구매 행동을 보이는지에 따라 소비자를 세분화하는 방법도 있다.

2) 목표 소비자 선정(targeting)

소비자에 대한 세분화 작업이 완료된 후, 여러 소비자 집단들 가운데 특히 어떤 소비자 집단과 우선적으로 커뮤니케이션하고, 마케팅 역량을 집중할 것인지 결정하는 것이 목표 소비자 선정 단계에서 일어나는 일이다.

목표 소비자를 선정하는데 있어서 고려해야 할 점은 크게 세 가지이다. 첫 번째로 목표 소비자 집단의 크기, 수익성, 성장 가능성 등을 종합적으로 평가하여 목표 소비자 집단에 마케팅 역량을 집중시키는 것이 얼마나 필요하고 중요한지 결정해야 한다. 두 번째로 가지고 있는 마케팅 역량과 시장 경쟁 상황을 냉철히 판단하고 평가하여 어떤 목표 소비자 집단을 선정해야 최적의 마케팅 결과를 도출하고 성공할 수 있을지 고려해야 한다. 마지막으로 가용한 마케팅 자원을 바탕으로 한 개의 목표 소비자 집단만을 공략할 것인지, 아니면 여러 개의 목표 소비자 집단을 동시에 공략할 것인지 결정해야 한다(김용만, 2010; 이정학, 2012).

마케팅 역량을 한 개의 목표 소비자 집단에 집중할 것인지, 아니면 여러 개의 목표 소비자 집단에 골고루 분배할 것인지에 따라 다른 마케팅 전략이 고려될 수 있다. 전자는 집중적 마케팅 전략 또는 단일 세분시장 전략이라 불리며, 후자는 차별적 마케팅 전략 또는 복수 세분시장 전략이라 불린다. 집중적 마케팅 전략의 경우, 한 개의 목표 소비자 집단에만 집중함으로써 비용을 절감할 수 있고, 보다 구체적이고 명확한 마케팅 목표와 전략을 세울 수 있다는 장점이 있다. 그러나 시장 규모가 제한되기 때문에 매출에 한계가 있고, 모든 역량을 집중한 단일 목표 소비자 집단에서의 마케팅이 실패할 경우 부담해야 할 위험이 크다는 것이 단점이다. 반대로 차별적 마케팅 전략의 경우, 시장 규모가 늘어나기 때문에 높은 매출을 거둘 수 있고, 여러 목표 소비자 집단을 대상으로 마케팅하기 때문에 한 집단에서 실패하더라도 다른 집단에서 성공함으로써 손해를 보전할 수 있다는 장점이 있지만, 여러 목표 소비자 집단에 대응해야하기 때문에 마케팅 비용이 전반적으로 증가한다는 점은 부담스러운 요인이 될 수 있다(이병기 · 김주호, 2014).

3) 브랜드 포지셔닝(positioning)

동일 시장에서의 스포츠콘텐츠 마케팅 경쟁이 점차 치열해짐에 따라 브랜드의 고유한 이미지를 확립하고 소비자들의 인식 속에 확고한 위치를 점유하는 것이 마케팅의 성공에 있어서 매우 중요한 요인이 되고 있다. 브랜드 포지셔닝은 소비자들의 마음속에 브랜드가 어떠한 이미지로 인식되고, 다른 경쟁 브랜드들에 비해서 어떻게 평가되고 있는가에 관련된 개념이다(김용만, 2010). 동일 시장에서 경쟁하는 브랜드가 많을수록 소비자들은 브랜드를 인식하고 이해하는데 어려움을 느끼게 되며, 확실한 브랜드 포지셔닝을 선점하지 못한 브랜드들은 마케팅 경쟁에서 도태될 수밖에 없다.

브랜드 포지셔닝은 자사 브랜드에 대한 분석과 차별화로부터 시작된다. 우선 자사 브랜드에 대한 철저한 분석을 바탕으로 동일 시장에서 경쟁하고 있는 다른 브랜드들과 비교했을 때 어떠한 특성을 가지고 있는지 파악한다. 그 다음, 브랜드의 강점(strengths), 약점(weaknesses), 기회(opportunities), 위협(threats) 등을 체계적으로 정리하고 비교하는 SWOT 분석 등의 기법을 통해 여타 브랜드들과 비교했을 때 자사 브랜드만이 보유하고 있는 경쟁력을 발견하고 차별화 가능성을 모색한다. 이러한 과정을 통해 브랜드의 경쟁우위와 차별적 특성이 선정되면, 다양한 마케팅 커뮤니케이션 수단과 방법을 이용하여 목표 소비자 집단에게 이를 알리고 각인시키는 작업을 수행한다. 또한, 시장의 변화, 소비자의 변화, 유행의 흐름, 경쟁 브랜드의 전략 등을 끊임없이 조사하고 관찰함으로써 지속적으로 브랜드 포지셔닝을 관리해야 한다(이병기 · 김주호, 2014).

전 세계적으로 유명한 경마 대회인 켄터키 더비는 성공적인 스포츠 브랜드 포지셔닝의 사례로 꼽힌다. 경마라는 스포츠 엔터테인먼트가 필연적으로 가질 수밖에 없는 도박성, 사행성 등의 부정적인 이미지를 탈피하고자 연예인, 정치인 등 유명 인사들을 대거 초대하고 이를 언론에 노출시킴으로써 건전한 스포츠 축제의 이미지를 부각시켰다. 또한, 패션쇼, 요리경연대회 등 부가적인 이벤트를 기획함으로써 여성 스포츠팬들의 관심과 흥미를 유발하고자 노력하였다. 그 결과, 켄터키 더비는 남녀노소 누구나 즐길 수 있는 고급스러운 스포츠 엔터테인먼트라는 브랜드 포지셔닝을 확립할 수 있었다(이정학, 2012).

스포츠콘텐츠 마케팅을 통한 수익 창출 및 전략

1) 경기장 입장료 수익

뛰어난 기량을 가진 전문적인 선수들이 서로 경쟁하는 스포츠 엔터테인먼트의 볼거리를 경기장에서 직접 관람하는 대가로 소비자들은 비용을 지불하게 된다. 이렇게 경기장에 입장하여 스포츠콘텐츠를 현장에서 관람하고자 지불하는 돈을 입장료라고 한다. 또한, 입장료를 지불하고 경기장에서 직접 스포츠콘텐츠를 즐기는 소비자들을 관중이라고 한다. 입장료 판매는 스포츠콘텐츠 마케팅의 주요한 수익 창출 방법 중 하나이다.

입장료 수익은 매우 가변적이다. 그날그날의 상황에 따라 관중들이 많이 입장할 수도, 관중들이 적게 입장할 수도 있기 때문이다. 따라서 스포츠콘텐츠 마케팅의 관점에서는 더욱 많은 관중들을 경기장으로 끌어 모으고, 더욱 많은 입장료 수익을 창출하는 것이 지상 최대의 과제일 것이다(김용만, 2010).

우선 양질의 스포츠 엔터테인먼트를 제공하는 것이 관중 동원과 수익 창출의 필수 조건이라 할 수 있다. 당연한 얘기지만, 재미있고 박진감 넘치는 볼거리와 정정당당한 경쟁을 통한 감동을 제공할 때 더욱 많은 관중이 경기장에 찾아들 것이고 입장권 판매를 통한 수익은 증대될 것이다. 관중들이 열광하고 만족할 수 있는 스포츠 엔터테인먼트를 제공하고자 리그는 항상 소속 팀들이 높은 수준의 경기력을 유지하고, 각 팀 간 실력의 격차가 너무 크게 발생하지 않도록 조율하는데 심혈을 기울인다. 각 팀은 최고의 기량을 지닌 선수들을 드래프트하고, 최상의 코치진을 구성함으로써 관중들이 열광하고 만족할 수 있는 경기력 확보에 최선을 다한다. 개별 선수들은 끊임없는 훈련과 컨디션 관리를 통해 관중들에게 좋은 플레이를 보이고자 노력한다. 이러한 노력들이 잘 맞물리면 관중을 감동시킬 수 있는 스포츠콘텐츠가 생산될 수 있다.

경기장 시설과 기타 부대 환경도 관중 동원과 입장료 수익 증대에 있어서 매우 중요한 요소이다. 관중들이 즐겁고 편안하게 경기를 관람할 수 있도록 경기장 시설은 항상 깨끗하고 안락하게 관리되어야 한다. 관중들의 관람을 돕는 큰 화면과 장내 방송 시스템도 중요하다. 또, 관중들을 위한 각종 편의시설이 경기장에 충분히 마련되어있어야 하며, 경기장까지 오는 교통편도 편리하게 제공되어야 한다.

최근에는 소비자 관계 마케팅(consumer relationship marketing: CRM)의 관점에서, 경기장을 찾아오는 관중들과 어떻게 좋은 관계를 형성하고 계속 유지 · 발전시켜 나갈 수 있는가에 대한 관심이 높아지고 있다. 관중들이 리그, 팀, 선수 등과 우호적이고 돈독한 관계를 만들어간다면, 충성스러운 스포츠콘텐츠 소비자로 발전해 갈 수 있는 가능성이 높기 때문이다. 많은 리그, 그리고 팀들이 경기장을 찾는 관중들에 대한 여러 정보를 데이터베이스화하여 관리하고 있다. 미국 메이저리그의 LA다저스 같은 경우, 수십만 명의 시즌 권 구매자들에 대한 소비자 데이터를 확보하고 끊임없는 마케팅 커뮤니케이션을 통해 이들과의 관계를 지속적으로 유지하기 위해 노력하고 있다. 또한 어린이들을 대상으로 하는 각종 자선활동과 마케팅 이벤트를 기획하고 집행함으로써 팬층을 확대시켜 나가고 있다(정영남, 2003).

2) 방송 중계권 수익

스포츠 경기를 중계하는 대가로 미디어 회사가 리그 또는 조직위원회에 지불하는 비용을 방송 중계권료라고 한다. 방송 중계권 수익은 최근 스포츠콘텐츠 마케팅에서 상당한 부분을 차지하고 있는 수익 창출 방법이자 전략이다. 주지하다시피 현대 사회에서 미디어의 영향력과 파급효과가 점차 커지고 있으며, 스포츠와 미디어 또한 불가분의 관계를 형성하고 있다. 또한 스포츠 산업의 규모가 커지고, 스포츠 엔터테인먼트에 대한 소비자들의 수요가 늘어나면서, 스포츠는 방송에 있어서 매우 중요한 콘텐츠로 자리매김하고 있다. 이러한 상황에서 방송 중계권 판매를 통한 수익의 규모는 매년 큰 폭으로 상승하고 있다. 일례로, FIFA 월드컵 경기에 대한 중계권을 획득하기 위해 세계 각국의 방송사들이 조직위원회에 지불하는 방송 중계권료의 규모는 상상을 초월한다. 그리고 아래 표에서 확인할 수 있듯이, 대회가 거듭될수록 중계권료가 기하급수적으로 늘어나고 있다.

표 11.1 월드컵 경기 방송 중계권료 추이(단위: 원)

년도	2002	2006	2010	2014	2018
개최국	한국/일본	독일	남아프리카 공화국	브라질	러시아
중계권료	1조 4천억 원	1조 7천억 원	2조 9천억 원	2조 9천억 원	3조 6천억 원

(출처: Consultancy.uk, 2021)

스포츠 기업과 미디어 기업 간에는 서로 이익을 주고받는 상호호혜적인 관계가 구축되어있다. 우선 리그, 팀 등 스포츠콘텐츠 마케팅 주체의 입장에서 생각해볼 때, 방송 중계권료는 별도의 비용을 들이지 않고도 추가 수익을 창출할 수 있는 매우 매력적인 수입원이다. 또한, 경기 입장 수익은 관중동원에 따라 가변적이지만, 방송 중계권료는 한 번 계약을 맺으면 안정적인 수입을 보장한다. 반면, 미디어 기업의 입장에서 볼 때, 많은 사람들이 관심을 가지고 흥미를 느끼는 양질의 스포츠 경기는 수용자들을 채널로 끌어들이고 광고 수익을 도모할 수 있는 매우 매력적인 엔터테인먼트 콘텐츠이다. 많은 팬들을 보유하고 있는 리그 경기나 세계적인 관심을 끄는 스포츠 이벤트 중계권료가 천문학적인 수준으로 올라가고 있음에도 미디어 기업이 기꺼이 이를 지불하고 스포츠를 중계하는 이유는 광고수익을 통한 이윤 창출이 가능하기 때문이다. 전 국민을 열광의 도가니로 몰아넣었던 2002년 한일 월드컵의 경우, 우리나라 대표팀의 경기 중계는 매번 높은 시청률을 기록했으며, 예선전에는 15초당 3,000만원이었던 광고단가가 16강에서는 3,200만원, 8강에서는 5,000만원, 4강에서는 6,000만원으로 점점 올라가면서 방송사들이 많은 광고 수익을 창출하였다(이정학, 2012).

방송 중계권료가 스포츠콘텐츠 마케팅에 있어서 매우 중요한 수입원으로 자리매김하면서, 스포츠도 미디어 환경에 맞추어 변화하고 있다. 예를 들어, 미국 프로농구 리그(NBA)의 경우, 방송 광고 시간 확보를 위해 전 · 후반으로 나누어 진행되던 경기시간을 12분 4쿼터 제도로 변경하였다. 북미 아이스하키 리그(NHL)의 경우, 광고 시간 확보가 여의치 않다는 단점을 극복하고자 1피리어드 당 2분간의 타임아웃을 총 3번씩 사용할 수 있도록 규칙을 변경하기도 하였다. 한국 프로 야구 리그는 방송 중계 화면을 이용하여 심판 합의 판정을 할 수 있도록 규칙을 개정하였다.

한편, 방송 중계에 적합한 시간대로 경기 시간이 변경되기도 한다. 일본 프로 야구 리그는 9시 뉴스 시간과 방송 시간이 겹치지 않도록 경기 시작 시간을 30분 앞당겨서 진행하였다(이정학, 2012). 2014-2015 시즌 한국 프로 농구 리그(KBL) 결승전은 방송 중계 일정 때문에 많은 곤혹을 치렀다. 리그측은 프로 야구 중계와 겹치지 않기 위해 평일 오후 5시에 결승전 일정을 잡았으나, 평일 5시에 어떻게 경기장을 직접 찾아 응원할 수 있겠느냐는 팬들의 원성을 받았다. 결국 경기는 예정대로 평일 오후 5시에 진행되었으며, 리그 결승전이라는 것이 무색할 정도로 관중석이 텅 빈 채 경기가 진행되어 많은 팬들의 빈축을 샀다.

3) 라이센싱(licensing)/머천다이징(merchandising)

법률적인 의미에서 라이센싱이란 어떠한 개인 또는 단체가 특정한 상표에 대해 법적으로 보호되는 권리를 부여받고, 타인이 그 상표를 사용할 때 일정한 저작권 사용료(royalty)를 요구할 수 있는 상업적 권리를 의미한다. 즉, 라이센싱이란 "경제적 가치가 있는 의장 및 상표권 등의 사업 재산권과 그 밖의 노하우, 전문지식, 영업 비밀, 특허권, 각종 자산 등의 실시 및 사용을 허가하고 허가자가 어떤 형태의 대가를 받기 위하여 피면허인에게 소유권을 이용하도록 승낙하는 것"(이정학, 2012, p. 441)이라고 할 수 있다. 유니폼, 티셔츠, 모자, 신발, 액세서리 등에 국제 스포츠 대회, 리그, 팀, 선수 등이 상표 등록한 로고, 마스코트, 엠블렘 등을 부착하여 판매함으로써 부수적인 수입을 얻는 것이 라이센싱을 통한 스포츠콘텐츠 마케팅 수익 창출의 대표적인 예라고 할 수 있다.

1960년대 미국 NFL이 본격적으로 라이센싱을 통한 수익 창출을 시작한 이후로, 스포츠 라이센싱 시장의 규모와 수익률은 꾸준히 증가해왔다. 국제대회, 리그, 팀, 그리고 선수 등 스포츠 엔터테인먼트의 대표적인 제품이자 생산주체에 많은 사람들의 관심이 쏠리고 인기가 높아질수록 라이센싱을 통한 수입이 늘어난다. 현재 미국 4대 프로 스포츠 리그를 포함해 NASCAR, 대학 스포츠 리그 등은 한 해 라이센싱 수입으로만 수천억 원에서 수조 원의 매출을 올리고 있는 것으로 알려져 있다. 미국 프로 스포츠 리그에 비해서는 아직 규모가 그리 크지 않지만, 국내 프로 야구 리그의 LG 트윈스는 2010년 한 해 라이센싱 상품의 판매를 통해 약 20억원 매출을 올렸다(이정학, 2012).

머천다이징은 라이센싱과 밀접하게 연관되어있는 개념으로 스포츠 관련 상표를 새로운 영역으로 확장시켜 라이센싱 수입을 증대할 수 있는 새로운 상품을 개발하고 제작하는 것을 의미한다. 라이센싱과 머천다이징의 차이점을 간단히 말하자면, 이미 개발되고 활용되고 있는 다양한 제품들에 스포츠콘텐츠 사용을 허가함으로써 수익을 창출하는 것이 라이센싱이고, 라이센싱을 통한 수익을 증대할 수 있는 새로운 상품을 계속 개발하고 판매하는 것이 머천다이징이라고 할 수 있다. 즉, 머천다이징을 통해 라이센싱으로 벌어들이는 수익의 규모가 증가할 수 있다는 것이다.

영국 프로 축구 리그(EPL)의 명문 구단 중 하나인 맨체스터 유나이티드의 경우, 머천다이징을 통한 상품 개발 및 판매를 통해 매년 수백억 원의 수입을 올리고 있다. 유니폼, 티셔츠, 기념품, 액세서리 외에도 술, 장난감, 의약품 등 셀 수 없이 많은 제품들에 구단의 상표를 사용하고 라이센싱을 통한 수익을 거둬들임으로써 대표적인 머천다이징의 성공 사례로 꼽히고 있다.

4) 스폰서쉽(sponsorship)

스폰서쉽이란 기업 또는 그 외 단체들에게 공식 스폰서의 명칭을 부여하고, 그들이 다양한 목적으로 스포츠콘텐츠를 사용하고 연계하는 것을 허락하는 대신 스폰서 비용을 받는 스포츠콘텐츠 마케팅 수익 창출의 한 모델이다. 넓은 의미에서 스폰서쉽은 라이센싱을 통한 수익 창출이라고 할 수 있다. 어떤 기업이나 브랜드가 공식 스폰서의 자격을 얻기 위해 지불하는 스폰서 비용을 스포츠콘텐츠 사용을 위해 지불하는 저작권 사용료의 명목으로 볼 수도 있기 때문이다. 스포츠 마케터의 입장에서는 이미 생산된 스포츠콘텐츠의 상표, 이미지, 제품 등의 대한 2차적 사용의 대가로 저작권 사용료를 받을 수 있기 때문에 매우 유용한 수익 창구라고 할 수 있다. 반면, 기업의 입장에서는 많은 사람들에게 인기를 구가하고, 좋은 이미지를 형성하고 있는 각종 스포츠콘텐츠를 자사의 마케팅 커뮤니케이션에 활용함으로써 전반적인 인지도와 호감도의 향상을 도모할 수 있기 때문에 효과적인 전략이라고 할 수 있다.

스폰서쉽을 통해 마케팅 수익을 창출할 수 있는 기회가 늘어나고, 스폰서쉽을 통한 수익 규모가 점차 증가하고 있는 이유는 여러 가지가 있다. 우선, 스포츠 산업이 양적으로 팽창하고 대중적인 인기가 높아지면서, 스포츠 이벤트를 통해 마케팅 목적을 달성하려는 기업들이 늘어나고 있기 때문에 스폰서쉽을 통한 스포츠 마케팅이 점차 활성화되고 있다. 특히, 스포츠라는 엔터테인먼트가 문화적, 지리적, 언어적 장벽을 뛰어넘어 많은 사람들에게 사랑을 받고 있기 때문에, 세계 각지에서 제품을 생산하고 판매하는 다국적 기업들에게 좋은 마케팅 커뮤니케이션의 도구이자 수단으로 인식되고 있다. 미디어 기술의 발전과 보급도 스폰서쉽의 확장적 적용에 많은 도움을 주고 있다. 미디어 중계 방송을 통해 스포츠콘텐츠에 노출되는 사람들의 수가 많아지면서, 스폰서쉽의 효과도 동반 상승하고 있다. 올림픽, 월드컵 같은 거대 국제 스포츠 대회의 경우, 전 세계 수억 명의 스포츠팬들에게 경기가 중계되기 때문에 공식 스폰서들은 엄청난 광고 효과를 거두는 것으로 알려져 있다(김도균, 2011).

얼마나 많은 스폰서 비용을 내고, 어떠한 방식으로 스포츠콘텐츠 생산자에게 도움을 주느냐에 따라 다양한 종류의 스폰서 유형이 존재한다. 올림픽과 월드컵 같은 대규모 국제 스포츠 대회의 경우, 공식 파트너(official partner)라는 스폰서가 존재한다. 가장 많은 스폰서 비용을 지불하고, 가장 적극적으로 협력을 주고받는 기업들에게 주어지는 명칭으로서 2010년 남아공 월드컵에서는 총 13개의 기업이 월드컵 공식 파트너의 지위를 부여받았으며, 2012년 런던 올림픽에서는 전 세계 총 9개의 기업이 올림픽 공식 파트너의 자격을 획득하였다. 공식 파트너 보다 한 단계 아래에는 공식 스폰서(official sponsor)가 있다. 공식 파트너 보다 적은 비용을 지불하기 때문에 누릴 수 있는 권리는 제한된다. 그러나 스포츠 이벤트 및 등록 상표 등을 기업의 상업적 목적을 위해 사용할 수 있는 권리를 갖는다. 스폰서 비용을 지불하는 대신 대회 진행에 필요한 각종 물품이나 서비스 등을 지원하는 기업은 공식공급업체(official supplier)라는 명칭을 받게 된다. 마지막으로 공식 상품화권자(official licensee)는 대회 조직위원회에 라이센싱 금액을 지불하고, 자체적으로 생산하는 각종 기념품 및 제품에 대회 로고, 마스코트, 엠블렘 등의 상표권을 사용할 수 있는 권리를 획득하게 된다(김용만, 2010).

5) 경기장 광고 및 네이밍 라이트(naming right)

스포츠 경기가 진행되는 경기장에는 다양한 크기와 형태로 상업적 광고 메시지를 전달할 수 있는 공간이 있다. 메인 전광판을 비롯하여 경기장 곳곳에 설치된 화면, 펜스에 설치된 광고보드, 선수들의 유니폼, 장비, 그리고 최근에는 선수들의 몸을 이용한 광고까지 집행되고 있다. 스포츠콘텐츠를 생산하는 사람들은 이러한 공간을 광고주들에게 판매함으로써 수익을 창출한다. 일반적으로 광고 메시지의 노출 빈도, 크기, 형태 등을 고려하여 광고비를 산정한다.

경기장 광고는 경기장을 직접 찾는 관중들뿐만 아니라 중계방송을 통해 경기를 관람하는 미디어 수용자들에게도 광고 메시지를 노출시킬 수 있다. 또한 경기를 관람하면서 자연스럽게 광고 메시지에 노출될 수 있고, 일반 매체 광고처럼 광고 메시지만을 회피하기가 쉽지 않아 효과적인 것으로 알려져 있다.

한편, 최근 급부상하고 있는 스포츠콘텐츠 마케팅 전략중 하나가 네이밍 라이트이다. 네이밍 라이트는 이름을 사용할 수 있는 권리로 해석될 수 있으며, 명칭 사용료를 지불하고 국제 대회, 리그, 팀 또는 경기장 앞에 특정한 이름을 붙이는 것을 의미한다. 명칭 사용권 획득을 통한 마케팅 효과가 상당한 것으로 알려지면서, 네이밍 라이트를 통한 스포츠콘텐츠 마케팅의 수익 창출 사례도 점차 늘어나고 있다. 우리나라 프로 야구 리그의 경우, 매년 공식 후원사를 선정하고 그 후원사의 이름을 리그의 공식 명칭으로 사용한다. 2021년의 경우, '신한은행'이 공식 후원사로 선정되었으며, 리그의 공식 명칭은 '2021 신한은행 SOL KBO 리그'로 불린다. 또한 프로 야구 리그에 소속되어있는 모든 팀들이 기업의 스폰서쉽과 네이밍 라이트를 통해 명명되어 있다. LG, 롯데, 삼성, 기아, SSG, 한화, NC, KT, 두산 등 각 팀들의 이름 앞에 모기업의 이름이 위치한다. 키움 히어로즈의 경우는 키움증권에게 네이밍 라이트를 양도하고 해마다 일정한 비용을 받고 있다. 미국 프로 스포츠 리그의 경우, 경기장 네이밍 라이트 판매를 통한 수익 창출이 활성화되어 있다. 미국의 항공사인 아메리칸 에어라인(American Airlines)의 경우, 2001년부터 2031년 까지 30년 동안 댈러스 매버릭스(NBA)와 댈러스 스타스(NHL)가 함께 쓰는 홈구장을 '아메리칸 에어라인 센터'로 명명하는 대가로 총 1,950억원을 지불하고 있다.

디지털 트랜스포메이션과 스포츠콘텐츠 마케팅의 미래

1) 디지털 트랜스포메이션이 가져올 변화

디지털 트랜스포메이션이란 말 그대로 디지털 기반 정보통신기술(IT)의 도입과 확산이 가져 올 미래 사회의 혁명적인 변화를 의미하는 단어이다. 디지털 트랜스포메이션으로 인해 과거에는 독립적으로 존재했던 물리적, 생물학적, 가상적 공간들이 융합되고 혼재되는 양상이 나타나고 있다. 인터넷 기능을 탑재한 스마트폰으로 가상 환경에서 다양한 음식 메뉴를 고르고 주문하면, 실제 존재하는 사람이 그 음식을 원하는 주소에 물리적으로 배달해 주는 것이 디지털 트랜스포메이션의 대표적인 사례라고 할 수 있다. 이러한 디지털 트랜스포메이션은 빅데이터 분석을 기반으로 하는 인공지능의 개발, 사물인터넷, 로봇공학 등을 중심으로 더욱 가속화될 것이라는 전망이 지배적이다.

스포츠 엔터테인먼트 산업과 스포츠콘텐츠 마케팅에도 디지털 트랜스포메이션의 바람이 불어 올 가능성이 크다. 어쩌면 이미 서서히 그러한 변화를 경험하고 있는 중일지도 모르겠다. 예를 들어, 프로 야구의 경우 이미 수 년 전부터 스탯캐스트(Statcast)라는 자동화 측정 시스템을 구축하여 경기 중 선수의 움직임, 선수 능력 등을 수치화하고 있다. 이러한 시스템을 바탕으로 기존에는 알 수 없었던 공의 회전수, 타구의 발사각도, 타구의 속도, 타구의 거리 등에 대한 정보를 관중들과 시청자들에게 제공해 줌으로써 스포츠콘텐츠를 소비하는 새로운 즐거움을 주고 있다. 이러한 정보는 선수들의 경기력 향상에도 활용됨으로써 전반적인 스포츠콘텐츠의 질 또한 높아지고 있다. 매 경기 정보를 빅데이터의 형태로 수집하고 분석함으로써 스포츠콘텐츠 마케팅을 위한 중요한 지표로 활용하기도 한다.

스포츠 경기를 중계하는 방식에도 많은 기술적 진전이 진행되고 있다. 요즘에는 인공지능 기능을 탑재한 무인카메라가 선수들의 미세한 움직임을 하나도 놓치지 않고 중계한다. 그리고 촬영 장비 및 기술의 발달로 인해 전에는 볼 수 없었던 박진감 넘치고 현장성 높은 화면을 제공한다. 디지털 기술의 도입은 스포츠 경기 진행에도 큰 영향을 미친다. 테니스 경기에서는 호크아이(Hawk eye)라는 기술을 도입하여 공의 라인 상 인/아웃을 정밀하게 측정한다. 야구, 축구, 농구 등에서도 심판의 판정 오류를 최소화할 수 있는 장치로서 비디오 판독 기능을 도입하고 있다. 선수들이 경기 중 착용하는 다양한 의복과 용품에 센서를 부착함으로써 선수들의 움직임 및 신체 변화에 대한 여러 가지 정보를 실시간으로 수집하며, 그러한 정보 분석을 토대로 경기력 향상과 스포츠 엔터테인먼트의 극대화를 꾀하고 있다.

그림 11.2 메이저리그 스탯캐스트 (출처: MLB.com)

스포츠콘텐츠를 경험적으로 소비하고자 하는 수요도 지속적으로 늘어나고 있다. 소위 스크린 스포츠라고 하는 스크린 골프, 스크린 야구 등은 앞서 설명한 디지털 기술의 발달과 함께 더욱 정교하고 사실적으로 진화하고 있으며, 이에 따른 시장의 성장도 괄목할 만하다. VR(virtual reality) 같은 디지털 기술을 이용하여 더욱 실감나게 스포츠 중계를 경험하고자 하는 수요도 지속적으로 발생할 가능성이 높다.

조금 이른 예측일수도 있지만, 인간과 기계의 대결을 기반으로 한 스포츠콘텐츠의 등장도 충분히 현실적이다. 이미 체스나 바둑에서는 인간과 인공지능의 대결이 진행되었듯이, 스포츠의 영역에서도 인간과 로봇, 인간과 인공지능의 대결이 실현 가능할 것이다. 뿐만 아니라 로봇 축구, 무인 드론 경주, 무인자동차 경주 등 인간이 아닌 인공물이 스포츠 경기의 주체가 되는 상황도 더욱 빈번하게 발생할 것이다(김찬룡, 2018).

2) 스포츠콘텐츠 마케팅의 다각화

끊임없는 머천다이징을 통해 스포츠콘텐츠 마케팅의 영역은 계속 확장되고 있으며, 수익 창출의 방법 또한 다각화되고 있다. 최근에는 스포츠와 엔터테인먼트가 결합한 '스포테인먼트'라는 개념이 널리 사용되고 있다. 스포츠의 기본적인 콘텐츠를 기반으로 다양한 인접 엔터테인먼트의 요소를 결합하여 소비자들에게 새로운 즐거움과 오락을 제공하고 수익을 창출하고자 도입된 개념이다.

일례로, 팀의 마스코트나 선수를 활용한 캐릭터를 개발하고 이를 상품화하여 수익을 창출하는 사례가 많이 등장하고 있다. 캐릭터는 애니메이션, 게임, 관광, 출판, 공연 등 인접 엔터테인먼트 영역으로 쉽게 확장되고 적용될 수 있어 부가가치가 매우 높은 것으로 평가되고 있다. 스포츠 엔터테인먼트를 기반으로 한 비디오 게임의 개발은 또 다른 스포츠콘텐츠 마케팅의 사례이다. EA Sports라는 미국의 게임 소프트웨어 개발업체는 매년 NFL에 상당한 저작권 사용료를 지불하고 'Madden'이라는 미식축구 게임을 출시하고 있다. 이 스포츠 게임은 많은 게임 유저들에게 인기를 얻고 있으며, 게임에 대한 관심이 다시 미식축구에 대한 관심으로 연결되어 스포츠콘텐츠 마케팅의 시너지 효과를 발생하고 있다. 이 외에도 스포츠는 영화, 음악, 관광 등의 엔터테인먼트 분야에 접목되어 다양하게 소비되고 있으며, 여러 가지 창구를 통해 수익을 창출하고 있다.

인터넷, 모바일 등 새로운 미디어의 등장과 확산이 스포츠콘텐츠의 소비와 마케팅에 미치는 영향도 주목해야 한다. TV, 라디오 등 전통적인 매체를 통해 스포츠콘텐츠를 소비하던 사람들의 성향과 행동이 인터넷, 모바일, OTT(Over-the-top) 등의 등장과 함께 급격하게 변화하고 있다. 소비자는 항상 변화하고 있으며, 사회적인 유행 또한 빠르게 바뀌고 있다. 이러한 변화와 흐름을 정확하게 분석하고 이해할 때 마케팅 경쟁에서 우위를 차지할 수 있는 전략 도출이 가능하다.

요약

인간과 인간이 신체적인 능력을 겨루는 스포츠는 꽤 오랫동안 우리 사회에서 엔터테인먼트 콘텐츠로서의 기능을 수행해 왔으며, 최근에는 소비자 수요와 산업 규모가 가히 천문학적인 수준에 다다르고 있다. 엔터테인먼트 콘텐츠로서의 스포츠뿐만 아니라 리그, 팀, 선수, 국제 스포츠 대회, 그리고 지역 등이 마케팅을 위한 제품으로서 인식되고 있으며, 다양한 마케팅 전략을 통해 소비되고 있다. 한편, 경기장 입장료, 방송 중계권료, 라이센싱/머천다이징, 스폰서십, 광고/네이밍 라이트 등 스포츠콘텐츠 마케팅을 통한 수익 창출 또한 갈수록 다각화되고 있다. 디지털 트랜스포메이션이 스포츠 산업과 스포츠콘텐츠 마케팅에 미칠 영향에 주목하면서 미래를 준비해야 할 필요가 있다.

생각해 볼 문제

1. 스포츠 엔터테인먼트는 어떻게 정의될 수 있으며 어떠한 특성을 가지고 있는가?
2. 스포츠 마케팅의 기본적인 구성요소들은 무엇인가?

3. 스포츠 마케팅의 STP 전략에서 고려해야 할 요소들은 무엇인가?
4. 스포츠 마케팅을 통한 수익 창출 전략에는 어떠한 것들이 있는가?
5. 스포츠 마케팅의 미래는 어떠한가?

참고문헌

김도균(2011). 스포츠마케팅. 서울: 오래출판사.

김용만(2010). 스포츠마케팅 커뮤니케이션. 경기: 학현사.

김찬룡(2018). 4차 산업혁명시대의 스포츠의 변화와 역할. 한국체육학회지, 57(3), 17-27.

이병기 · 김주호(2014). 스포츠 마케팅 플러스. 서울: 대경북스.

이정학(2012). 스포츠마케팅. 경기: 한국학술정보.

정영남(2003). 고객 데이터베이스(DB)를 활용한 프로스포츠 관계마케팅(CRM) 강화 전략. 한국스포츠산업경영학회지, 8(1), 1-16.

정옥주(2005). 스포츠 이벤트 개최를 통한 장소마케팅 연구: 프랑스 일주 사이클 대회(Tour de France)를 사례로. 관광학연구, 29(3), 103-124.

조민호(2001). 스포츠 이벤트의 관광마케팅에 관한 연구. 관광연구논총, 13, 15-29.

한은경(2001). 인터넷 스포츠의 마케팅 전략에 관한 연구: 사이트의 특성과 태도를 중심으로. 광고연구, 52, 113-135.

Forbes (2010). Study: Sport fans skew Republican. Retrieved from http://www.forbes.com/sites/bizblog/2010/03/31/study-sports-fans-skew-republican.

Jun, J. W., & H. M. Lee (2007). Enhancing global-scale visibility and familiarity: The impact of World Baseball Classic. Place Branding and Public Diplomacy, 3(1), 42-52.

Korean Baseball Organization (2021). 연도별 관중 현황. Retrieved from http://www.koreabaseball.com/Record/Crowd/Graph_Year.aspx.

CHAPTER

12

뉴스콘텐츠 마케팅

뉴스마케팅의 고유한 특성과 디지털로 인한 패러다임의 변화를 중심으로, 언론사의 뉴스와 콘텐츠, 부가상품, 서비스 등에 대한 비즈니스 전략을 살펴봤다. 디지털에서 뉴스를 포함한 콘텐츠 판매와 디지털광고의 다양한 상품에 대해 알아봤다. 미디어 소비의 개인화에 따른 뉴스 이용행태 분석과 후원모델 등 최근에 부각되고 있는 이슈들에 대해서도 연구했다.

01

ENTERTAINMENT CONTENTS MARKETING

뉴스마케팅의 특성

신문과 방송 등 언론산업은 미디어와 IT기술의 빠른 발전에 따라 산업의 패러다임(paradigm)이 급격하게 변하고 있다. 우선 '뉴스공급 패러다임의 변화'이다. 인터넷이 본격적으로 서비스된 21세기 이후 포털과 소셜미디어가 언론산업의 중요한 축이 되었다. 과거에는 언론사가 신문과 텔레비전, 라디오 등을 통해 이용자에게 직접 뉴스를 제공했지만, 지금은 인터넷을 기반으로 한 포털과 소셜미디어가 뉴스공급에서 큰 비중을 차지하고 있다. 또한 언론사들도 글과 사진, 영상 등 다양한 형태(format)의 콘텐츠를 게재할 수 있는 인터넷을 바탕으로 전통적인 뉴스 외에 심층정보와 조사연구, 개인맞춤, 엔터테인먼트 등을 서비스하고 있다.

다음은 '뉴스이용 패러다임의 변화'이다. 2007년 이후 뉴스 이용자들은 주로 스마트폰이나 포털에서 기사를 보거나 유튜브와 트위터, 페이스북, 인스타그램과 같은 소셜미디어를 통해 기사를 서로 공유하는 등 뉴스 이용행태가 많이 달라졌다. 뉴스 이용시각도 변했다. 이전에는 정해진 시각과 특정한 장소에서 뉴스를 확인할 수 있었지만, 이제는 디지털을 통해 언제, 어디서나 뉴스를 접할 수 있다. 이용자들이 선호하는 기사형식도 달라졌다. 이용자들은 과거에는 신문을 읽거나 방송뉴스를 보았지만, 지금은 정리 · 요약된 기사나 영상뉴스를 선호한다. 또한 이용자들은 자신이 관심이 있는 것에 대해서는 보다 많은 정보를 알고 싶어한다.

이에 따라 언론사들도 자사 뉴스의 가치를 향상시키고 개별 이용자의 뉴스 이용을 충족시키기 위해 온라인과 소셜미디어, 모바일 등에 다양한 기사와 콘텐츠를 제공하고 있다. 관련하여 뉴스콘텐츠 마케팅의 경우 전술한 바와 같이 디지털화로 인해 언론산업 환경이 근본적으로 변함에 따라, 본 저서가 지향하는 마케팅믹스(marketing mix)와 STP전략을 적용하기에는 적절하지 않은 면이 있다. 또한, 미국과 유럽의 일부 주요 언론사들은 온라인과 모바일에 적합한 뉴스와 콘텐츠, 부가상품, 서비스 등을 적극 제공하고 있지만, 그 외 다수의 언론사들은 이제 디지털전략을 도입하는 단계이다. 따라서 본 장에서는 디지털전략을 적극적으로 펼치고 있는 미국과 유럽 언론사들의 마케팅[1]을 중심으로 설명하되, 우리나라 언론사들의 사례도 일부 소개하고자 한다.

[1] 김영주 · 정재민이 연구한 '글로벌 뉴스미디어 기업의 비즈니스 모델: 구독 · 광고 · 사업 · 후원(2020)'을 참고하였다.

뉴스마케팅의 주요내용

1) 뉴스

2000년 이후 뉴스 공급과 이용의 패러다임이 많이 변함에 따라 언론사들의 뉴스 비즈니스전략도 디지털(digital)에 중심을 두고 있다. 유력 언론사들은 2011년부터 디지털에서의 뉴스 판매를 적극 추진하고 있다. 미국 뉴욕타임스(The New York Times)와 워싱턴포스트(The Washington Post), 월스트리트저널(The Wall Street Journal), 영국 파이낸셜타임스(Financial Times) 등 세계적인 유력 언론사들은 디지털뉴스의 유료화를 강하게 추진하고 있다. 영국 로이터연구소(Reuters Institute)가 2019년에 미국과 유럽의 15개 언론사를 대상으로 실시한 조사결과에 의하면, 언론사의 뉴스 유료방식은 종량제(metered wall, 33%)와 프리미엄(freemium, 33%), 완전유료(3%) 등으로 나타났다(Nic Newman etc, 2020). 유료서비스 형태는 나라별로 서로 다르다. 예를 들면, 미국 언론사들은 48%가 유료모델을 도입한 반면에, 핀란드의 대다수 언론사들은 혼합모델(프리미엄+종량제)을 채택하고 있다. 미국 일부 언론사의 경우 낮은 디지털구독료를 책정해 홈페이지를 통한 기사이용만 제공하고, 신문의 온라인 웹과 모바일 앱, 아카이브 이용, 뉴스레터 등의 서비스에는 별도의 이용료를 부과하기도 한다. 언론사 비즈니스 모델 중 디지털뉴스 구독이 부상하고 있는 이유는 수입확대뿐만 아니라 이용자 데이터 수집이 가능하기 때문이다. 한편, 우리나라 언론사들의 디지털마케팅은 무료공급 중심이다. 이는 1990년대 중반 인터넷 도입과 2000년대 포털 서비스 이후 대다수 언론사들이 인터넷이나 포털에 기사를 무료 제공한데 기인하는 것으로 풀이된다. 일부 주요 언론사들이 최근 들어 디지털뉴스를 유료화하기 위해 노력하고 있으나 의미있는 성과를 내기에는 시간이 좀 더 걸릴 것으로 보인다.

(1) 완전장벽(hard paywall)

지불장벽(paywall)은 디지털에서 뉴스의 무료이용을 제한하는 것이다. 비용을 지불하지 않으면 기사를 이용하지 못하게 하거나 부분적으로만 소비하도록 하는 방식이다. 로이터연구소의 미국과 영국, 프랑스, 독일, 이탈리아, 핀란드, 폴란드 등 7개국 212개 언론사에 대한 디지털뉴스 유료화 조사결과에 따르면 언론사 69%가 유료모델을 채택하고 있다. 완전장벽을 채택한 언론사는 3%이고 부분장벽을 적용한 언론사는 66%로 나타났다. 주간지와 잡지의 경우 57%가 유료정책을 도입한 반면에, 방송은 유료모델을 적용하지 않았다(Simon & Graves, 2019).

(2) 부분장벽(partial paywall)

종량제와 프리미엄, 시간장벽, 기사당 결제 등 부분장벽은 일정량의 기사는 무료로 이용할 수 있지만, 더 많은 콘텐츠를 이용하기 위해서는 비용을 지불해야 하는 모델이다(Kalim, 2019). 첫 번째, '종량제(metered wall)'이다. 뉴욕타임스와 워싱턴포스트, 엘에이타임즈(Los Angeles Times), 보스턴글로브(The Boston Globe), 필라델피아 인콰이어러(The Philadelphia Inquirer), 스타트리뷴(StarTribune)을 비롯해 미국에서 유료모델을 채택한 대다수 언론사가 적용하고 있는 전략이다. 뉴욕타임스는 2011년에 하루에 기사 20건까지 무료 제공하는 종량제를 최초로 도입했는데, 나음 해인 2012년에는 무료기사를 10건으로 줄였다. 소비데이터를 확보하기 위해 이용자가 뉴욕타임스 계정을 로그인하는 등 자신에 관한 정보를 제공해야만 기사를 무료로 이용할 수 있도록 했다.

두 번째, '프리미엄(freemium)'이다. 무료와 유료 콘텐츠를 구분해 서비스하는 프리미엄 역시 선호되는 모델이다. 영국 인디펜던트(Independent)와 독일 프랑크푸르트 알게마이네 자이퉁(Frankfurter Allgemeine Zeitung), 디벨트(Die Welt), 빌트(Bild), 프랑스 르피가로(Le Figaro), 르몽드(Le Monde), 호주 데일리 텔레그라프(Daily Telegraph) 등이 이 모델을 채택하고 있다. 2019년 로이터연구소 조사결과, 영국(5.6%)을 제외한 유럽 대부분 국가의 언론사 30~70%가 프리미엄 모델을 채택한 것으로 나타났다. 프리미엄 전략에서 중요한 것은 잠재이용자에게 어느 정도의 기사를 무료 공급해서 유료이용자로 전환하느냐이다. 르몽드는 지불장벽을 40%까지 했을 때 독자수가 감소하는 것을 분석했다. 이후 홈페이지를 재구성하고 지불장벽을 37%로 조정하여 유료독자 전환률을 6%까지 올렸다. 이전에는 유료기사를 별도 페이지에 게시했지만, 사이트 개편 후에는 유 · 무료 기사를 같은 면에 게재했다. 유료기사에는 노란색 로고를 달아서 차별화했다. 비이용자에게 동일공간에서 유 · 무료 기사의 비교를 통해 유료기사의 가치를 인식시켜 유료구독자로 전환시키려는 전략이다.

세 번째, '시간장벽(time wall)'이다. 시간장벽은 최근 새로운 유료모델로 주목받고 있는데 뉴스 이용시간을 기준으로 장벽을 치는 것이다. 스웨덴 미트미디어(MittMedia)는 홈페이지 방문자들이 처음 1시간 내에 유료구독으로 전환하는 것은 드물다는 점에 착안하여 시간압박 전략을 취했다. 기사가 게시되면서 1시간 타임 클릭이 작동되는데, 1시간이 지나면 기사는 유료로 전환된다. 이 모델 도입으로 구독전환률 20%를 달성했다(Southern, 2019). 독일 마드색(MADSACK)도 2019년에 1시간만 기사를 무료로 이용하게 했다. 1시간의 장벽이 이용자에게 웹사이트에 자주 방문하게 한 것이 효과적인 것으로 분석되었다(Phillips, 2020). 네 번째, '기사당 결제(micro payment)'이다. 기사당 결제는 기사 1건당 비용을 지불한다. 이 모델은 네덜란드 뉴스 스타트업 블렌들(Blendle)이 처음으로 도입했다.

(3) 가격차별(price discrimination)

가격차별에는 비용민감 계층과 단체구독, 묶음상품에 대한 할인과 무료콘텐츠 제공 등이 있다. 첫 번째, '비용민감 계층 할인'이다. 미국 블룸버그(Bloomberg)는 디지털뉴스 이용료로 월 34.99달러를 받지만 대학생과 대학원생에게는 한 달에 9.99달러를 적용한다(www.bloomberg.com). 미국 비즈니스 인사이더(Business Insider)는 학생에게 월 6.95달러와 한 학기 19달러, 1년 29달러의 할인가격을 책정했다(www.businessinsider.com). 뉴욕타임스와 비즈니스 인사이더는 학생뿐만 아니라 교사에게도 할인혜택을 제공한다. 월스트리트저널도 대학생과 교수에게 할인해준다. 국내에서는 한국경제신문과 매일경제가 대학생 신문구독자에게는 일반 구독자보다 50% 할인한 월 10,000원의 구독료를 적용한다(www.hankyung.com; www.mk.co.kr). 두 번째, '기업 · 단체 할인'이다. 뉴욕타임스는 단체 구독가격을 별도로 책정했다. 구독기간 1년 단위로 계약하고 금액은 이용자수에 따라 책정되는데 최저가격은 연간 2,002달러이다(www.nytimes.com).

세 번째, '묶음상품(bundle products) 할인'이다. 미국 씨애틀타임스(The Seattle Times)는 소셜커머스(social commerce)업체 그룹온(Groupon)을 통해 디지털구독권과 일요일 신문을 묶음상품으로 판매한다. 1년에 207달러인 가격을 85% 할인해 30달러로 서비스한다(www.seattletimes.com). 할인률이 지나치게 높은 것으로 보일 수도 있는 이 모델은 잠재이용자에세 자사 뉴스의 노출을 늘려 유료이용자로 전환시키는데 목적이 있다. 네 번째, '신문 구독자에 대한 콘텐츠 무료제공'이다. 조선일보는 구독자에게 교육콘텐츠 한자학습지 '맛있는 한자'와 어린이 교육지면 '신문은 선생님'을 무료 제공하고, 조선일보 카드를 발급하면 신문구독료를 최대 54,000원까지 깎아준다(www.chosun.com). 중앙일보는 구독자에게 자사가 세작하는 200여권의 잡지로 구성된

'조인스 프라임'의 구독료를 할인해주고 사은품을 증정한다(joongang.joins.com). 한겨레는 자동이체 정기구독자에게 주간지 '한겨레21' 10주 구독권과 영화주간지 '씨네21' 10주 구독권, 월간 경제지 '이코노미인사이트' 3개월 구독권, 청소년진로잡지 'MODU' 6개월 구독권 등을 지급한다(www.hani.co.kr).

2) 디지털 콘텐츠

(1) 특화 콘텐츠

언론사들은 뉴스 외에 독립분야, 프리미엄 멤버십, 개인맞춤형, 엔터테인먼트 등의 다양한 콘텐츠를 유료 공급하고 있다. 첫 번째, '독립분야(vertical)'이다. 정치나 경제, 문화, 스포츠 등 특정 주제의 기사를 모아 제공하는 독립형 모델이다. 미국 패션잡지 에스콰이어(Esquire)는 찰스 피어스와 함께 하는 정치(Politics with Charles P. Pierce) 섹션을 유료화했다. 잡지를 제외한 찰스 피어스 정치칼럼을 포함한 전체 디지털 기사의 월 이용료는 4달러인데 반해, 잡지를 포함한 전체 디지털 뉴스 이용료는 연 40달러로 오히려 가격이 낮다. 또한 찰스 피어스 정치기사만을 구독할 때에는 연 25달러로 상대적으로 높은 가격을 책정하여, 잡지 포함 전체 디지털 뉴스의 연간 정기구독을 유도하고 있다(www.esquire.com).

두 번째, '프리미엄 멤버십(premium membership)'이다. 언론사들은 뉴스 외에 심층정보, 조사연구, 기업현황 등의 고급 콘텐츠를 유료회원에게 서비스하는 프리미엄 멤버십을 운영하고 있다. 미국 경제뉴스채널 CNBC는 월스트리트의 심층정보를 미국과 유럽, 아시아로 실시간 공급하는 CNBC Pro를 운영하고 있다. 가격은 월 29.99달러(연간 299.99달러)이다(www.cnbc.com). 폴리티코는 POLITICO Pro를 통해 국방과 교육, 보건, 사이버보안, 고용, 이민 등 22개 분야의 정부정책 분석보고서를 보내준다. POLITICO Pro Premium은 추가로 정책데이터에 대한 시각화와 인포그래픽스, 예산정책 분석까지 서비스한다(www.politico.com). 미국 스키프트(Skift)는 여행산업에 대한 분석

보고서를 제공한다. Skift Pro Premium 서비스를 통해 심층 분석보고서와 독점인터뷰, 주간브리핑을 공급한다(www.skift.com). 미국 인포메이션(The Information)은 영향력 있는 기술기업의 조직도를 연간단위로 판매한다(www.information.com).

세 번째, '개인맞춤형(dynamic wall)'이다. 개인맞춤형은 데이터중심의 개인화 유료모델이다. 완전유료 장벽이나 종량제가 모든 이용자에게 동일한 조건을 부여하는 것과는 달리, 개인맞춤형은 개별 이용자의 관심과 행위에 맞춰 이용료를 부과한다. 1968년부터 뉴욕 매거진(New York Magazine)을 발행해 온 미국 뉴욕미디어(New York Media)는 디지털시대를 맞아 Intelligencer(정치, 기술, 비즈니스)와 VULTURE(엔터테인먼트), THE CUT(여성), CRUB STREET(음식), the Strategist(e커머스 상품 추천) 등의 독립형 서비스를 추가로 출시하고 있다. 이용료는 독립형 서비스에 유료장벽을 치는 것이 아니라 이용자별로 맞춤형 묶음을 선택하게 했다(www.nymag.com). 영국 위크 주니어(Week Junior)는 8~14세 어린이를 대상으로 기사와 정보를 공급한다. 구독자에게 매주 신문 이슈를 제공하고 디지털 버전을 이용할 수 있게 하는데 이용료는 1년에 115유로이다(www.theweekjunior.co.uk).

네 번째, '엔터테인먼트 콘텐츠'이다. 뉴욕타임스는 게임구독(NYT games subscription)을 통해 다양한 게임과 퍼즐을 유료로 제공한다. 전통적인 십자말풀이(The Crossword)로 40여 만명의 유료구독자를 확보한 뉴욕타임스는 2017년에 단어철자 맞추기(Spelling Bee)를 내놓고, 2018년에는 상자 안 철자들을 연결해 단어를 만드는 레터 박스(Letter Boxed)를 추가한데 이어, 타일(Tiles)과 삼각형 꼭지점 연결로 그림 그리기(Vertex) 등의 퍼즐게임을 출시하였다(www.nytimes.com). 뉴욕타임스의 게임 별도 구독가격은 월 3.47달러(연간 19.97달러)이다. 영국 가디언(The Guardian)은 2020년 2월에 인기상품인 십자말풀이를 스마트폰에서 이용할 수 있게 한 전용 앱을 유료로 내놓았다(www.theguardian.com).

(2) 뉴스레터(newsletter)

뉴스레터는 기본적으로 유료서비스를 지향하지만, 비즈니스 모델에 따라 광고나 후원, 무료 등 다양한 방식을 적용하고 있다. 첫 번째, '정기제공 뉴스레터'이다. 씨애틀타임스는 아침 · 저녁 뉴스 브리핑과 속보 때 새로운 뉴스레터를 보낸다. 폴리티코는 매일 저녁에 뉴스레터 'POLITICO Nightly'를 발송한다(www.politico.com). 미국 어드바이저레이터(Advisorator)는 기술담당기자 자레드 뉴만(Jared Newman)의 기술(technology)에 대한 조언을 뉴스레터로 보내준다(www.advisorator.com). 수많은 웹사이트와 소셜미디어에서 쏟아지는 정보에 묻히지 않도록 중요내용을 발췌한다. 뉴스레터는 매주 보내는데 비용은 월 5달러(연간 50달러)이다.

두 번째, '특화주제 뉴스레터'이다. 씨애틀타임스는 워싱턴주의 공교육 개선에 목표를 두고 교육실험실(Education Lab)이라는 이름으로 주간 뉴스레터를 보낸다(www.seattletimes.com). 미국 가넷(Gannett)그룹의 스테이츠맨 저널(Statesman Journal)은 매주 토요일 아침에 '오레곤 아웃 도어(Our Oregon Outdoors)' 뉴스레터로 오리건주의 하이킹과 여행, 레저에 대한 정보를 제공한다(www.statesmanjournal.com). 월스트리트저널이 2020년 8월부터 6주간 서비스한 '6주 머니 챌린지(Six-Week Money Challenge)' 뉴스레터는 재무지식뿐만 아니라 재무분야 학습법과 연습문제, 도전과제까지 제공한다(www.wsj.com). 뉴욕타임스는 자사 제품리뷰사이트인 와이어커터(The Wirecutter)를 통해 신용카드와 재택근무, 수면 등 3가지 주제에 대한 뉴스레터를 서비스하고 있다(www.nytimes.com/wirecutter).

세 번째, '후원사 배너 기반 뉴스레터'이다. 미국 캘리포니아주 남부지역 공영라디오방송(89.3KPCC)은 60만명 이상의 청취자를 보유하고 있다. 생방송과 팟캐스트, 홈페이지를 운영하면서 일 · 주 · 월간 단위로 뉴스레터를 공급한다. 배너광고는 뉴스레터의 상 · 중 · 하단에 삽입한다. 약 5만명의 가입자에게 전달되는데 25%가 뉴스레터를 읽는다. 뉴스레터 후원사가 되면 공영방송을 지원한다는 긍정적인 이미지를 홍보할 수 있다는 것을 강조한다(www.scpr.org).

네 번째, '무료 뉴스레터'이다. 국내 언론사들의 대다수가 뉴스레터 신청자에게 e메일을 통해 다양한 뉴스와 콘텐츠를 무료로 제공하고 있다. 중앙일보는 전체기자와 스타기자, 연재기사, J팟 등으로 카테고리를 나눠 뉴스레터를 운영하고 있다. 세상 모든 힙한 것들의 리뷰 'minzi리뷰'와 이상언의 '더 모닝', 신성식의 '레츠고 9988', 기업 연재기사 '팩플', 클래식 음악과 함께 듣는 의외의 이야기 J팟 '고전적 하루', 당신의 뉴스비서 '뉴스 다이제스트', 뉴스를 보는 새로운 시각 '트렌드 뉴스' 등 30개 뉴스레터를 제공한다(joongang.joins.com). 조선일보는 '강인선의 모닝라이브'와 '5분 칼럼', 'Mint', '온차이나', '유용원의 밀리터리 시크릿', '꽃이야기' 등 21개 뉴스레터를 보낸다(www.chosun.com). 한국일보는 '이충재의 인사이트'와 '뉴;잼', '가만한 당신, 못다 한 말들', '무낙: Munhak' 등 9개 뉴스레터를 신청자에게 서비스한다(www.hankookilbo.com).

3) 광고

광고 비즈니스는 언론산업을 지탱해온 가장 중요한 수입원이다. 그러나 디지털 플랫폼의 확산에 따라 세계적으로 신문과 방송의 광고수입은 감소하고 있다. 회계 · 경영 컨설팅회사 PwC(PricewaterhouseCoopers)의 2020년 분석에 의하면, 세계적으로 신문산업 매출에서 광고의 비중은 비중은 50% 미만으로 떨어졌고 향후 5년간 연 평균 성장률 예측도 −4.37%로 어둡다. 방송산업 역시 주문형 비디오(Video On Demand) 서비스가 활성화되어 새로운 수입원이 생겼지만 광고매출은 정체상태를 이어가고 있다. 세계적으로 방송광고 매출은 2015년 후 정체상황에서 향후 5년간 0.3%의 감소가 예상됐다(PwC, 2020). 신문과 방송 광고에서 줄어드는 매출을 보전할 수준은 못되지만, 디지털을 통한 광고수입이 지속적으로 증가하고 있는 것으로 나타났다.

(1) 신문 · 방송 광고

신문과 방송의 경우, 과거보다는 중요성이 감소했지만 언론산업에서 여전히 중요한 광고플랫폼의 역할을 하고 있다. 기사나 프로그램을 배치하고 광고를 싣는 전통적인 방식에서 신문 양면에 광고를 싣거나 지면을 연결하는 등 보다 적극적인 광고기법을 도입하고 있다. 신문광고에는 양면 전면광고와 지면 공간활용 광고 등이 있다. 미국 신문의 경우, 양면광고(spread)는 일반적으로 전면광고(full page)의 두 배 가격을 책정하고 있다. 신문광고에서 전면광고를 확장한 양면광고와 요일별 광고단가 차등, 양면고시 상 · 하단 반절 광고단가 차별 등 지면에서만 가능한 광고의 가치를 높일 수 있는 다양한 방안을 시도하고 있다. 기사 속에 박스로 광고넣기와 광고를 수직으로 세우기, 세 면에 기사가 둘러싸인 반도모양으로 만들기, 신문제호 옆에 광고넣기 등 광고를 여러 형태로 위치시켜 주목도를 높이고 있다. 텔레비전과 라디오 역시 중간광고(commercial break)와 간접광고(product placement) 등 이용자의 관심을 끄는 광고형태를 적극 도입하고 있다.

(2) 디지털 광고

디지털이 뉴스 공급과 이용의 중심이 됨에 따라 많은 언론사들은 디지털광고를 적극적으로 개발하고 있다(김영주 · 정재민, 2020). 디지털광고의 경우, PC와 모바일로 접속 가능한 뉴스 웹사이트와 뉴스 앱, 소셜미디어 등을 광고수단으로 활용한다. 첫 번째, '배너광고(display ads)'이다. 디스플레이 광고는 대표적인 디지털광고이다. 흔히 배너형태로 제작하여 사이트의 상 · 하단이나 좌우에 배치한다. 문제점은 이 광고모델의 클릭이 적다는 것이다. 미국 와이어드(Wired)에 최초의 배너광고가 실린 1994년 해당 광고의 클릭률은 44%였지만 지금은 0.1% 미만이다. 배너광고의 클릭을 높일 수 있는 방안과 배너광고를 대체할 다른 광고들이 계속 개발되고 있으나, 이용자의 광고 회피방법도 같이 발전하고 있어 언론사들이 어려움을 겪고 있다. 국내 대다수 언론사들도 온라인 웹과 모바일 앱의 자사 홈페이지 등에서 여러 가지 배너광고를 판매하고 있다.

두 번째, '홈페이지 양도(takeover)'이다. 가디언은 홈페이지를 광고주에게 부여하는 공간양도 광고를 도입했다. 홈페이지 상단에 광고를 노출하는데 이용자가 기사를 스크롤(scroll)해서 아래로 내려가도 광고는 계속 노출된다. 즉, 홈페이지 가운데에 기사를 게시하고 양쪽에 광고를 노출하는데, 아래 기사를 읽기위해 스크롤해도 양쪽에 위치한 광고는 그대로 남아 있다. 세 번째, '추천엔진 광고(recommendation engines ads)'이다. 언론사와 광고주는 디지털 플랫폼에서의 노출을 높이기 위해 아웃브레인(Outbrain)과 태불라(Taboola), 레브콘텐트(Revcontent) 같은 추천엔진을 활용한다. 기사에 광고주와 관련된 후원임을 밝히고 광고를 하거나, 네이티브 광고로 직접 기사와 관련은 없지만 광고주를 명기한다. 추천엔진은 독자들의 뉴스 이용행태를 분석해 맞춤형 광고를 제공한다. A/B 테스트를 통해 독자반응을 실험하고, 신규이용자 유입과 참여유도, 재방문, 지속이용을 제고할 수 있는 방안을 제공함에 따라 추천엔진을 활용하는 언론사와 광고주가 늘어나고 있다.

네 번째, '네이티브 광고(native ads)'이다. 네이티브 광고는 일반 배너와 달리 기사형태로 제공된다. 배너광고가 콘텐츠와 분리된 위치에 놓이는 반면에, 네이티브 광고는 해당 웹사이트의 콘텐츠와 동일한 모습을 띠고 기사와 같은 위치에 놓인다. 광고주가 있는 협찬기사로 기사형 광고(advertorial)와 유사하지만, 기자가 제작에 참여하는 등 품질향상에 노력하고 있다. 뉴욕타임스는 2016년에 넷플릭스 오리지널 시리즈 '오렌지 이즈 더 뉴 블랙(Orange is the new black)'의 네이티브 광고를 텍스트와 이미지, 영상으로 제작해 주목받기도 있다.

다섯 번째, '영상광고(video ads)'이다. 영상이 콘텐츠 소비의 주요 형식으로 자리 잡으면서 광고주 역시 디지털을 중심으로 영상광고에 주력하는 추세이다. 우선 인스트림 영상광고(instream video ads)이다. 영상광고에는 프리롤(pre-roll)과 미드롤(mid-roll), 포스트롤(post-roll) 등이 있다[2]. 아웃스트림

---

[2] 프리롤은 콘텐츠가 시작하기 전에 광고영상이 먼저 뜨는 것이고, 미드롤은 영상물을 시청하는 중간에 광고가 삽입되며, 포스트롤은 영상이 끝난 후에 광고가 편성된다.

times.com).

- 기념일 공지: 미국 뉴욕주 타임즈 유니온(Times Union)은 결혼이나 출생, 기념일 등에 대해 글자 수와 사진 크기에 따라 가격을 부과하고 디지털에 게시(www.timesunion.com).
- 부고기사 유료화: 미국 베이에이리어뉴스그룹(Bay Area News Group)의 머큐리 뉴스(Mercury News)와 동베이 타임즈(East Bay Times), 몬트레이 헤럴드(Monterey Herald), 산타크루즈 센티널(Santa Cruz Sentinel) 등 지역신문은 일반인의 부고를 유료로 서비스. 디지털 추모사이트를 만들어 고인의 생애와 사진, 추억을 남길 수 있음. e메일이나 소셜미디어로 지인을 초대할 수 있고, 추모 글을 남기거나 조화를 보낼 수 있음.

(2) 데이터 비즈니스

빅데이터 분석이 소비자를 이해할 수 있는 전략으로 확산되면서 언론사들도 이용자의 행위데이터를 분석해 비즈니스에 적용하기 위해 연구하고 있다. 첫 번째, '이용자 데이터 분석 · 활용'이다. 자사의 잠재이용자에 대한 데이터 수집은 물론, 신규 사업 추진에도 고객정보는 중요하다는 판단아래 많은 언론사들이 이용자 데이터 확보와 분석을 위해 노력하고 있다. 완전장벽 전략을 펴고 있는 월스트리트저널은 독자를 유지하고 이용자의 구독경험을 개선하기 위해 2019년부터 2021년 6월 현재까지 2년 이상동안 습관 프로젝트(Project Habit)를 추진하고 있다. 데이터 분석결과, 특정 섹션이나 기자의 기사를 꾸준히 읽는 이용자와 정기적으로 콘텐츠를 읽는 구독자가 평균보다 사이트에 오래 머문다는 것을 알아냈다(inma.org, 2021; Powell, Wiley & Gray, 2019). 또한 린-백 콘텐츠(lean-back content, 소파에 기대어 편하게 보는 콘텐츠)나 특집기사가 구독유지에 효과적이라는 것을 확인했다.

인공지능(artificial intelligence)을 활용한 이용자분석도 시도되고 있다. 더 타임즈(THE TIMES) 등을 소유한 영국 News UK 미디어그룹은 인공지능을 적용한 e메일 뉴스레터 제임스(James)를 서비스한다. 인공지능 기술을 활용하여 디지털구독자가 관심을 가질만한 기사를 예측한 후 기사를 읽을 가능성이 높은 시간에 e메일로 전송하는 개인맞춤형 서비스이다. 유료구독자를 대상으로 무작위 선정된 11만7,000명에게 서비스한 결과 70%가 뉴스레터를 열거나 기사링크를 클릭하는 것으로 나타났다. 또한 제임스를 접하지 않은 집단과 비교했을 때 구독취소율이 49% 감소했다. 현재는 e메일 뉴스레터에만 이 기술을 활용하지만, 향후 문자메시지와 앱 푸시 알람, 타겟광고에도 적용할 계획이다(Tobbit, 2019). 뉴욕타임스도 10건의 기사를 무료로 볼 수 있는 등록장벽(registration wall) 시스템을 통해 이용자들의 뉴스 이용행태를 분석하고 있다.

두 번째, '디지털 마케팅'이다. 테그나(Tegna)는 2015년 미국 가넷(Garnett) 그룹이 2개의 상장사로 분리될 때 방송과 디지털 분야를 맡으며 출범한 회사이다. 63개 지역 텔레비전과 2개 라디오를 소유한 테그나는 테그나 마케팅 솔루션(TEGNA Marketing Solutions)을 설립해 광고주에게 비용대비 효율적인 캠페인을 제안한다. 방송과 웹사이트, OTT[3] 이용자의 온 · 오프라인 행위 데이터를 분석해서 고객맞춤형 마케팅 서비스를 제공한다(www.tegna.com). 다음은 시각화(visualization) 서비스이다. 데이터 저널리즘을 시작으로 시각화 작업이 강조되고 있다. 데이터를 지도나 그래프로 시각화하는 인포그래픽(infographics)의 중요성이 커지고 있다. 긴 텍스트의 정보를 간추려 보여주면서 이용자의 시선을 끌고 공유를 이끌어낼 수 있기 때문이다.

5) 후원

구독모델이 이용자에게 가치있는 뉴스와 콘텐츠, 서비스 등을 제공하는 반면에, 후원모델은 사회 전체를 위한 대의명분에 국민을 초대한다. 가디언의 독자후원이 후원모델의 대표적인 사례이다. 후원모델은 다양한 형태로 발전하

[3] OTT(Over The Top)는 인터넷을 통해 볼 수 있는 텔레비전 서비스를 말한다.

고 있다. 우리나라에서는 펀딩모델(funding model)이 성공적으로 진행된 바 있다.

(1) 기부(donation)

국민들이 금전적으로 언론사를 지원하는 것을 뜻한다. 가디언이 성공모델이다. 가디언은 2017년 5월 경영위기를 극복하기 위해 국민에게 가디언의 어려움을 설명하고 기부를 호소했다. 당시 3년간 적자를 기록하던 가디언은 독자후원 모델을 도입하면서 80만 유로의 영업이익을 기록했다. 기부와 구독, 후원 프로그램으로 나누어 국민들에게 저널리즘 수호를 호소해 성과를 거뒀다는 평가를 받았다. 가디언은 2020년 3월 현재 기부자 44만6,000명과 디지털구독후원자 26만5,000명을 보유하고 있으며 신문구독자도 11만1,000명에 달한다. 가디언은 홈페이지 왼쪽상단에 기부와 후원 링크를 눈에 띌 수 있게 파란색 바에 노란색으로 크게 제시할 뿐만 아니라, 모든 기사의 끝부분에 후원이나 기부로 영국의 미래를 위해 도와달라는 안내문을 첨부한다(김영주 · 정재민, 2020).

국내에서는 한겨레와 뉴스타파가 후원제도를 운영하고 있다. 한겨레는 2021년 5월에 '한겨레 서포터즈 벗'이라는 명칭으로 후원제도를 도입했다. 후원은 1~10만원 정도의 일정 금액을 매월 지원하는 정기후원과 1회 송금하는 일시후원, 한겨레 주식을 매입하는 주식후원이 있다. 주식후원은 홈페이지에서 주식후원을 클릭한 후 주식을 구매하면 된다. 후원자에게는 한겨레가 제작한 상품을 보내고 탐사보도물 작품집을 공유할 예정이다. 전용채널을 열어 큐레이션 서비스를 제공하고 뉴스룸과 함께하는 행사도 마련할 계획이다(www.hani.co.kr). 뉴스타파도 한겨레의 정기후원, 일시후원과 동일한 금액을 후원받는 제도를 운영 중이다(newstapa.org).

다음으로 특정 프로젝트를 돕는 지정 후원(designated sponsor)이다. 뉴욕타임스는 2017년 2월 학생구독후원제도를 시작한 후 3만여 명의 후원자를 모집했다. 학생과 교사는 단순히 뉴욕타임스 기사만 읽을 수 있는 것이 아니라, 뉴욕타임스가 1998년부터 구축한 학습네트워크(The Learning Network)

를 통해 미디어 리터러시 교육을 할 수 있다. 오늘의 교훈 기사(Lesson of the Day)를 선정해 해석과 토론거리를 제공한다. 뉴스와 관련된 지식퀴즈도 서비스한다. 1주일에 시사퀴즈 10문항과 지리퀴즈를 5문항을 보내준다. 각 문제에 대한 자료와 사진, 영상도 서비스한다. 또한 미디어 리터러시를 키울 수 있도록 다양한 사진과 그래프, 영상을 공급하여 수업에 활용할 수 있게 한다(www.nytimes.com).

(2) 펀딩(funding)

첫 번째, '크라우드펀딩(crowdfunding)'이다. 크라우드펀딩은 군중(crowd)과 자금(funding)이 결합된 말로, 국민으로부터 자금을 모으는 것을 말한다. 크라우드펀딩은 자금이 필요한 사람이 후원목표액을 정한 다음 자신의 아이디어나 프로젝트를 홍보하고 국민으로부터 후원을 받아 프로젝트를 진행하는 것이다. 언론산업도 크라우드펀딩을 새로운 재원수단으로 개척하고 있다. 카카오는 2014년 9월부터 2019년 4월까지 뉴스취재를 포함한 4,000명의 창작자에 대해 국민 42만 명이 165억원을 후원한 '스토리펀딩'을 운영하면서 크라우드펀딩의 성공 가능성을 보여줬다. 두 번째, '매치 펀딩(match funding)'이다. 2009년 설립된 영국 탐사보도 온라인언론 영국 롱리즈(Longreads)는 롱리즈스토리재단을 설립해 기부를 받고 있는데, 재단으로 1달러가 기부되면 워드프레스닷컴(wordpress.com)이 2달러를 매칭해준다(longreads.com)

(3) 보조금(grant)

정부기관으로부터 공적인 지원을 받는 경우인데, 2020년 코로나19이후 경영상의 어려움을 겪고있는 언론사를 지원하는 방안이 되고 있다. 첫 번째, '직접적인 금전지원'이다. 스웨덴은 2020년 4월에 코로나19 확산으로 인해 타격을 입은 언론산업을 위해 연간 2억 크로나를 지원하겠다고 발표했다. 같은 시기에 덴마크도 광고매출이 하락한 민영언론사를 돕겠다고 밝혔다. 두 번째, '세제혜택과 정부광고를 집행하는 간접적인 보조'이다. 영국 정부는 2020년 3월부터 신문과 텔레비전, 라디오, 옥외광고, 디지털 등을 통해 "지금은 집에 있으세요(Stay Home Now)" 캠페인을 집행했다. 같은 해 4월에 정부와 신문업계는 "모두 함께(All in, all together)"라는 슬로건으로 3개월 동안 약 3,500만 파운드의 광고를 했다.

정부기관은 아니지만 구글과 페이스북도 중소언론 돕기에 나섰다. 구글은 2020년 4월 저널리즘긴급구제펀드를 출범하고 미국 중소언론사를 지원했다. 온라인 홈페이지를 12개월 이상 운영하고 2~100명의 정규직 기자를 고용한 지역언론사가 지원대상이다. 또한 구글은 지역뉴스 후원 광고캠페인에 1,500만 달러를 배정했다. 캠페인은 시민들에게 지역언론 구독신청과 기부를 부탁하는 내용이다. 페이스북은 2020년 3월에 뉴스생태계와 정확한 정보제공을 목적으로 언론사에 광고비 1억 달러를 집행하겠다고 밝혔다. 페이스북은 같은 해 4월에 비영리단체 유럽저널리즘센터(European Journalism Centre)와 함께 유럽의 지역언론사들이 코로나19 위기동안 중요한 사안을 취재 · 보도할 수 있도록 긴급펀드를 출범했다. 지원금은 총 300만 달러이다.

요약

디지털로 인한 언론산업의 환경변화를 뉴스 공급과 이용 측면에서 살펴봤다. 공급측면에서는 디지털뉴스뿐만 아니라 심층정보와 조사연구, 개인맞춤, 엔터테인먼트 등을 분석했다. 유력 일간지를 중심으로 디지털 전략을 살펴봤다. 특화 콘텐츠에서는 신문과 방송 외에 잡지와 전문지, 온라인언론 등 전체 언론사의 다양한 서비스를 알아봤다. 광고의 경우, 디지털광고가 많은 비즈니스 모델을 개발하면서 성장 중인 것으로 확인됐다. 콘텐츠 비즈니스에서는 뉴스 묶음판매와 퍼스널 서비스가 여러 언론사에서 진행되고 있었다. 데이터 비즈니스의 경우, 뉴스 공급과 이용이 서로 연결되는 것으로 앞으로 발전 가능성을 확인했다. 끝으로 후원모델은 우리나라 언론사가 적용을 검토할 만한 것으로 판단됐다.

생각해 볼 문제

1. 디지털의 빠른 발전과 관련하여 '언론산업 환경'은 앞으로 어떻게 변화할까?
2. 디지털의 빠른 발전과 관련하여 '뉴스이용'은 앞으로 어떻게 변화할까?
3. 우리나라 언론사들은 '디지털뉴스 유료전략'을 어떻게 추진해야 할까?
4. 우리나라 언론사들은 뉴스 외에 어떤 '콘텐츠나 부가상품, 서비스' 등을 제공해야 할까?
5. 우리나라 언론사들이 '후원모델'을 성공적으로 정착시키기 위해서는 어떤 전략을 추진해야 할까?

참고문헌

김영주 · 정재민(2020). '글로벌 뉴스미디어 기업의 비즈니스 모델: 구독 · 광고 · 사업 · 후원'. 한국언론진흥재단.

Kalim, F. (2019). 46% increase in subscriber conversions: Lessons from a French publisher. Available at: https://whatsnewinpublishing.com/46-increase-in-subscriber-conversions lessons-from-a-french-publisher/

Nic Newman, Richard Fletcher, Anne Schulz, Simge Andı, and Rasmus Kleis Nielsen (2020). 'Reuters Institute Digital News Report 2020'. Reuters Institute.

Phillips, M-K. (2020). How publishers are playing with time in their pay-wall strategies. Available at: https://www.twipemobile.com/how-publishersplaying-time-paywall-strategies/

Powell, A., Wiley, J., & Gray, P. (2019). Habit formation: How The Wall Street Journal turned user-level data into a strategy to keep subscribers coming back. Available at https://www.niemanlab.org/2019/06/habit-formationhow-the-wall-street-journal-turned-user-level-data-into-a-strategy-tokeep-subscribers-coming-back/

PwC. (2020). Global enterainment and media outlook 2020-2024.

Simon FM and Graves L (2019). Pay Models for Online News in the US and Europe: 2019 Update. Oxford: Reuters Institute for the Study of Journalism

Southern, L. (2020). In first-party data play, The Guardian rolls out registration

wall. Available at: https://digiday.com/media/in-first-part-data-play-the-guardian-rolls-out-registration-wall/

Tobbit, C. (2019). Times titles halve digital subscriber churn with tailored emails from AI named 'James'. Available at: https://www.pressgazette.co.uk/times-titles-halve-digital-subscriber-churn-with-tailored-emails-from-ai-named-james/

joongang.joins.com

longreads.com

newstapa.org

tortoisesvn.net

waterandmusic.transistor.fm

www.advisorator.com

www.bloomberg.com

www.businessinsider.com

www.chosun.com

www.cnbc.com

www.denverpost.com

www.esquire.com

www.hani.co.kr

www.hankookilbo.com

www.hankyung.com

www.information.com

www.inma.org

www.mk.co.kr

www.nymag.com

www.nytimes.com

www.nytimes.com/wirecutter

www.politico.com

www.scpr.org

www.seattletimes.com

www.skift.com

www.statesmanjournal.com

www.tegna.com

www.theguardian.com

www.theweekjunior.co.uk

www.timesunion.com

www.wsj.com

CHAPTER

13

융복합 콘텐츠 마케팅

온라인 기반 디지털 환경은 4차 산업이라는 거대한 변화를 맞이하였다. 융복합은 4차 산업 혁명의 중심에서 빈번하게 논의되는 핵심어이다. 콘텐츠 분야는 기획, 제작, 배급, 마케팅 등 여러 영역에서 융복합 기술을 채택하고 있다. 따라서 융복합은 가까운 미래 산업을 표현하는 수식어가 아닌, '현시점'에 활발하게 논의되고 있는 콘텐츠 분야 주요 이슈라 할 수 있다. 본 장은 융복합 콘텐츠 중 널리 알려진 실감형 콘텐츠 마케팅에 대해 논하고자 한다. 우선 융복합 콘텐츠 정의와 특성을 살펴본다. 다음으로 융복합 콘텐츠 중 실감형 콘텐츠의 세부 유형 별 특징을 살펴보고 주요 마케팅 사례를 살펴본다. 마지막으로 실감형 융복합 마케팅 전략과 한계를 논한다.

01

ENTERTAINMENT CONTENTS MARKETING

융복합 콘텐츠

1) 융복합 콘텐츠의 정의

융복합 콘텐츠는 단일 개념으로 정의되기 어려울 만큼 기술과 산업, 콘텐츠가 상호 융합 및 재편되는 과정에서 만들어진다. 융복합 콘텐츠를 정의하고 세부 유형을 구분하는데 다양한 시도가 있었다. 한국콘텐츠진흥원에 따르면 융복합 콘텐츠는 크게 융복합 성격에 따른 분류법과 융합의 대상에 따른 분류법을 적용할 수 있다. 융복합 성격에 따른 분류법은 기존 콘텐츠의 성질이 강화되거나 확장, 다른 요소와 콘텐츠가 결합하는 경우를 의미한다. 융복합의 대상에 따른 분류법에서는 크게 기술과 장르, 산업 영역에서의 융복합을 고려한다. 본 챕터에서는 융복합 대상에 따른 분류법 중에서도 기술 관점 융복합 콘텐츠를 설명할 것이다. 다만, 융복합 콘텐츠가 장르와 산업 관점에서는 어떻게 정의될 수 있는가를 살펴본다면, 기술 관점 융복합 콘텐츠를 더욱 명확하게 이해할 수 있을 것이다.

(1) 장르 융복합 콘텐츠

음악이나 영화, 소설, 방송, 만화 등 전통적인 콘텐츠는 각 산업이 가지 고유한 체계와 창구를 통해 생산 및 유통되었다. 디지털과 온라인 환경이 도래된 이후, 콘텐츠 산업은 급속도로 성장하고 변화하였다. 이러한 환경에서 소비자는 국내뿐 아니라 주요 글로벌 콘텐츠 기업이 생산한 상품들을 쉽고 저렴한 비용으로 소비할 수 있게 되었다. 콘텐츠 생산 및 유통 창구가 다양해지고 그 파급력이 향상됨에 따라, 이른바 '스테디셀러'로 불려온 콘텐츠를 보유한 사업자는 자사의 콘텐츠 IP 가치를 활용하여 시장을 확대하였다. 이러한 시도의 결과물이 장르 융합형 콘텐츠이다. 장르 융합형 콘텐츠는 콘텐츠 장르 간 주요 요소가 결합되는 경우도 있으며, 때로는 특정 콘텐츠가 가진 IP를 다른 장르로 확대하는 경우도 있다. 또한, 콘텐츠를 구성하는 세부 요소로서 타 콘텐츠 장르가 활용되기도 한다.

우선 콘텐츠 장르의 주요 요소가 결합되는 사례를 방송 영역에서 자주 확인할 수 있다. tvN에서 방영한 〈연극이 끝나고 난 뒤〉 프로그램은 예능과 드라마 장르가 결합한 대표적인 사례이다. 해당 작품에서는 각기 다른 특성을 가진 장르를 모두 다루고 있으며, 총 70분 분량 중 20분이 드라마로, 50분이 예능으로 구성된다. 드라마 부분에서는 실제 배우나 가수로 활용하고 있는 출연진들이 등장해 멜로 이야기를 풀어낸다. 예능 부분에서는 드라마를 찍기 위해 만

그림 13.1 **연극이 끝나고 난 뒤** (출처: tving)

그림 13.2 뮤지컬 묵화마녀 진서연 (출처: 지디넷)

난 출연진들의 모습, 드라마 촬영 현장의 뒷이야기, 출연진들 간의 미묘한 감정 교류 등을 예능 프로그램의 주요 기법인 자막, 효과음, 관찰 카메라 등을 활용하여 극적으로 표현해낸다.

다음으로 기존 IP가 다른 장르로 확대된 대표적인 사례로 뮤지컬 〈묵화마녀 진서연〉이 있다. 엔씨소프트는 국제 게임 전시회를 통해 자사가 보유한 게임 IP인 〈블레이드 앤 소울〉의 캐릭터와 주요 이야기 요소를 활용하여 뮤지컬 〈묵화마녀 진서연〉을 선보였다. 〈블레이드 앤 소울〉은 화려한 캐릭터와 깊이 있는 스토리, 세계관을 갖추고 있는 대표적인 MMORPG 게임으로 많은 이용자로부터 인기를 얻었다. 이용자는 모니터 속 게임이 아닌, 뮤지컬 공연장이라는 실제 공간을 매개로 해당 콘텐츠가 가진 음악, 캐릭터, 스토리 등을 체험할 수 있는 기회를 얻게 된 것이다. 〈묵화마녀 진서연〉은 뮤지컬 장르가 가지는 특징이라 할 수 있는 춤과 노래를 포함한 다양한 퍼포먼스 요소를 적극적으로 활용하였으며, 이를 통해 원천 게임 IP를 새롭게 해석했다는 평가를 받았다. 이처럼 IP 장르의 확대는 기존 IP가 다른 장르 영역으로 단순하게 '이동'하는 것이 아니라, 새로운 요소를 추가하거나 재창조하는 과정이 필수적이다.

(2) 산업 융복합 콘텐츠

장르가 산업 내 존재하는 콘텐츠 내용을 구분하는 기준이라면 산업은 경제적 가치를 창출을 위한 콘텐츠 생산 활동 영역으로 볼 수 있다. 또한, 장르 융복합 콘텐츠가 기존 장르에서 볼 수 없는 새로운 형태의 단일 콘텐츠를 생산하는데 초점을 둔다면, 산업 융복합 콘텐츠는 하나의 콘텐츠를 넘어서 새로운 산업을 구축하는 데 초점을 둔다. 다시 말해, 산업 융복합 콘텐츠는 기존 산업의 경계를 무너뜨리고 새로운 형태의 제품 및 서비스를 생산하는 등 지속가능한 신산업을 창출한다.

산업 융복합 콘텐츠의 대표적인 사례는 디즈니랜드이다. 디즈니랜드는 애니메이션산업과 테마파크 산업의 융복합을 통해 탄생하였다. 1929년 월트 디즈니가 설립된 이래로 〈백설공주와 일곱 난장이〉, 〈신데렐라〉 등 장편 애니메이션이 연달아 성공하였으며, 세계적인 캐릭터인 미키마우스, 도널드덕 역시 월트 디즈니를 통해 탄생하였다. 이후 애니메이션 산업 내에서 입지를 구축한 월트 디즈니는 다양한 캐릭터와 스토리텔링 가치를 활용하여 디즈니랜드 테마파크(theme park)를 선보였으며, 이를 통해 관광과 캐릭터 판매 영역에서 수익을 창출하였다. 월트 디즈니는 단순히 '탈 것'과 '먹을 것'이 있는 놀이동산(an amusement park)의 개념에서 벗어나 그들이 가진 캐릭터와 스토리텔링을 활용하여 분명한 주제가 존재하는 '테마파크'라는 신산업을 창출해낸 것이다. 디즈니랜드의 탄생은 여러 콘텐츠 산업에 영감이 되어 다양한 컨셉을 가진 글로벌 테마파크 개장에 토대를 마련한다. 현재 영화 산업과 놀이동산 산업이 결합한 유니버셜 스튜디오가 일본과 미국, 싱가포르 등에 있으며, 완구 산업과 놀이동산 산업이 결합한 레고 랜드가 한국을 포함하여 영국, 미국, 덴마크 등에 있다. 2021년 6월에는 대표적인 확장 영화 브랜드인 어벤져스와 놀이동산이 결합한 어벤져스 캠퍼스가 개장하기도 하였다. 테마파크 사례 이외에도 교육 산업과 엔터테인먼트 산업의 결합, 관광 정보와 음악 산업의 결합을 통해 신산업이 창출되기도 한다.

2) 기술 융복합 콘텐츠의 특성과 유형

(1) 기술 융복합 콘텐츠 개요

장르와 산업 관점에서 콘텐츠 융복합은 1900년대 중반부터 꾸준히 시도되었다. 그 결과 콘텐츠 관련 신산업이 창출되거나, 제3의 장르 콘텐츠가 소비자의 취향을 충족하였다. 이와는 달리 기술 관점에서 콘텐츠 융복합은 2010년대 이후 4차 산업 시대와 함께 주목받았다. 컴퓨터와 온라인 기술이 디지털 시대를 연 이후, 스마트폰과 네트워크 기술로 대표되는 모바일 시대가 시작되었다. 이후 플랫폼, 네트워크, 디바이스 등을 포함하는 콘텐츠 서비스 기술의 비약적인 발전과 함께 기술 융복합 콘텐츠의 상용화 가능성이 커졌다. 그 결과, 가상현실, 증강현실, 인공지능, 홀로그램, 프로젝션 맵핑 등 다양한 기술을 적용한 기술 융복합 콘텐츠가 주목받게 된 것이다.

융복합 관점에서 하나의 기술은 단일 영역에서만 활용되는 것이 아니다. 기술은 콘텐츠가 무엇인지에 따라 두 가지 이상이 중첩된 '이종' 형태로 재탄생할 수 있으며, 여러 산업에 동시에 적용될 수 있다. 예를 들어, 전통적인 텔레비전의 디스플레이 기술은 평평한 화면을 통해 콘텐츠를 제공하였다. 이후 디스플레이 기술에 트래킹 기술, 렌더링 기술, 인터랙션 기술 등을 결합한 VR이 등장하였고, 사람들은 VR HMD를 활용하여 360도 영상을 시청하며 다양한 시각적 경험을 하게 되었다. 특히 VR 기술은 하나의 산업에 머무르지 않고, 관광, 영화, 광고, 의류, 스포츠, 자동차 등 산업에서 활용되고 있다. VR 기술 사례에서 알 수 있듯이, 융복합 기술은 다양한 기술이 서로 결합하여 여러 콘텐츠 영역에서 가치를 구현할 수 있는 힘을 가지고 있다.

기술 융복합 콘텐츠 중에서도 가장 빠르게 상용화에 성공한 것이 가상현실(VR : Virtual Reality), 증강현실(AR : Augmented Reality), 혼합현실(MR : Mixed Reality), 홀로그램(hologram), 미디어파사드(media facade) 등을 포함하는 실감형 콘텐츠이다. 구글이나 애플, 페이스북, 마이크로소프트 등 글로벌 정보기술기업은 실감형 콘텐츠 분야에 꾸준히 투자하고 있으며, 공공 영역에서도 저출산, 고령화, 노인 치매 등 같은 공공 이슈를 해결하기 위한 방안으로 실감형 콘텐츠를 도입하고 있다. 한국 정부 역시 콘텐츠 산업 3대 혁신전략 중 하나로 실감미디어 콘텐츠 육성을 제시하였으며, 이를 통해 미래성장동력을 확보하고자 한다. 이어지는 장에서는 주요 실감형 콘텐츠인 VR, AR, 홀로그램, 미디어 파사드의 정의와 주요 특징을 설명한다.

(2) 주요 기술 융복합 콘텐츠: 실감형 콘텐츠

① 가상현실(VR : Virtual Reality) 콘텐츠

가상현실(VR)이란 실제 현실 혹은 상상적 환경을 컴퓨터 기술로 구축하여 그 속에서 시각, 청각, 촉각 등 다양한 감각을 발생시켜 이용자에게 적극적인 상호작용의 기회를 제공한다. VR의 기술적 배경은 1800년대 중반 영국의 발명가이자 물리학자인 찰스 휘스톤이 개발한 입체경의 원리이다. 입체경은 평면 스틸 사진을 입체적으로 보일 수 있도록 하는 기술로서 지금의 구글 카드보드형 HMD와 유사한 형태이다. 이후 컴퓨터 기술이 발전하고 VR은 주로 군사 훈련과 같은 특수 영역에서 활용되어왔다. 실제 전쟁 및 군사 작전, 군사 비행 등은 작은 실수 하나가 인명 피해로 이어질 가능성이 있다. VR은 군사 훈련에서 발생할 수 있는 위험 요소를 줄이고 예산 절감 효과를 누릴 수 있다는 장점이 있다.

VR 기술을 대중화하는데 큰 영향을 미친 사건 중 하나는 2014년 페이스북의 오큘러스 리프트는 인수이다. 페이스북은 VR HMD 개발 기업인 오큘러스 리프트를 인수하였고, VR 기술 대중화와 동시에 VR 웹, 모바일, VR 전용 플랫폼에 다양한 VR 콘텐츠를 런칭하였다. 특히 VR HMD 출시 초기에는 이용자 주요 동작을 인식하는 센서를 이용자 맞은편에 설치한 후 케이블을 컴퓨터에 연결하여 VR HMD를 이용할 수 있었다. 이후 VR HMD가 와이어리스 형식으로 바뀌고 동작 인식 센서 역시 VR HMD 내장형으로 바뀜으로써 불편성 요인을 획기적으로 개선하였다. 2020년 하반기에 오큘러스 퀘스트 2가 발매되었는데, 기존 제품에 비해 상당히 낮은 가격으로 판매되었다. 오큘러스사의 공격적인 가격 전략은 VR HMD 대중화를 이끄는 요인으로 작용할 것으로 예상된다.

특히 VR 기술 요소는 크게 디스플레이 기술(display technology)과 트래킹 기술(tracking technology), 랜더링 기술(rendering technology), 상호작용 기술(interaction technology) 등으로 구성된다. 우선 디스플레이 기술은 이용자가 VR 콘텐츠를 감각적으로 시청할 수 있도록 시각적 경험을 제공하는 영상 표시장치 기술이다. 기존 모바일, 텔레비전 디스플레이와 같이 평면 디스플레이는 제한된 시야각을 제공한다. 이와 달리, VR 디스플레이 기술은 360도 시야각 전체를 활용하여 영상을 시청할 수 있는 기회를 제공한다. 최근 출시되는 VR HMD는 시각 경험뿐만 아니라 청각 경험에도 중점을 두고 있다. 이용자의 시야와 움직임을 반영한 사운드 설계를 통해 더욱 풍부한 감각적 경험을 제공한다. 다음으로 트래킹 기술은 VR 콘텐츠 이용간 이용자의 손, 발 몸, 머리, 눈동자 등 여러 움직임을 실시간으로 추척하는 기술이다. 트래킹 기술은 이용자의 실제 움직임을 데이터화하여 이를 가상 환경에 구현하는데, 이용자는 자신의 움직임을 적극적으로 반영하여 VR 콘텐츠를 체험할 수 있다. 다음으로 랜더링 기술은 VR 디스플레이에 나타나는 콘텐츠를 높은 해상도 및 화질로 구현하는데 요구되는 소프트웨어 및 하드웨어 기술을 포함한다. 특히 VR과 같이 현실적인 그래픽을 구현하는 콘텐츠 영역에서는 렌더링 기술이 필수적이다. 그래픽 기술 관련 업계는 콘텐츠 지연시간을 단축하고 고품질 VR 콘텐츠를 제공하기 위해 다양한 차원의 연구 개발에 집중하고 있다. 마지막으로 상호작용 기술은 기존 입력 장치인 마우스나 키보드를 활용하지 않고 VR 전용 컨트롤러나 음성, 동작 등을 활용하여 화면에 보이는 대상 및 환경과 상호작용할 수 있는 기회를 제공한다. 현재는 주로 VR 전용 컨트롤러를 활용하여 상호작용지만, 향후 다양한 신체 움직임을 통해 상호작용할 수 있는 기술이 선보일 것으로 예상되며, 이는 이용자 몰입을 촉진시키는데 영향을 미칠 것으로 보인다.

② 증강현실(AR : Augmented Reality)

증강현실(이하 AR)이란 실제 존재하는 환경에 디지털 정보를 노출하여, 인간의 다양한 감각 체계를 활용하여 디지털 정보와의 상호작용을 가능케 하는 것을 말한다. 아주마(Azuma)의 주장에 따르면 AR의 특징은 실제와 가상이 결합되어 있고, 실시간으로 상호작용이 가능하며, 3D로 시각화 된다는 것이다. 아주마는 AR 환경에서 인간의 시각 정보는 물론 촉각, 청각, 후각, 미각 등 다양한 감각을 활용하여 상호작용이 가능하다고 보았다. 현재 AR 기술은 주로 시각이나 청각을 구현하는데 집중하고 있다.

증강 현실 기술의 원리를 최초로 언급한 이는 이반 서덜랜드(Ivan Sutherland)이다. 서덜랜드는 에세이를 통해 AR 기술 구현 가능성을 예견하였다. 이후, 컴퓨터 성능이 향상됨에 따라 AR은 중요한 연구 분야로 떠올랐으며, 1992년 보잉사의 연구원 코델(Caudell)과 미젤(Mizell)에 의해 AR이라는 용어가 처음 등장하였다. 이후 항공, 의료 분 등 섬세한 작업이 요구되는 분야에 AR 기술이 소개되기도 하였다. 1990년대는 MIT 미디어랩을 비롯한 여러 대학 연구소를 중심으로 AR 기술 개발이 진행되었고, 일본과 독일 등은 정부 차원에 AR 기술 투자를 진행하였다. 모바일 컴퓨팅 기술을 급속도로 발전한 2000년대 이후에는 AR 기술의 상용화 가능성이 주목받았다. 예를 들어, 2003년 세계 최초의 핸드헬드 AR 시스템이 등장하였고, 2008년에는 AR의 세부 기술 중 하나인 트래킹 시스템이 소개되기도 하였다. 이후 2010년 중후반에는 AR 기술이 게임 콘텐츠에 적용되어 상용화 단계에 이르렀다. 대표적인 AR 게임으로는 〈포켓몬 고〉가 있으며, 〈레고 히든 사이드〉, 〈마인크래프트 어스〉 등이 있다. AR 게임은 주로 이미 명성을 크게 얻은 완구, 게임, 영화, 애니메이션 등의 IP를 적극적으로 활용하여 개발되는 경우가 많다.

앞서 언급한 바와 같이 AR 기술은 콘텐츠 영역뿐만 아니라 건축, 산업 시설 유지 및 보수, 훈련, 의료, 일상 정보 제공, 내비게이션, 디스플레이, 홍보 및 광고 등 다양한 영역에서 활용되고 있다. 건축이나 산업 시설을 유지하고 보수하는데 상당히 비용이 발생하고, 때에 따라서는 원래 계획이 변경되기도 한다.

AR 기술은 단순 설계도만으로는 이해하고 예측할 수 없는 상황을 미리 검토할 기회를 제공한다. AR 기술은 의료 영역에서도 활용 가능성이 높다. 예를 들어, 증강 카메라 기술인 〈모바일 C-arm〉은 엑스레이와 컴퓨터 단층 촬영 장비 원리에 AR 기술을 적용하여 환자 몸 속을 입체적으로 볼 수 있도록 한다. AR 기술은 건축, 의료, 산업 시설 분야 등 위험과 불확실성이 존재하는 영역뿐만 아니라, 개인 일상에 필요한 다양한 정보를 제공하는 데 활용되기도 한다. 대표적인 것은 AR 브라우저 어플리케이션이다. AR 브라우저는 스마트폰으로 비추는 장소에 대한 세부 정보를 제공한다. 이용자는 관광지 등에 방문하여 매력적인 식당이나 카페 등을 찾을 때 AR 브라우저를 활용할 수 있다. 이 외에도 스마트폰 카메라에 비춰진 외국어를 실시간으로 번역하는 프로그램, 상세한 길안내를 위한 헤드업 내비게이션 등이 일상 정보를 제공하는 주요 AR 기술이다.

AR 콘텐츠를 구현하는데 적용되는 세부 기술로는 디스플레이, 트래킹 등이 있다. 디스플레이는 실시간 현실 환경과 가상을 결합한 형태로 제공해야 한다는 점에서 일반적인 디스플레이 기술과는 차이가 있다. 많은 사람들이 AR 디스플레이를 시각적 형태로만 이해한다. 최근 들어 AR 디스플레이는 청각, 후각 등 다양한 감각 정보로 확장되고 있는 추세이다. AR 디스플레이의 주요 기술은 크게 광학 투과, 동영상 투과, 공간 투영 등 세 가지 차원으로 구분할 수 있다. 광학 투과는 광학적 요소를 적용하여 이용자가 보는 현실 세계와 컴퓨터 기술로 만들어진 이미지를 합치는 것을 말한다. 동영상 투과는 현실 세계를 카메라로 촬영한 후 이 결과물을 그래픽 기술을 활용하여 변형 후 이용자에게 제공하는 것을 말한다. 공간 투영은 가상의 물체 이미지를 실제 세계에 직접 투영하는 것을 의미한다. 다음으로 트래킹이란 AR 장치를 통해 우리가 보는 개체의 위치와 방향을 실시간으로 측정하는 기술을 의미한다. 이용자는 트래킹 기술을 통해 가상의 물체가 실제 환경에 안정적이고 자연스럽게 위치한다고 여길 수 있다.

③ 홀로그램(hologram)

홀로그램이란 피사체가 가지는 다양한 빛 정보를 활용하여 실제와 유사한 입체적 영상을 구현하는 콘텐츠 기술이다. 홀로그램 기술은 크게 아날로그와 디지털 홀로그램으로 구분이 가능하다. 아날로그 방식은 광원으로 레이저를 활용하여 구현된 3차원 영상 생성 기술이다. 이와는 달리, 디지털 홀로그램 기술은 피사체로부터 반사된 빛을 디지털 데이터 형태로 생성하고, 이를 다시 홀로그램 전용 디스플레이 디바이스를 통해 입체적 영상으로 구현하는 방식을 의미한다.

디지털 홀로그램 기술 등장 이전에는 여러 전시장 내 제품 및 서비스 홍보 콘텐츠나 원격 회의 등을 중심으로 유사 홀로그램이 도입되기도 하였다. 디지털 폴로그램의 경우 라이트 필드(Light Field Display) 기술을 적용한다. 반면, 유사 홀로그램의 경우 반투과형 스크린을 활용하여 입체 영상을 구현한다. 이미 광고나 공연, 테마파크 등에서 유사 홀로그램을 활용하여 다양한 콘텐츠를 서비스하고 있다.

디지털 홀로그램 기술은 실물과 같은 온전한 형태의 3D 피사체를 안경이나 VR HMD와 같은 디바이스 없이 이용할 수 있는 환경을 추구한다. 실감미디어 이용 간 착용하는 디바이스로 인해 이용자는 피로감, 착용 불편감, 어지러움 등을 겪을 가능성이 있다. 이 점을 고려한다면 '무안경'디지털 홀로그램 기술은 여러 불편 요소에서 벗어날 기회를 제공할 것이며, 이용자 역시 장시간, 다양한 영역에서 디지털 홀로그램 콘텐츠를 이용할 수 있을 것으로 예상된다. 실제로 디지털 홀로그램 기술은 엔터테인먼트 콘텐츠 시장을 넘어서 여러 산업 전반에 적용될 가능성이 크다. 디지털 홀로그램 기술은 도시, 안전, 교육, 주거, 의료, 국방, 제조, 유통, 교통 등 여러 일상 영역에서 활용될 수 있다. 예를 들어, 박물관은 전시가 어려운 유물을 홀로그램으로 구현할 수 있다. 국방 분야에서도 초현실 작전지형도를 디지털 홀로그램 기술로 구현하여 작전 상황을 효율적으로 대처할 수 있다. 교통 분야에서도 디지털 홀로그램 기술을 활용 가능성이 주목받고 있다. 자동차 산업은 인포테인먼트 서비스 구현을 위해 자율

주행 자동차 생산에 무안경 디지털 홀로그램 기술을 적용하고 있다.

④ 미디어 파사드(media facade)

미디어 파사드란 LED나 프로젝션 맵핑을 활용하여 실제로 존재하는 공간이나 건축물 등에 새로운 이미지를 표현하는 공간형 콘텐츠를 의미한다. 미디어 파사드는 디지털 미디어 기술을 활용하여 미학적 요소를 표현하는 '미디어 아트'의 한 영역으로 불리기도 한다. 미디어 파사드 용어는 관점에 따라 미디어 건축, 프로젝션 맵핑, 도시 스크린, 디지털 사이니지 등으로 혼용되어 쓰이기도 한다. 예를 들어, 프로젝션 맵핑은 미디어 파사드를 구현하는 기술적 요소를 강조한 용어이고, 디지털 사이니지는 미디어 파사드가 활용되는 홍보 및 광고 영역 관점에서의 용어이다.

1900년대 초, 뉴욕 타임스퀘어 광고에 조명을 비추어 강조한 사례를 미디어 파사드의 시초로 보는 견해가 있다. 해당 광고가 빛을 이용한다는 점, 벽면에 위치한 이미지를 강조한다는 점 등은 미디어 파사드의 특성을 어느 정도 포함한다. 미디어 파사드가 주목받기 시작한 것은 1990년대 후반으로 볼 수 있다. 1998년 일본 동경의 QFRONT빌딩, 1999년 뉴욕 타임 스퀘어 나스닥 빌딩에 표현된 것이 대표적인 미디어 파사드 사례이다. 2000년 이후, 고해상도 프로젝트가 등장, 프로젝션 맵핑을 구현하는 소프트웨어가 등장하였다. 이후 미디어 파사드는 전시, 광고, 도시 정비 등 다양한 영역에서 활용되고 있다.

미디어 파사드는 건물 외벽이나 지면, 사물 등 현실 공간에 존재하는 개체를 스크린으로 삼는 것이 특징이다. 이는 텔레비전이나 컴퓨터 등 자체 스크린을 통해 이미지를 나타내는 기존 디스플레이 기술과 큰 차이가 있다. 빛은 미디어 파사드의 주요 특징 중 하나이다. 빛을 통해 표현되는 이미지는 해당 공간에 다양한 의미를 불어넣어 주는 역할을 한다. 다만, 미디어 파사드는 단순히 빛 이미지만이 '콘텐츠'로서 역할을 하는 것이 아니다. 빛 이미지가 공간과 결합하였을 때 비로소 미디어 파사드가 가진 의미와 스토리, 컨셉 등이 구현되는 것이다. 이를 반영하듯, 미디어 파사드가 설치된 공간이나 건축물은 그 자체만으로도 '콘텐츠'로서 가치가 지닌 곳이 많다. 대표적으로 호주의 오페라 하우스, 오스트리아의 쿤스트 하우스, 한국의 동대문디지털플라자, 아랍에미리트 두바이의 부르즈 할리파 등에 마디어 파사드가 설치되기도 하였다.

02

ENTERTAINMENT CONTENTS MARKETING

실감형 융복합 콘텐츠 마케팅

1) 실감형 융복합 콘텐츠의 마케팅 가능성

실감형 융복합 콘텐츠는 전통적인 영화, 공연, 방송, 애니메이션처럼 단일 콘텐츠로 규정하기 어렵다. 예를 들어, VR, AR은 주로 게임은 물론 영화, 공연, 관광, 교육 등 다양한 산업에서 콘텐츠화 되었다. 미디어 파사드 역시 도시 경관, 미술품 전시, 공연, 관광 등 복수의 콘텐츠 산업에 적용되고 있다. 이 때문에 실감형 융복합 콘텐츠 마케팅 전략 역시 각 분야마다 차이가 있다. 또한, 실감형 융복합 콘텐츠가 도입 단계에 있다는 점 때문에, 마케팅 전략의 특성을 뚜렷하게 구분하기가 쉽지 않다. 한편, 실감형 융복합 콘텐츠는 식품, 자동차, 의류, 부동산 등 여러 산업 내 제품 및 서비스 판매를 촉진하는 수단으로 빈번하게 활용되고 있다. 본 장에서는 실감형 융복합 콘텐츠가 마케팅 수단으로서 주요 소비재 영역에 어떻게 적용되고 그 효과는 어떠한지 살펴보고자 한다. 실감형 융복합 콘텐츠 중 마케팅 영역에서 적극적으로 활용되고 있는 VR, AR, 미디어 파사드 마케팅 사례를 소개한다.

2) 마케팅 수단으로서 VR, AR, 미디어 파사드

(1) VR 콘텐츠 마케팅 사례

VR 콘텐츠는 소비자에게 제품의 브랜드 가치를 전달하는 데서 그치지 않는다. VR 기술은 소비자가 제품 판매 현장에 가지 않고서도 해당 제품이 가지는 기능적 특성을 생생하게 살펴보고 다뤄볼 수 있는 기회를 제공한다. 따라서 VR 마케팅은 브랜드 가치와 기능적 가치를 동시에 전달하는데 집중하는 추세이다.

① 사례1. IKEA 가상 현실 스토어

글로벌 가구 기업인 이케아는 가상현실 스토어를 선보였다. 소비자는 이케아 매장에 마련된 가상현실 스토어 체험장에서 VR HMD를 착용한다. 이후 자신의 집과 유사한 형태의 집 레이아웃을 선택하고, 자신이 원하는 이케아 가구를 선택하여 원하는 위치에 배치한다. 가상 환경에 펼쳐진 공간과 이케아 가구를 실제 크기를 그대로 재현하였다. 따라서 소비자는 자신의 공간에 어떠한 가구가 어울리는지 미리 확인할 수 있으며, 번거롭게 가구 크기를 측정하지 않아도 된다. IKEA의 가상현실 스토어는 전통적인 소비 경험을 넘어서 개인적이며 감성적인 소비를 유도한다.

그림 13.3 IKEA 가상 현실 스토어 (출처: present.digital/Ikea)

② 사례2. Merrell Virtual Hike

머렐은 대표적인 아웃도어 브랜드이다. 등산화는 머렐을 대표하는 제품으로 험난한 지형에서 편안하게 신을 수 있다는 것이 장점이다. 머렐은 등산화의 우수성을 효과적으로 전달할 수 있는 마케팅 전략으로서 Merrell Virtual Hike를 마련하였다. 소비자는 실제 머렐 등산화를 착용 후 Merrell Virtual Hike를 체험한다. 이용자 머리 위로 가상의 바위가 떨어지고, 발밑으로 아찔한 낭떠러지가 펼쳐진다. 이용자는 자욱한 안개로 인해 한 치 앞도 분간할 수 없다. 이용자는 체험 부스에 마련된 난간, 로프 길 등 가상 환경과 유사하게 매핑된 공간을 이동하며 VR 콘텐츠 환경에 더욱 몰입할 수 있다. 신발 구매에 있어 소비자는 가격, 디자인만큼이나 착용감을 중요하게 여긴다. 일반 매장은 단순히 착용하는 기회만 제공하나, Merrell Virtual Hike는 등산하며 접할 수 있는 다양한 돌발상황을 간접적으로 체험할 수 있는 기회를 제공한다. 이를 통해 소비자는 Merrell의 기능적 가치를 몸소 체험할 수 있는 것이다.

그림 13.4 Merrell Virtual Hike (출처: www.vrfitnessinsider.com)

③ 사례3. Volvo Reality XC90 Test Drive

자동차는 고관여도 제품이다. 따라서 소비자는 구매하고자 하는 자동차 모델에 대한 상세하고 다양한 정보를 수집하고 분석한 후 소비 결정을 내린다. 소비자는 실제 매장에 방문하여 자동차를 살펴보고, 만져보고, 때로는 운전석에 앉기도 한다. 더 나아가 시운전을 하며 승차감을 확인한다. 볼보는 구매 결정에 영향을 미치는 여러 요인들 중 '시운전' 상황에 관심을 가졌고, 그 결과 Volvo Reality XC90 Test Drive를 선보였다. 소비자는 스마트폰, 볼보 어플리케이션, 구글 카드보드 등을 활용하여 실제 볼보 매장에 방문하지 않고도 XC90 시운전을 간접적으로 체험할 수 있다.

(2) AR 콘텐츠 마케팅 사례

AR 콘텐츠 마케팅의 강점 중 하나는 VR HMD와 같이 새로운 디바이스를 구매할 필요가 없다는 것이다. 물론 자연스럽고 보다 강화된 증강 현실 환경을 경험하기 위해 AR 글래스가 필요하지만, 현재 AR 콘텐츠 마케팅은 주로 실제 환경에 중첩된 가상의 객체(제품)를 구현하는데 초점을 둔다. 따라서 소비자는 카메라가 탑재된 스마트폰만으로도 대부분의 AR 광고나 마케팅 메시지를 접할 수 있다. 또한, AR 콘텐츠 마케터는 페이스북이나 인스타그램과 같이 소셜미디어를 주요 광고 플랫폼으로 활용하여 AR 광고 및 마케팅 메시지를 노출할 수 있으며, 자사의 어플리케이션의 메뉴를 할애하여 AR 콘텐츠를 제공할 수 있다.

① 사례1. 구찌(GUCCI) 스니커즈 앱

세계적인 명품 브랜드 구찌는 가상으로 자사의 스니커즈를 착용할 수 있는 AR 앱을 선보였다. 소비자는 자신이 원하는 디자인의 스니커즈를 선택한 후 앱을 실행한 스마트폰으로 자신의 발을 비춘다. 스마트폰 화면을 통해 미리 선택한 구찌 스니커즈를 착용한 자신의 발을 확인할 수 있다. 구찌 스니커즈 앱은 AR 콘텐츠를 활용하여 소비자 개인의 개성을 표현하는 커스터마이징 마케팅의 사례 중 하나이다. 커스터마이징 마케팅은 소비자가 자신의 취향을 반영하여 제품 및 서비스를 자신이 원하는 방식으로 구성할 수 있는 기회를 제공하는 것이다. 커스터마이징 마케팅은 가구나 의류와 같이 다양한 제품 옵션을 제공하는 영역에서 주로 활용된다. 구찌 외에도 프랑스 명품 브랜드 디올(Dior) 역시 AR 필터를 적용하여 디올 선그라스를 증강현실 환경에서 착용할 수 있는 기회를 제공하였다.

② 사례2. 스위스 펜트 하우스 판매

스위스의 유명 부동산 회사인 Swiss Development Group(SDG)는 스위스 내 위치한 최고급 펜트 하우스를 판매하고자 AR 기술을 적용한 프레젠테이션을 선보였다. 준공 예정인 건물 조감도에 스마트폰이나 태플릿 PC에 내장된 카메라를 비추면, 소비자는 완공 후 실내 모습은 물론 건물과 관련된 다양한 정보를 얻을 수 있다. 소비자는 AR 기술을 활용해 준공 예정이 건물에 대한 불확실성을 낮출 수 있고, 판매자 역시 건물과 관련된 세부 정보를 전달하에 소비자와 신뢰를 쌓을 수 있다. 특히 AR 기술은 비용 절감 측면에서 효과적이며, 모델하우스에 방문하지 못하는 원거리 소비자들에게 현실과 유사한 시각화 자료를 제공할 수 있다는 점에서 장점을 갖추고 있다.

그림 13.5 구찌(GUCCI) 스니커즈 앱 (출처: www.inputmag.com)

그림 13.6 **SDG 펜트 하우스** (출처: youtube.com/watch?v=cceOgOzhlCQ)

③ 사례3. 도미노 피자

도미노 피자는 식품 업계 중 AR 콘텐츠 마케팅에 가장 적극적인 업체 중 하나이다. 도미노피자는 스냅챗과 협업하여 소비자의 취향에 따라 주물 2018년 뉴피자 셰프라는 AR 콘텐츠를 소개하였다. 소비자는 자신의 취향대로 다양한 토핑을 가상의 도우에 채울 수 있다. 이후 소비자는 자신 만든 조합 그대로 주문할 수 있다. 또한, 도미노 피자는 스냅챗의 구매 가능한 AR(Shoppable AR)을 활용하여 마케팅 캠페인을 진행하였다. 소비자가 스마트폰으로 셀프 카메라를 찍으면 가상의 선그라스에 도미노 피자가 비춰진다. 소비자가 스마트폰 카메라로 반대 방향을 비추면, 앞서 선그라스에 비친 도미노 피자가 증강 현실 형태

그림 13.7 **도미노 피자 '뉴피자셰프' 앱** (출처: youtube.com/watch?v=OIP5SajFBDc)

Marketing Strategy?. DAN. Retrieved from https://digitalagencynetwork.com/how-brands-have-integrated-ar-vr-in-their-digital-marketing-strategy

Pine, B. J., & Gilmore, J. H. (2011). The experience economy. Harvard Business Press.

Retinad (2021). VR AD CAMPAIGN CASE STUDIES. Retrieved from https://www.retinadvr.com/vrcasestudies

CHAPTER

14

관광엔터테인먼트 마케팅

CHAPTER 14에서는 엔터테인먼트로서의 관광산업의 특징을 설명하고 서비스산업의 측면에서 마케팅과정 및 전략을 제시한다. 관광마케팅의 과정은 기존의 4Ps에 추가하여 인적요소 (People), 프로세스 (Process), 물리적 증거 (Physical evidences)를 추가한 7Ps를 고려해야 하며, 방송, 영화, 스포츠 등 다른 엔터테인먼트산업과의 연계가 필요하다. 그리고 최근 중요시되고 있는 스토리텔링 전략은 물론 정보통신기술을 연계한 스마트관광에 대한 이해도 필요하다.

01

ENTERTAINMENT CONTENTS MARKETING

관광엔터테인먼트 마케팅 특성

1) 관광엔터테인먼트의 주요 특성

세계관광기구(World Tourism Organization)는 관광을 '즐거움, 오락, 휴가 등의 목적으로 자신들이 사는 지역을 떠나 1년 이내 체류하는 것'으로 정의하고 있다. 최근의 관광산업은 소득수준의 향상, 여가생활에 관한 관심 증대, 국제간 교류 확대, 교통 통신의 발전 등과 같은 환경에 변화에 따라 지속적인 성장을 나타내고 있다. 이에 호텔숙박업, 여가 레저산업, 컨벤션 산업, 카지노 산업, 테마파크, 축제, 이벤트 등 외형적 부분의 개발이 가속화되고 있으며, 이에 발맞추어 실질적으로 관광객들을 끌어들이고 재방문을 유도할 수 있는 내용물 또는 스토리텔링 요소 즉 관광엔터테인먼트 개발이 절실한 상황이다. 또한 최근 한국의 관광산업은 한류 콘텐츠의 해외 확산과 연계되어 한국의 인지도 향상 및 경제 성장동력의 중요 부분으로 인식되고 있으며 스마트관광이라는 개념으로 대표되는 SNS, 증강현실, 인공지능, 스마트 기기 앱 등과 같은 정보통신기술과 관광산업의 결합을 통하여 관광 정보의 접근과 이용이 기존의 여행사나 여행 관련 도서에 의존하는 방식에서 크게 바뀌고 있는 현실에 새로운 관점에서 관광엔터테인먼트콘텐츠 마케팅 전략이 필요한 상황이다.

관광엔터테인먼트 산업 분야는 기본적으로 일반 제조업과는 차별적인 성격을 가진 서비스산업 분야이다. 따라서 일반적인 제작-유통-판매 구조를 바탕으로 하는 제조업 마케팅 방식과는 다른 관점에서 접근이 필요하다. 또한 관광엔터테인먼트산업은 금융업이나 통신 산업과 같은 다른 서비스산업과도 구분되는 독특한 특성들이 있다. 왜냐하면 관광객들에게 제공하는 경험의 극대화는 어떤 특정 기업의 역량으로만 가능한 것이 아니며, 연계 업체는 물론 정부, 지역사회와 효율적이면서도 통합적인 협력을 통해 이루어지기 때문이다. 이에 우선으로 관광엔터테인먼트산업의 주요 특성을 살펴본다.

(1) 무형성(Intangibility)

서비스는 제조업과 다르게 무형적인 성격을 가진다. 서비스는 소비가 되고 나서야 즉 경험하고 나서야 그 속성을 전체적으로 파악할 수 있다. 또한 이러한 무형적인 속성은 단편적이고 일시적인 것이 아니라 예약단계서부터 목적지까지 가는 과정, 실질적인 관광 상품 체험, 숙박, 식사 등 관광의 시작부터 끝까지 연결되는 과정에서 이해돼야 한다. 관광 상품 소비 후 소비자는 경험에 대한 기억만을 간직하기 때문에 지속적이고 긍정적인 기억의 창출이 관광엔터테인먼트 마케팅의 핵심이라고 할 수 있다. 또한, 무형성은 객관적인 지표를 설정하고 평가하기 어려운 속성이므로 소비자들 간의 주관적 체험을 전하는 입소문(word-of mouth)에 상당히 큰 영향을 받게 되어 있어 소비자들 간의 커뮤니케이션이 마케팅에서 크게 고려돼야 할 사항이다. 그리고 이러한 무형적인 특성은 관광엔터테인먼트상품의 특허권을 획득하는 데 어려움을 가져오므로 경쟁사들이 쉽게 비슷한 유형의 상품을 출시하는 것을 막기가 어려운 상황을 초래하기도 한다.

(2) 비분리성(Inseparability)

비분리성이란 서비스의 소비와 서비스 상품의 생산이 분리될 수 없음을 의미한다. 즉 생산과 소비가 동시에 이루어진다는 것을 의미하는데 관광 상품 소비자는 단순한 관광 상품의 속성뿐 아니라 직접 대면하는 종사자들과의 경험, 같이 상품을 소비하는 다른 소비자들과 함께하면서 얻는 경험 등이 상품에 대한 만족을 얻는 데에 상당한 영향을 주게 된다고 할 수 있다. 즉 아무리 훌륭한 자연경관을 관람하는 관광 상품이라도 가이드가 불친절하다던가 패키지상품에서 동행한 다른 여행객들이 무질서하고 시간을 지키지 않는다면, 관광소비자는 긍정적인 관광 경험을 갖을 수 없을 것이다. 예를 들면, 카지노에서 여럿이 함께하는 게임을 즐길 때 어떤 한 고객이 게임의 규칙을 제대로 알지 못하고 참여할 시 다른 고객들에게 방해가 될 수 있는 것이다.

따라서 이러한 비분리성으로 인하여 관광업계는 일선에서 소비자를 상대하는 직원들의 고객 대응 태도나 언행, 그리고 관광 상품에 대한 충분한 이해와 각종 상황에 대처할 수 있는 능력 등에 관한 충분한 교육이 필요하며, 관광객들도 상품의 올바른 소비(경험)를 위한 사전 교육이나 다른 사람들의 소비를 방해하지 않기 위한 기본적인 규칙준수에 대한 이해가 필요하다.

(3) 가변성(variability)

서비스의 질은 항상 일정하지 않으며 변화한다. 이는 서비스 상품의 속성이 비분리적이기 때문이고, 생산과 소비가 동시에 일어나기 때문이다. 따라서, 서비스 상품은 매번 같은 품질을 유지하기 어렵다. 이는 공연, 연극, 이벤트 등의 엔터테인먼트산업의 특성과도 일치되는데 매일 공연하는 연극이라도 배우의 컨디션, 관객의 호응 등에서 따라 항상 똑같은 경험을 제공하지 않는 것과 같은 이치이다. 식당의 음식도 같은 메뉴이지만 재료의 신선도 차이, 주방장의 감정 상태 등에 따라 맛의 차이가 있을 수 있다. 또한 서비스제공자와 소비자들 간의 가치관이나 인식의 차이는 같은 상품임에도 소비자들의 경험 차이를 만들 수 있다.

이러한 속성 때문에 서비스산업은 상품질의 일관성을 유지하는 것이 매우 중요하며 이에 대한 상당한 노력이 필요하다. 이를 위하여 관광엔터테인먼트 산업을 포함한 서비스산업은 일관된 서비스를 제공하기 위한 직원 교육 및 훈련을 위한 노력과 투자가 필요하며, 서비스 수행에 따른 매뉴얼을 정하고 이를 철저히 준수하게 감시 감독 및 지원을 해야한다. 그리고 고객들의 평가를 지속해서 모니터링하여 고객으로부터 제기된 문제를 해결하고 고객의 기대치를 점검해야 한다(Kotler, Bowen, Makens, 2014). 최근의 SNS, 온라인시스템 등의 활용이나 빅데이터 분석도 상품 품질의 가변성을 최소화하기 위한 노력이라고 할 수 있다.

(4) 소멸성(Perishability)

서비스는 저장되지 않고 소멸한다. 오늘 예약이 취소된 공연 좌석이나 호텔 객실은 내일 판매를 위하여 저장해 둘 수 없으며 손해로 돌아온다. 이러한 소멸적인 속성으로 관광엔터테인먼트산업은 다른 산업에 비교하여 수요예측이 마케팅과정에서 매우 중요하다. 일반 제조업상품이나 출판이나 음반 산업은 제품의 수요에 따라 상품의 생산량을 증가시키거나 축소할 수 있다. 특히 최근의 디지털 콘텐츠는 복제 비용이 거의 들지 않기 때문에 생산량 조절에 어려움이 없고, 창구의 다변화를 통하여 새로운 수익을 창출할 수도 있다. 하지만 관광산업에서 수요예측 실패는 소멸성의 특징으로 인하여 치명적인 결과를 얻을 수 있다.

(5) 계절성(Seasonality)

엔터테인먼트산업은 계절적인 영향을 받는 경우가 많다. 영화산업은 여름 시즌을 겨냥하여 블록버스터 영화들이 개봉되고 음악은 계절에 따라 히트하는 장르가 차이가 나기도 한다. 특히 관광산업은 계절의 영향을 많이 받고 성수기와 비수기가 확연히 구분되는 경우가 많다. 해수욕장이나 스키장과 같은 계절적인 요인을 활용한 관광 상품은 어떤 특정 기간만 운영되기 때문에 그 이외 기간에 각종 시설물을 활용하고 수익을 창출할 방안이 모색되어야 한다. 또한 이러한 계절성은 구매 시기에 따른 가격차별화를 실시하게 하는데 계절할인이나 특정 요일에 따른 프로모션 등이 이에 해당한다.

(6) 불명확한 소유권(Unclear ownership)

소비자는 어떤 경우 관광 상품 소비를 위하여 한꺼번에 비용을 내지만, 그 상품을 제공하는 업체는 여러 업체가 서로 연결되어 있으며, 어느 경우 경계가 불명확하기도 하다. 따라서 제공되는 서비스의 원천적인 소유권이 누구인가를 말하기가 어려운 상황이 될 수도 있다. 예를 들어 관광패키지 상품을 어떤 여행사를 통하여 구매한다고 가정했을 때, 그 관광 상품을 이용하기 위해서는 항공사, 호텔, 렌터카회사, 식당 등 서로 다른 업체에서 제공하는 서비스를 경험하게 된다. 따라서 하나의 상품에 대한 경험을 제공하는 업체는 매우 다양하고, 특정 상품의 생산자 개념은 매우 확장적이면서도 불명확하게 된다. 그러기에 특정 관광 상품을 소비할 시 발생하는 문제 또한 모든 비용을 함께 받은 특정 여행사보다 개별 서비스를 제공하는 각각의 업체의 책임소재일 수 있다. 또한 최근 지역관광 활성화를 위하여 다양하게 개발되고 있는 지역축제의 예를 봐도 행사 주체는 지방정부이지만 다양한 축제 참여업체, 스폰서, 홍보대행사, 진행인력제공업체 등과 같은 여러 부분의 협력이 이루어져야만 하나의 축제 행사를 치를 수 있는 것이다.

(7) 상호의존성(Interdependence)

관광엔터테인먼트산업은 다양한 산업의 연계와 상호의존을 기반으로 한다. 운송업, 숙박업, 외식업, 공공시설, 미디어 등 여러 분야는 관광산업을 위한 협력과 공통적인 목표를 위한 전략이 필요할 수 있다. 아무리 좋은 관광지 자원이 있어도 항공사에서 적절한 노선을 제공하지 않는다던가, 충분한 숙박시설이 제공되지 않는다면 그 관광 상품의 성공은 어려울 것이다. 또한 최근에는 인프라 구축도 중요하고 각종 소프트웨어적인 측면의 중요성도 강조되고 있는데 관광지 홍보를 위한 스토리텔링이 필요하며, 꾸준한 언론매체 활용 및 영화, 드라마, 예능 등의 영상 콘텐츠 활용 그리고 SNS, 스마트애플리케이션 활용 등 ICT 산업과의 연계가 관광엔터테인먼트산업의 성패를 좌우한다.

(8) 위기 민감성(Sensitivity to crises)

2001년 9/11 뉴욕 테러 사건이나 2003년 SARS의 아시아 확산, 2011년 후쿠시마 대지진 및 방사능 유출 사고, 2015년, 2017년 한국의 메르스 확산 및 중국과 사드 미사일 갈등 등의 지역 위기 상황은 물론, 2007년 글로벌 경제위기, 2020년부터 발생한 COVID-19 펜데믹과 같은 국제적인 위기는 즉각적으로 관광산업에 악영향을 주어 왔다. 이렇듯 관광엔터테인먼트산업은 위기에 매우 민감하게 반응하며 취약한 구조로 되어 있다. 하지만, 급작스러운 위기에 매우 커다란 타격을 받고 커다란 손실을 보는 것이 관광산업임이 분명하지만, 위기가 지나면 빠른 회복을 보인다. 예를 들면 2003년 SARS로 인하여 홍콩 방문객은 6.2%의 감소세를 보였지만 이후 SARS 문제가 해결되면서 홍콩 정부는 개인 방문프로그램(Individual Visit Scheme)을 신설하고 중국인 관광객들이 단체 관광에 등록하지 않고도 개인적으로 출입 허가증만 받으면 홍콩과 마카오를 여행할 수 있도록 규제를 푸는 등의 관광 활성화 정책을 폈고 이에 방문객수가 2004년에는 40%의 증가세를 보였다고 한다(Hus 외, 2008).

(9) 한정된 수용 능력과 높은 고정비용(Fixed capacity & high fixed cost)

관광엔터테인먼트산업을 비롯한 현장 엔터테인먼트산업의 특징 중의 하나는 일정한 수용 능력을 보유하고 있고 이를 유지하기 위하여 높은 고정비용이 투입된다는 것이다. 또한 교통수단의 수용 능력, 숙박시설의 방의 수, 컨벤션홀의 수용 능력은 한정되어 초과수요를 허용할 수 없게 된다. 그러므로 이미 설비되거나 예측된 수용 능력에 훨씬 못 미치면서도 이용자를 위하여 항공편은 운행되고 호텔이나 식당의 고정비용 (임대료, 전기세, 시설비, 인건비, 마케팅비 등)은 계속 투입되며, 반대로 수요가 갑자기 늘어난다고 해고 그에 대한 대응을 즉각적으로 할 수 없다.

(10) 기타 특성

교육, 의료, 금융과 같은 서비스산업은 일반적으로 서비스제공자와 소비자 간의 지속적이고 장시간의 관계 유지를 필요로 한다. 그에 비하여 관광엔터테인먼트 서비스는 상대적으로 단기간 고객과의 관계 (Short term relationships with clients)를 유지하게 된다. 또한 관광엔터테인먼트산업의 특성은 이성적인 부분보다는 감성적인 소구를 통하여 고객의 관심을 끄는 경우가 많으며 산업의 특성상 경쟁자와의 차별성을 부각하기 어려운 부분이 많아서 소비자들에게 상품 자체의 속성을 자세히 알리기보다는 기업의 위상이나 좋은 평판을 각인하기 위한 노력을 시도한다.

관광엔터테인먼트산업의 또 하나의 특징은 동일 상품에 대한 다양한 유통 방식이 존재한다는 것이다. 항공권 구매를 한다고 가정할 때 항공사를 직접 통하는 방법, 여행사를 통하는 방법, 온라인 구매 등 다양한 방법이 존재하고 이러한 방식에 따라 동일 서비스에 대하여 가격범위도 매우 넓어지게 된다. 또한 서비스산업의 특징으로 모방이 쉽고 이를 규제할 방법이 많지 않기 때문에 독창성을 바탕으로 산업적 우위를 계속 유지하기가 쉽지 않다.

관광마케팅 과정

일반적으로 마케팅믹스를 이야기할 때 4Ps (제품, 유통, 가격, 판촉)의 구분을 통하여 설명한다. 관광엔터테인먼트산업을 비롯한 서비스산업에서는 이 4PS 이외도 일반 제조업과는 다른 추가적인 요소들이 필요한데 예를 들면 인적요소(people), 절차적 요소(process), 물리적 증거(physical evidence), 파트너십(partnership) 등이다. 따라서 서비스산업 마케팅믹스는 7Ps 또는 8Ps를 고려한 마케팅과정을 이해할 필요가 있다.

1) 관광엔터테인먼트 상품(Product)

상품 또는 제품은 소비자의 기본적 욕구를 충족시키기 위하여 시장에 나온 소비의 대상을 의미한다. 이러한 제품은 유형적 물질뿐 아니라 서비스, 사람, 장소, 아이디어 등 폭넓은 범위를 갖고 있다. 관광엔터테인먼트산업에서의 제품은 객실, 음식과 같은 유형적인 형태뿐 아니라 포괄적인 서비스를 포함한다. Kotler 등(2014)은 관광산업에서의 제품의 유형을 네 가지로 제시했는데 핵심제품, 촉진제품, 부가제품 그리고 확장제품이다.

핵심제품은 관광소비자가 궁극적으로 원하는 것으로 휴식을 제공하는 리적 숙박시설을 활용하는 방식의 온라인 예약사이트들이 보편화되고, 유명 레스토랑이나 주변 맛집을 찾아주고 다양한 소비자들의 의견 공유하고 예약까지 가능하게 하는 애플리케이션들이 관광엔터테인먼트산업의 유통경로를 확장하고 있다.

4) 관광엔터테인먼트산업 판촉(Promotion)

관광엔터테인먼트산업의 판매촉진을 위한 마케팅 전략은 기본적으로는 제조업과 크게 다르지 않다. 최근의 통합마케팅커뮤니케이션(Integrated marketing communication:IMC) 활용에서와같이 광고, 홍보, 인적판매, 바이럴마케팅, 직접마케팅, 온라인마케팅 등 다양한 방법의 전략이 통합적으로 이루어진다. 특히 최근의 관광 상품의 구매나 상품정보획득에 있어서 온라인이나 스마트 기기의 활용의존도가 높아지고 있어서 새롭게 변화하는 미디어 환경에 맞춘 판촉 전략이 활용되고 있다. 최근에는 목적지 마케팅을 위하여 인스타그램, 유튜브의 이용이 보편화되고 여행 관련 유명 인플루언서를 활용하거나 브이로그 형식의 콘텐츠가 제작된다. 또한 다양한 콘텐츠를 활용한 스토리텔링 마케팅 또한 관광엔터테인먼트 마케팅의 필수적인 요소가 되고 있으며 이를 위하여 기존의 영화, 방송, 언론, 출판, 게임 산업과의 연계도 활발하게 이루어지고 있다. 이러한 최근 경향에 대해서는 관광엔터테인먼트 마케팅 전략에 자세히 다루겠다.

5) 관광엔터테인먼트산업 인적요소(People)

관광엔터테인먼트산업에서 서비스 상품의 소비는 일반적으로 사람과 사람들 간의 관계 속에서 이루어진다. 또한 고용자와 고객 간의 상호작용 속에 생성되는 경험이 서비스라고 할 수 있기에 관광엔터테인먼트 마케팅에는 모든 고용자가 포함되어야 한다. 상품의 속성상 실질적으로 소비자가 대면하는 고용자의 태도, 옷차림, 말투, 행동 등의 요인이 상품의 차별화 요인이 되고 그 상품의 이미지를 직접적으로 좌우하게 된다. 따라서 서비스산업은 다른 산업에 비하여 내부마케팅(Internal marketing)의 중요성이 강조되는데, 기업은 내부마케팅을 통하여 고객을 접촉하는 종업원은 물론 서비스를 지원하는 부서까지 포함하여 고객의 기대치를 충족하기 위한 지속적인 관리와 교육을 해야 한다. 이를 통하여 상품의 성격에 맞는 서비스 문화를 확립하게 하고 숙련된 종사자를 배출할 수 있으며 다른 직종에 비하여 대인 간 커뮤니케이션 상황에서 받는 스트레스를 관리할 수 있는 능력을 배양해야 한다.

6) 관광엔터테인먼트산업 프로세스(Process)

일반적으로 제조업 기반으로 하는 상품은 어떻게 구입했는가보다 어떤 상품인가 그 자체가 중요하다. 하지만 서비스산업에서는 핵심제품, 부가제품, 촉진제품들 간의 구성도 중요하지만 이러한 상품을 경험하는 과정에 따라 소비자의 만족도가 크게 달라진다. 즉 상품을 구매하는 처음부터 집으로 돌아가는 마지막까지 서비스가 전달되는 과정이 전체 서비스의 질을 결정한다고 할 수 있다. 또한 같은 상품이라도 표준화된 프로세스가 확립이 안 되어 있다면 상품에 대한 경험과 만족감이 개별 소비자 간에 차이가 날 수 있다. 이를 방지하기 위하여 관광엔터테인먼트 기업은 예매시스템, 운송 수단, 스케줄관리, 부서 간의 커뮤니케이션 등을 총체적으로 점검하고 관리하여 서비스를 제공 프로세스를 원활하게 해야 한다. 또한 최근에는 프로세스를 관리하고 운영하기 위한 정보 통신 시스템 구축의 중요성이 강조되고 있다. 정보 통신 시스템을 기반으로 스마트관광 생태계가 잘 구성되어진다면 관광객들은 실시간으로 필요한 정보를 수신하고 활용할 수 있으며, 관광 공급자들 간에도 유기적으로 상황에 대응하여 관광객들에게 보다 나은 관광 경험을 제공할 수 있을 것이다.

7) 관광엔터테인먼트산업 물리적 증거(Physical evidences)

더러운 화장실, 제대로 닦여져 있지 않은 식탁, 고장 난 조명, 원활치 않는 와이파이 연결 등 적절하지 않게 관리된 물리적 증거는 관광엔터테인먼트산업의 실패 요인이 될 수 있다. 종업원은 항상 깨끗한 복장을 하고 있어야 하며 각종 시설물은 사전점검을 통하여 실제 서비스가 진행될 시 문제가 발생하여서는 안 된다. 이러한 부정적인 물리적 증거는 고객들에게 불안감과 안 좋은 이미지를 초래하게 되기 때문에 멋있는 디자인, 고객의 기분을 좋게 하는 배경음악, 향기로운 냄새, 맛있는 음식, 쾌적한 습도 조절과 같은 소비자들의 오감을 충분히 활용하는 긍정적 환경을 만들도록 노력해야 한다.

관광마케팅 전략

1) 관광엔터테인먼트와 한류 연계 마케팅 전략

관광산업 환경은 하드웨어 중심에서 콘텐츠 및 소프트웨어 중심으로 변화하고 있다. 관광객들은 여행을 통한 체험 및 감성소비를 중요시하고, 스마트 기기를 활용하여 입체적이고 능동적인 관광 소비 추구 경향이 증가하고 있다. 또한 문화콘텐츠와 결합한 감성 체험 중심의 관광 수요가 점점 증대하고 있으며, 수요를 충족시킬 수 있는 다양한 관광엔터테인먼트콘텐츠의 개발이 주목받고 있다(채지영, 2013). 그리고 특히 최근의 한국 K-POP을 비롯한 한류 콘텐츠의 국제적인 성과는 한국 관광산업에도 영향을 주고 있으며, 한류 스타 공연 참가, 팬미팅 참여, 촬영지 방문과 같은 한류 관광이 활성화되고 있다. 하지만, 한류 체험을 위한 드라마 세트장이나 SM 또는 YG엔터테인먼트와 같은 엔터테인먼트사들이 운영하는 한류 체험 공간의 운영이 한시적인 경우가 대부분이고 운영 관리 미숙으로 성공적인 사례를 보기 어려운 경우가 많으며, K-pop 상시 공연을 위한 공간 마련 계획도 지연되고 있어 체계적이고 지속 가능한 전략이 필요하다.

2) 관광엔터테인먼트의 미디어 연계 전략

미디어와 관광산업의 연계는 관광 홍보의 필수적인 요소이며 효과적인 방법이라 할 수 있다. 신문 매체는 여행, 관광 섹션을 통하여 관광지, 레저 정보를 제공하며 방송사에서는 다양한 여행 관련 프로그램을 제공하고 있다. 또한 미디어 산업과 관광산업의 연계도 관광 홍보 수단으로 적극적으로 활용된다. 신문매체는 여행, 관광 섹션을 통하여 관광지, 레저 정보를 제공하며 방송사에서는 다양한 여행 관련 프로그램을 제공하고 있다. 특히 과거에는 여행 관련 프로그램들이 교양물이나 다큐멘터리 중심이었으나 KBS '1박2일'이나 tvN '꽃보다 할배', MBC '아빠어디가' 등과 같은 예능 장르의 성공은 이후 다양한 여행 관련 콘텐츠를 생산되고 있으며, 새로운 관광 수요를 창출하기도 한다. 예를 들면 SBS '정글의 법칙'은 전 세계 오지 여행을 테마로 하여 새로운 목적지를 알리고 캠핑 여행 문화를 정착시키는 데 일조를 했으며, tvN '꽃보다 누나'나 '꽃보다 청춘' 시리즈는 기존에 덜 알려진 크로아티아, 아이슬란드, 아프리카, 남미와 같은 지역을 대상으로 새로운 관광 수요를 만들어냈다. KBS2 '배틀트립'과 '수상한 휴가' 그리고 skyTravel '나 혼자 간다 여행'과 같은 프로그램은 1인 개별여행 수요를 높이는 역할을 하며, JTBC '뭉쳐야 뜬다'는 여행사 패키지 상품을 기반으로 이야기가 진행되어 한 편의 프로그램을 통하여 특정 패키지 상품을 적극적으로 홍보하는 역할을 하였다. 그 밖에도, 여행을 다녀오는 이야기 구조가 아닌 여행지에서 출연자들이 호스팅 역할을 하는 예능 프로그램이 등장하기 시작하는데, JTBC '효리네민박', tvN '달팽이호텔', '윤식당 시즌1,2', '윤스테이' 등이 이에 해당한다. 이러한 프로그램은 출연자들이 관광 분야 서비스제공자 역할을 하며 여행객과 소통하는 모습을 보여주는 형식으로 관광업에 대한 이해를 높이면서도 여행 동기를 부여하는 시도이다. 그 밖에도 다양한 포맷의 프로그램들이 등장하고 있는데, tvN '알아두면 쓸데없는 신비한 잡학사전', MBC '선을 넘는 녀석들'과 같은 프로그램은 엔터테인먼트 요소뿐만 아니라 여행지에 담겨있는 역사와 문화를 전문가의 시각으로 조명하여 시청자들에게 지적인 호기심도 자극하는 에듀테인먼트 성격의 프로그램이다. 그리고 음식 소재 예능과 결합한 소위 먹방 여행 프로그램인, 올리브 '원나잇 푸드트립', SBS플러스, '셰프끼리', tvN '스트리트 푸드 파이터'와 같은 프로그램도 제작되어 최근 유행인 음식관광 또는 미식관광 수요를 창출하기도 한다. 또한 MBC 에브리데이 '어서와 한국은 처음이지?', 올리브 '서울메이트'와 같은 프로그램들은 기존의 국내 유명연예인 중심에서 외국인이 출연하여 인바운드 관광을 주제로 프로그램이 제작되고 있다.

3) 관광 스토리텔링 전략

관광지 재방문을 위해서는 기존의 관광 인프라뿐 아니라 다양한 콘텐츠를 활용하고 스토리텔링을 부여하는 방안이 필요하다. 예를 들어 나이아가라폭포라는 자연경관 이외에도 스토리텔링과 콘텐츠를 활용하여 관광객들에게 색다른 '경험'을 추가로 제공해야 한다. 그러기 위해서는 이벤트, 축제, 공연 등의 콘텐츠가 상시로 제공되어 재방문 시에도 항상 새로운 '경험'을 가능케 해야 하며 이러한 정보를 관광소비자에게 수시로 알리는 마케팅 촉진 전략으로 미디어를 적극적 활용하여야 할 필요가 있다(이상원 외 2014). 더불어 최근의 콘텐츠 및 엔터테인먼트 상품 개발과 성공은 스토리텔링에 좌우하는 경향이 있듯이 관광 상품 개발도 스토리텔링의 활용이 강조되는 실정이나 아직 우리나라의 관광지 상품에 대한 효과적인 스토리텔링 활용은 아직 미흡한 수준이다. 그러므로 스토리텔링을 부여하기 위한 노하우 및 인력을 보유하고 있는 영화산업, 방송산업과 같은 엔터테인먼트 분야와 관광산업이 연계하여 관광 목적지 스토리텔링을 부여하기 위한 노력이 필요하다. 또한 개별 관광지들은 자체적으로 웹사이트, SNS, 그리고 모바일앱 등을 활용하고 있지만, 여전히 홍보 전문가의 인력 부족으로 내용의 충실성이 떨어지는 경우가 많고, 관광지의 차별적이고 색다른 특징이나 테마를 전달하지 못하는 경우가 많아서 이에 대한 보완이 필요하다.

4) 플랫폼, 소셜미디어 활용 전략

동영상 광고회사인 Pixability의 2018년도 보고서(https://www.pixability.com)에 의하면, 유튜브에서 공유된 여행 관련 영상은 130만 개의 채널에서 1,390만 개의 영상이 제작돼 총 3,060억 뷰가 발생했다고 한다. 이때 시청자들이 제일 선호하는 여행 영상형식은 브이로그(vlog)였으며 다음으로는 광고, 1인칭 시점(Point Of View) 순이었다. 한국관광공사에서 제작하여 해외 홍보 동영상 'Feel the Rhythm of Korea' 시리즈는 유튜브(YouTube)를 통해 폭발적인 인기를 얻었으며, 인스타그램(instagram)은 관광 홍보의 주력 매체가 되고 있다. 이렇게 소셜미디어 또는 플랫폼이 관광엔터테인먼트콘텐츠 분야에서 중요해진 이유는 경험재로서의 관광 상품을 구매하기 전까지는 소비자의 불확실성이 높을 수밖에 없고, 이에 예비 관광객들은 이러한 불확실성을 줄이기 위하여 다양한 '커뮤니케이션' 활동이 필요하기 때문이다. 특히, 소비자는 관광 상품에 대한 정보를 얻기 위해 여러 노력을 하는데, 이때 관광공급자가 제공하거나 이미 그 상품을 경험한 '다른 사람들의 평가'가 정보의 주요 원천이며, 각종 플랫폼과 소셜미디어는 중요한 정보 전달 매체로 활용된다. 예를 들어, 여행을 소재를 이용하여 일상의 평범한 모습을 보여주는 형식을 취하는 브이로그는 관광콘텐츠에 대한 실제 체험을 제공하여, 잠재 관광객들에게 상품선택에 대한 불확실성을 줄여주고 체험의 진정성을 제공한다는 측면에서 효과적일 수 있다. 또한, 소셜미디어는 정보 확산의 수단이기도 하지만 'Public Relation' 기능을 수행할 수도 있다. 즉 소셜미디어는 연결이라는 본질적인 기능을 통하여 관광객들 간 소통의 공간은 물론이고 지방정부, 연계 관광지, 지역 정보 사이트, 관계기관 등과 같은 공중(public) 간에 커뮤니케이션 공간을 만들어 준다는 것이다. 이제 여행은 어떤 특정 목적지'점'(點)이 아니라 여정으로서의 '선(線)' 개념으로 이해되어야 하며, 이에 소셜미디어를 활용한 관광 홍보를 할 때는 자신들의 관광 상품 정보만이 아니라 '연계되는 주변 정보'를 적극적으로 알리는 수단으로 활용할 때 더욱 홍보의 효과가 높아진다. 따라서 관광 목적지들은 예비 관광객들을 위하여 주변 관광지, 음식, 숙박, 지역축제 등 다양한 정보를 직접 소개하거나 링크를 제공하고, 연계 관광지 사이트나 채널을 직접 방문하여 팔로잉, 좋아요, 태그 등의 정보 공유를 통해 공중과의 관계(Public Relation)를 구축하는 것이 중요하다고 할 수 있다.

요약

최근의 관광산업은 한류의 열풍과 함께 지속해서 성장하는 엔터테인먼트 분야이다. 관광콘텐츠는 무형성, 비분리성, 가변성, 소멸성, 계절성, 불확실한 소유권, 상호의존성, 위기 민감성, 한정된 소유 능력과 높은 고정비용 등의 특징을 갖고 있으며 기존의 상품, 가격, 유통, 판촉에 추가하여 인적요소, 프로세스, 물리적 증거 등을 고려한 마케팅과정이 필요로 한다. 또한 전략적으로 여타 엔터테인먼트산업과의 연계가 필수적이며 스마트 기기 및 소셜미디어 활용 그리고 스토리텔링이 필요하다.

생각해 볼 문제

1. 관광산업의 주요 특성을 설명하세요.
2. 7Ps 관점에서 관광마케팅 과정을 설명하세요.
3. 한류 확산과 관광 산업과의 관계를 실제 예를 들어 설명해 보세요.
4. 관광마케팅의 단계에서 스마트관광이 어떻게 활용되는지 알아보세요.
5. 성공적인 관광 스토리텔링의 예를 찾아보세요.

참고문헌

Hus, C., Killion, L., Brown, G., Gross, M.J., & Huang, S. (2008) Tourism marketing, An Asia-Pacific perspective, Wiley

Kotler, P., Bowen, J.T., & Makens, J.C (2014) 호텔 외식 관광 마케팅(제6판: 김영태, 최현정 역), Pearson.

김충련(2010) 관광마케팅, 형설출판사

이상원, 남윤재, 박종민(2014) 언론산업과 관광산업의 콘텐츠 협업 모델 구축

방안 연구, 한국언론진흥재단 연구보고서

채지영(2013). 문화콘텐츠 활용 사례 연구.『기본연구』, 2013-27. 한국관광문화연구원.

찾아보기

ㄱ

가격 • 31

가격 전략 • 101

가격차별 • 279

가격차별화 • 207

가변성 • 330

가상현실 • 303

개방형 혁신 • 202

게임산업 가치사슬 • 160

게임산업의 특징 • 159

게임콘텐츠 • 151

게임콘텐츠의 특성 • 154

경험 경제시대 • 58

경험재 • 6, 91, 112, 230

계절성 • 331

고객 경험 • 168

고위험 • 91

공공재 • 113

관광 • 328

관광엔터테인먼트콘텐츠 • 328

관람연령등급 • 99

광고 • 283

교환 창출 • 26

구독경제 • 174

구독형서비스 • 174

구독형서비스 주요모델 • 175

규모의 경제 • 114

균형이론 • 98

기대속성 • 230

기부 • 290

기술 융복합 콘텐츠 • 302

ㄴ

내러티브 • 15

네이밍 라이트 • 266

네트워크 효과 • 115

노이즈 마케팅 • 148

놀이이론 • 17

뉴스레터 • 282

뉴스마케팅의 주요내용 • 276

뉴스마케팅의 특성 • 274
뉴스 묶음판매 • 287
뉴스콘텐츠 마케팅 • 273

ㄷ

대면 콘텐츠 • 10
대중음악 • 137
데이터 비즈니스 • 288
데이터 중심 마케팅 • 36
디지털 광고 • 284
디지털뉴스의 유료화 • 276
디지털 음원 • 134
디지털 콘텐츠 • 280
디지털 패키지 판매 • 179

ㄹ

라이센싱 • 262
렌티드 미디어 • 49
르브론 제임스 • 251
리텐션 • 211

ㅁ

마케팅 관리 과정 • 28
마케팅믹스 • 29
마케팅의 STP 전략 • 28
마켓 5.0시대 • 36
맥락 마케팅 • 36
머천다이징 • 263
메타버스 • 142
목표시장 설정 • 29
무형성 • 329
묶음판매전략 • 125
문화적 할인 • 98, 114
물리적 증거 • 339
미국 마케팅학회 • 25
미디어 콘텐츠 • 4
미디어 파사드 • 308
미디어 프랜차이즈 • 205

ㅂ

배포타이밍 • 103
범위의 경제 • 115
보조금 • 291
부분장벽 • 277
불명확한 소유권 • 332
불편성 • 322
브랜드의 스토리 • 44
브랜드 확장 • 91
브랜디드 엔터테인먼트 • 52
브랜디드 콘텐츠 • 44
브이로그 • 344
비분리성 • 329
비평 • 109

ㅅ

산업 융복합 콘텐츠 • 301
상호의존성 • 332
서비스산업 • 329
성분브랜딩 • 91
세계 육상 선수권 대회 • 252
소멸성 • 331
소비의 비경합성 • 90
소셜미디어 활용 전략 • 82
소유 미디어 • 147
속편 • 99
슈퍼볼 • 246
스타 전략 • 97
스탯캐스트 • 267
스토리텔링 • 14, 328
스토리텔링 전략 • 84
스폰서십 • 264
스핀오프 • 100
승인효과 • 98
시장 세분화 • 29, 72
신뢰재 • 230
신문 · 방송 광고 • 284
실감형 융복합 콘텐츠 • 310
실행 가능성 • 30

ㅇ

아시안 게임 • 251
아이돌 그룹 • 141
애자일 마케팅 • 36
언택트 마케팅 • 36
엔터테인먼트 콘텐츠 • 45
엘 클라시코 • 250
역주행 • 149
영국 축구 프리미어리그 • 246
예고편 • 107
예능 프로그램 음원 • 141
예측 마케팅 • 36
오디션 프로그램 • 141
오프 대학로 • 234
온드 미디어 • 49
온라인 게임 유통 플랫폼 • 177
온라인 공연 • 237
올림픽 • 251
와이드 릴리스 • 92
와해성 혁신 • 192
완전장벽 • 277
원소스멀티유스 • 100
웹소설 • 194
웹툰 • 188
위기 민감성 • 333
윔블던 테니스 선수권 대회 • 253
유보가격 • 102
유통 • 31
유희성 • 17

융복합 콘텐츠 • 298
음원 판매 • 145
이스포츠 • 182
이중상품 • 114
익스트림 스포츠 • 255
인게이지먼트 • 58
인 게임 애드 • 324
인적요소 • 338
인플루언서 • 181
입체경 • 303

ㅈ

장르 • 98, 138
장르 융복합 콘텐츠 • 298
재관람 • 108
저작권 • 143
적합성 • 100
전용극장 • 234
전편 • 100
접근 가능성 • 30
제작발표회 • 237
제작비 전략 • 96
제품 • 31
증강 마케팅 • 36
증강현실 • 305

ㅊ

차별 가능성 • 30
창구화 • 102
창구효과 • 236
체감비용 • 224
체험 마케팅 • 319
초기채택자 • 109
촉진 • 32
측정 가능성 • 30
침투가격설정전략 • 125

ㅋ

커스터마이징 마케팅 • 318
켄터키 더비 • 258
콘텐츠 비즈니스 • 286
콜라보레이션된 광고 • 46

ㅌ

타이-인 • 108
탐색재 • 230
투르 드 프랑스 • 253
트랜스미디어 • 100
특화 콘텐츠 • 280

ㅍ

팬덤 • 146
팬덤 활용 전략 • 85

퍼블리시티 • 107
퍼스널 서비스 • 287
펀딩 • 291
포지셔닝 • 29, 75
표적시장 선정 • 74
프로세스 • 339
플랫폼 • 198
플렛폼 기반의 콘텐츠 • 46

ㅎ

하이 컨셉트 • 101
한계비용 • 190
한국 마케팅학회 • 26
한국야구위원회 • 249
한국 프로 농구 리그 • 262
한류 • 328
한류 마케팅 • 67
한류 마케팅의 과정 • 71
한류 마케팅 전략 • 76
한류스타 활용 • 77
한류 융복합 전략 • 80
한류 정의 • 68
한류 패러다임 • 69
한정된 수용 능력 • 333
할인티켓 • 239
핵심속성 • 230
혁신자 • 109
혁신확산이론 • 109
현장감 • 18
현장성 • 18
현지화 전략 • 79
호크아이 • 268
홀드백 • 102
홀로그램 • 307
확장속성 • 230
획득된 미디어 • 147
후원 • 289

A

agile marketing • 36
AMA: American Marketing Association • 25
augmented marketing • 36

B

BRANDED CONTENT • 44

C

CMT(captive message time) • 60
Collaboration • 46
contextual marketing • 36
COVID-19 • 117
Customer Experience • 168

D

donation • 290

E

e-sports • 182, 244

earned • 147

EPL • 246

ESD/Electronic Software Distribution • 177

extreme sports • 255

F

funding • 291

G

grant • 291

H

hard paywall • 277

Hawk eye • 268

I

IMC(Integrated Marketing Communication) • 49

K

KBL • 262

Korean Baseball Organization • 249

M

MCN • 48

MLB • 242

N

NASCAR(National Association for Stock Car Auto Racing) • 253

NBA • 242

newsletter • 282

NFL • 242

NHL • 242

O

O2O(Online-to-Online) • 38

On demand service O2O • 46

OTT • 117

owned • 147

Owned media • 49

P

partial paywall • 277

Peter Drucker • 26

Phillip Kotler • 26

place • 31

play theory • 17

positioning • 29

PPL • 47, 239

Premier 12 • 245

price • 31

price discrimination • 279

product • 31

promotion • 32

R

Rented media • 49

rush ticket • 239

Russell Winer • 26

S

segmentation • 29

SNS • 82

SOM(Share of Mind) • 55

Statcast • 267

storytelling • 14

Subscription Economy • 174

Super Bowl • 246

T

targeting • 29

Tour de France • 253

V

VOD • 95

VR HMD • 321

W

World Baseball Classic • 245

기타

F1 월드 챔피언십 • 252

FIFA 월드컵 • 251

MZ 세대 • 48, 167

PGA 골프 투어 • 255

3C • 28

3V • 34

3급가격차별화 • 101

4P • 31

5P • 229

7P 전략 • 32

저자 소개

전종우

전종우는 현재 단국대학교 커뮤니케이션학부 교수로 재직 중이다. 한국외국어대학교에서 신문방송학으로 학사와 석사 과정을 마치고, 플로리다대학교에서 박사(Ph.D.) 학위를 받았다. 교수로 부임하기 전에는 LG애드(현HS애드)에서 근무하였다. 주요 연구 관심사는 엔터테인먼트로서의 광고 콘텐츠와 뉴미디어 광고이며 글로벌 수준에서 문화 차이 등으로 관련 논문을 International Marketing Review, Journal of Public Relations Research, International Journal of Advertising 등에 발표하였다.

김헌

성균관대학교 미디어커뮤니케이션학과에서 박사학위를 취득하였다. 현재 중부대학교 미디어커뮤니케이션학과에 재직 중이며, 전공 분야는 미디어 산업, 디지털 영상 콘텐츠 제작 등이다. 성균관대학교 글로벌융복합콘텐츠연구소 선임연구원을 역임하고, 현재 한국엔터테인먼트학회 총무이사를 맡고 있다. 한국영화감독조합(DGK) 정회원으로, 저자가 연출한 장편영화 〈자매의 공동묘지〉는 제28회 일본 유바리국제판타스틱영화제 유바리 초이스 부문, 장편영화 〈그녀의 가족은 잘못이 없어〉는 제19회 전주국제영화제 코리아 시네마스케이프에 각각 초청되었다. International Journal of Mobile Communications, Journalism and Mass Communication Quarterly, Journal of Distribution Science, Sustainability, 한국방송학보 등 국내외 학술지에 연구 논문들을 게재하였다.

study on global distribution strategies after initial market entry"(2010) 등의 관련 논문을 Journal of Business Research, Journal of Media Economics, Korea Trade 등의 저명 국제학술지에 게재했다.

이상원

경희대학교 미디어학과 교수. 연세대학교 행정학과를 졸업하고, 미국 플로리다대학교(University of Florida)에서 미디어경제학 전공으로 박사학위를 받았다. 현재 경희대학교 미디어커뮤니케이션대학원장, 한국미디어경영학회 부회장을 맡고 있다. ICT 및 미디어 산업정책, 미디어 경제경영학 및 디지털 콘텐츠 산업과 관련된 다양한 연구 활동을 진행하고 있으며, Information Economics and Policy, Technological Forecasting and Social Change, Telematics and Informatics, Journalism and Mass Communication Quarterly, International Journal of Advertising 등 다수의 국내외 학술지에 논문을 게재했다.

이양환

한국콘텐츠진흥원 정책본부 본부장이다. 미국 플로리다대학교에서 텔레커뮤니케이션(Telecommunications) 분야로, 사우스캐롤라이나대학교에서 모바일 커머스(Mobile Commerce) 분야로 석사와 박사학위를 받았다. 미디어 산업의 구조, 콘텐츠의 확산, 디지털 전환과 콘텐츠 융합, 콘텐츠 비즈니스 등에 관심이 있으며, 관련한 논문을 게재하고 연구보고서를 펴냈다. 한국콘텐츠진흥원에서는 정책본부 책임연구원으로 방송, 게임, 대중문화 연구를 수행하고 전략부서에서 경영전략 · 기획 · 실행 계획 수립 등의 업무를 담당했으며, 현재 정책본부 본부장으로 콘텐츠산업 정책수립 지원과 금융 · 가치평가 사업을 총괄하고 있다.

이형민

미국 플로리다 대학교(University of Florida)에서 석사학위를, 미국 미네소타 대학교(University of Minnesota)에서 박사학위를 취득하였다. 현재 성신여자 대학교 미디어커뮤니케이션학과에 재직 중이며, 전공 분야는 전략 커뮤니케이션, 공공 커뮤니케이션, 엔터테인먼트 콘텐츠 PR 등이다. 현재 한국엔터테인먼트학회 총무이사를 맡고 있으며, 한국광고학회, 한국광고홍보학회, 한국PR학회, 한국광고PR실학회, 한국방송학회, 한국소통학회 등에서 총무이사를 역임하였다. Public Relations Review, Journal of Public Relations Research, Journal of Sport Management, New Media & Society, Sustainability, Korea Observer 등의 국제학술지에 연구 논문들을 게재하였다.

장병희

성균관대학교 미디어커뮤니케이션학과 및 컬처앤테크놀로지융합전공 교수로 재직 중이다. 미국 미시건주립대학교에서 텔레커뮤니케이션 분야로 석사학위를, 플로리다대학교에서 매스커뮤니케이션 분야로 박사학위를 받았다. International Journal of Arts Management, International Journal on Media Management, Journal of Media Economics, 한국방송학보 등 국내외 학술지에 연구 논문들을 게재하였다.

이형석

한양대학교 광고홍보학과를 졸업하고, 미국 캘리포니아 주립대학교(플러튼)에서 광고전공 석사, 플로리다 주립대학교에서 광고전공 박사 학위를 받았다. 학위 취득 후 북플로리다 주립대학교에서 광고전공 교수로 4년 6개월간 재직하였고, 현재 한양대학교 광고홍보학과 교수로 재직 중이다. 주요 연구 분야는 기업의 스폰서십 효과를 극대화하는 방안으로서 기업의 브랜드 개성과 후원하는 스포츠 이벤트가 가지고 있는 개성 간의 매칭 중요성을 제시하는 데 있으며, 다수의 국제저명학술지에 관련 논문을 게재하였다.

제2판

엔터테인먼트 콘텐츠 마케팅

2021년 8월 25일 | 1쇄 인쇄
2021년 8월 31일 | 1쇄 발행

지은이 | 전종우외 공저
발행인 | 김은중
발행처 | 서울경제경영출판사
북디자인 | (주)우일미디어디지텍

주 소 | 03767 서울특별시 서대문구 신촌로 205, 506호
전 화 | 02)313-2682
팩 스 | 02)313-8860
등 록 | 1998년 1월 22일 제5-63호

ISBN 979-11-6282-092-6 • 93320 • 정가 20,000원

※ 잘못된 책은 바꾸어 드립니다.